Paul Chaim Eisenberg

Erlebnisse eines Rabbiners

Geschichte und Geschichten

In Zusammenarbeit mit Evelyn Adunka

Die Deutsche Bibliothek – CIP-Einheitsaufnahme

Eisenberg, Paul Chaim
Erlebnisse eines Rabbiners – Geschichte und Geschichten.
In Zusammenarbeit mit Evelyn Adunka
Wien: Molden Verlag, 2006
ISBN 3-85485-127-8

© 2006 by Molden Verlag GmbH & Co KEG, Wien
www.molden.at
Umschlaggestaltung: Emanuel Mauthe
Umschlagbild: Oberrabbiner Eisenberg mit kleinem Jungen (Familie Duizend-Jensen)
– Wenn ein Knabe drei Jahre alt wird, beginnt er die hebräischen Buchstaben zu lernen.
Um dem Kind einen bleibenden Eindruck zu vermitteln, macht dies ein Rabbiner.
Bildnachweis: Alle Photos aus dem Privatarchiv Eisenberg; mit Ausnahme von:
122 unten (© Richard Kalina, London), 124 oben bzw. 125 oben (Harry Weber, Wien
© Österreichische Nationalbibliothek), 127 oben (© Foto Fischer, 8010 Graz, Herren-
gasse 7), 127 unten (© Fotostudio Haslinger, 1070 Wien, Siebensterngasse 32-34)
Herstellung: René Billiani
Druck: GGP Media GmbH, Pößneck

ISBN 3-85485-127-8

Inhalt:

Einleitung

Im vorigen Jahr hat Oberrabbiner Israel Meir Lau, der frühere Oberrabbiner von Israel und heutige Oberrabbiner von Tel Aviv, eine Autobiographie mit dem Titel „Erhebe Deine Hand nicht gegen den Knaben!" verfasst. Dieser Vers entstammt einer der dramatischsten Szenen in der Torah. G'tt wollte Abraham, den ersten Juden, prüfen, wie weit seine Loyalität und sein Glauben an ihn reichten.

So forderte er ihn zur Probe auf, seinen geliebten Sohn Isaak als Opfer darzubringen. Abraham war dazu bereit, obwohl dies gegen alle seine Prinzipien und auch gegen alles, was ihn der Ewige bisher geboten hatte, verstoßen hätte. Als Isaak schon gebunden am Altar lag, schickte der Ewige einen Engel, der Abraham zurief: „Erhebe Deine Hand nicht gegen den Knaben!"

Oberrabbiner Lau wählte diesen Vers, weil er – so machen es Rabbiner – Erlebnisse aus der Gegenwart mit Sprüchen aus der jüdischen Tradition illustrierte. Lau war nämlich als fünfjähriges Kind im Konzentrationslager Buchenwald und konnte dort nur mit der Hilfe seines um drei Jahre älteren Bruders überleben, der ihn schützte und dafür sorgte, dass niemand die „Hand" gegen seinen Bruder erhob. Nach der Shoah kam er nach Israel und wurde später Oberrabbiner Israels.

Mein Buch ist keine Autobiographie, denn meine Erlebnisse sind sicher nicht so dramatisch wie die von Oberrabbiner Lau. Andererseits aber haben mich immer wieder Bekannte, denen ich Erlebnisse aus meinem Alltag als Rabbiner erzählte, ermuntert, ein Buch zu schreiben und diese Geschehnisse festzuhalten.

Viel jüdische Geschichte habe ich in meinem Leben gelernt. Viele Geschichten habe ich in meinem Leben gehört. Persönliche Erlebnisse sind jedoch viel prägender. Selbst Erlebtes ist, wenn es sich um lustige Ereignisse handelt, viel lustiger als ein Witz, den man weitererzählt. Wenn es sich aber um dramatische oder gar traurige Ereignisse handelt, so sind die persönlichen Eindrücke viel tiefer und können daher viel besser wiedergegeben werden als Geschichten, die man nur gehört oder gelesen hat.

So habe ich beschlossen, sowohl ein wenig von meinen Erlebnissen als auch Geschichte und Geschichten in meinem Buch zu vereinigen.

Als Sohn des früheren Wiener Oberrabbiners, der sein Nachfolger wurde, sind auch viele meiner persönlichen Erlebnisse mit der Geschichte der Juden in Wien nach der Shoah verbunden.

Als Rabbiner kann ich kein Buch schreiben, ohne auch Kostproben aus der jüdischen Lehre und Kostbarkeiten aus der jüdischen Weisheit zu zitieren. Dennoch ist dieses Buch kein Lehrbuch des Judentums, es erhebt in diesem Zusammenhang keinen Anspruch auf Vollständigkeit. Ich werde jüdische Bräuche, Feiertage und andere Aspekte des jüdischen Lebens nur im Zusammenhang mit den im Buch beschriebenen Ereignissen schildern.

Dieses Buch enthält kein eigenes Kapitel über die Shoah, obwohl man dies von einem Buch, das auch die jüngere Geschichte der Juden in Österreich beschreibt, erwarten könnte. Ein Grund dafür ist, dass es bereits zahllose Bücher über die Shoah gibt.

Ich will vielmehr das Gemeindeleben der Juden in Österreich nach der Shoah beschreiben, das natürlich auch durch sie geprägt ist. Ich will meinen Blick aber auch auf die Vorgeschichte der Shoah sowie auf noch frühere historische, sogar bis zur Bibel zurückreichende Ereignisse lenken. Es ist dies immer wieder eine Geschichte der Verfolgung und Ermordung, der Vertreibung und Rückkehr. So wird ein Teil dieses Buches von den jüdischen Wanderungen handeln, die so prägend sind für die jüdische Existenz nicht nur im 20. Jahrhundert, sondern in allen Zeiten.

Aus meiner eigenen Familie allein kann ich berichten, dass mein Vater Akiba Eisenberg in der heutigen Slowakei geboren wurde, und meine Mutter Eva Eisenberg, geborene Kalisch, aus Ungarn stammt. Sie haben 1948 in Budapest geheiratet und sind erst nach der Shoah nach Wien gekommen.

Meine Schwiegereltern stammen aus zwei verschiedenen Städten Deutschlands (Stuttgart und Bad Kissingen) und gehörten in der Shoah zu den „Glücklichen", die nur vertrieben wurden, flüchten konnten und damit der Ermordung entgingen. Sie lernten einander erst in den USA kennen, wo sie heirateten und den Rest ihres Lebens verbracht haben.

Ich selbst habe in Jerusalem meine Ausbildung zum Rabbiner absolviert und dort meine Frau Annette kennengelernt. Wir haben in Jerusalem geheiratet und gingen nach Wien. Meine verheirateten Kinder leben derzeit in Jerusalem und haben vorher teilweise in Genf, Manchester und London gelebt.

Die Geschichte meiner Familie ist also bewegt wie die Geschichte der jüdischen Wanderungen.

An dieser Stelle ist ein Exkurs zur Erklärung der Schreibweise des Namens „G'tt" notwendig.

Die Zehn Gebote, die natürlich nicht nur wir Juden kennen, haben für uns eine ganz besondere Auslegung, die bewirkt, wie wir Juden sprechen und lesen. Es heißt nämlich im dritten Gebot: „Du sollst den Namen des Ewigen nie unnütz oder falsch aussprechen." Das Christentum hat daraus nur ein Gebot des falschen Schwurs abgeleitet, was natürlich auch für uns Juden gilt. Allerdings geht für uns diese Vorschrift noch viel weiter. Dieses Verbot besagt nämlich, dass wir den Namen G'ttes überhaupt nicht aussprechen sollen, außer im Gebet und beim Torahlernen. Im Hebräischen wird der Name J-H-V-H nicht vokalisiert ausgesprochen, nicht einmal im Gebet. Er darf auch nicht geschrieben werden.

Manche Rabbiner haben weiters entschieden, dass man auch in anderen Sprachen den Namen G'ttes nicht voll ausschreiben soll. Dies wurde damit begründet, dass im Laufe der Zeit Bücher – auch so gute Bücher wie meines – weggeworfen werden könnten. Der Name G'ttes würde entehrt werden, wenn er auf dem Müll landet. Aus diesem Grund ist es bei religiösen Juden üblich, den Namen G'ttes oder sogar das Wort G-o-t-t nicht auszuschreiben, sondern G'tt zu schreiben. So habe auch ich beschlossen, das hier zu tun. Denn wenn auch nicht alle meine Leser religiöse Juden sein werden, so habe ich doch ein Interesse – auch in wörtlichen Zitaten – auf dieses wichtige Prinzip Rücksicht zu nehmen.

Um diesem Problem auszuweichen, verwende ich aber manchmal auch das Wort der „Ewige".

Erinnerungen an meinen Vater und an die Schulzeit

Eine meiner ersten Erinnerungen betrifft das Jahr 1955, als der österreichische Staatsvertrag unterschrieben wurde. Meine Eltern gingen zum Belvedere, um dabei zu sein. Ich weiß nicht mehr, ob mein Vater als Oberrabbiner offiziell eingeladen war, oder ob meine Eltern inmitten der freudigen Menge vor dem Belvedere standen. Auf alle Fälle sagten sie meiner Schwester und mir, bevor sie das Haus verließen, dass sie zum Unterschreiben des Staatsvertrags gingen. Kurz danach rief jemand bei uns zu Hause an und fragte, ob er den Oberrabbiner sprechen könne. Als fünfjähriger Stöpsel sagte ich am Telefon: „Der Oberrabbiner ist nicht zuhause, er muss gerade den Staatsvertrag unterschreiben!"

Ich hatte zwar keine Ahnung, was der Staatsvertrag war, aber man sieht, dass dieses Wort ein fünfjähriges Kind beeindruckt hat und für mich auch ein Oberrabbiner ein ganz wichtiger Mann war und ist.

Wenn er nicht gerade den Staatsvertrag unterzeichnet, hält der Rabbiner in der Synagoge eine Predigt.

Predigten sind oft Erläuterungen des Wochenabschnittes, einer in der Synagoge gelesenen Bibelstelle. Aber auch aktuelle Ereignisse dürfen in der Predigt nicht fehlen.

Mein seliger Vater beherrschte die Kunst, diese beiden Komponenten nicht voneinander getrennt, sondern miteinander verwoben zu präsentieren. Das heißt: Er begann mit einer Bibeldeutung und dann folgte nahtlos eine aktuelle Bemerkung, die wiederum mehr Licht auf die Bibelstelle warf und umgekehrt.

Einmal fragte einer der Betenden meinen Vater nach dem Gebet: „Stehen denn wirklich alle diese aktuellen Ereignisse in der Torah und noch dazu in unserem Wochenabschnitt (in der aktuellen Toralesung)?!" „Aber sicher!" antwortete dieser, „man muss sie nur finden…!"

Er hatte allerdings in den ersten Jahren seines Aufenthaltes in Wien noch Sprachschwierigkeiten. Die Muttersprache meines Vaters war Ungarisch. Später sprach er schon gut Deutsch hat aber seinen ungarischen Akzent nie ganz verloren. Er zog es daher vor, seine Predigten aufzuschreiben.

Dies ist an sich nichts Außergewöhnliches. Viele Rabbiner und auch andere Redner bringen ihre Ansprachen schon vorher aufs Papier, auch wenn sie der Sprache mächtig sind. Dann können sie sicherer und auch genauer vortragen.

Ganz am Anfang hatte mein Vater das Gefühl, dass er doch mehr Hilfe brauchte, und so ging er in ein Dolmetschbüro und fragte nach einem Übersetzer von Ungarisch auf Deutsch.

Ein Herr Binder war bereit, bei uns zu Hause auf der Schreibmaschine meines Vaters, die ihm zum Teil auf ungarisch diktierten Reden zu schreiben, dabei die Fehler in Deutsch auszubessern und besonders schwer übersetzbare Begriffe in Deutsch umzuschreiben. Aus dieser anfangs notwendigen Übung entstand ein wöchentliches Treffen, bei dem viel diskutiert und geraucht wurde und nebenbei viele schöne Predigten entstanden. Im Laufe der Zeit machte Herr Binder – der kein Jude war – auch inhaltliche Bemerkungen, was meine Schwester und mich zu dem in der Familie geflügelten Wort veranlassten: „Herr Binder kann schon alleine Drosches (Predigten) schreiben."

Mein Vater hatte sich bei einem Buchbinder eine schöne schwarze Ledermappe anfertigen lassen, in die man Blätter einlegen konnte, und er hat dann daraus seine Predigten vorgetragen. Diese Mappe hieß bei uns zu Hause „Predigtbuch".

Mein Vater war ein toleranter und moderner Mensch, hat aber als Rabbiner traditionelle Formen bewahrt, wie er sie in seiner Jugend von anderen Rabbinern gesehen hat. So hat er sehr häufig seine Predigt mit den Worten beendet: „Erhebet Euch, liebe Brüder und Schwestern!" Danach folgte meist ein Segen für die Gemeinde. An den hohen Feiertagen war es oft der Priestersegen: „Der Herr segne dich und behüte dich, der Herr lasse sein Antlitz leuchten über dir und sei dir gnädig, der Herr wende sein Antlitz dir zu und gebe dir Frieden."

Als Sohn des Oberrabbiner musste ich natürlich auch ein „Predigtbuch" haben.

Schon als ganz kleiner Junge habe ich eine Bibel bekommen, eigentlich eine „Kinderbibel", in deutscher Sprache und mit Bildern – von dem deutschen Rabbiner Joachim Prinz – und ich habe dann versucht, meinem Vater nachzueifern. Meine Predigt wurde natürlich nicht in der Synagoge gehalten, sondern zu Hause, nach dem Schabbatessen. Erst wurde eine Bank zum Predigtpult umgewidmet, dann diese Bibel, mein „Predigtbuch" daraufgelegt und dann hielt ich meine Predigt. Wenn wir Gäste hatten, die meinem Treiben erstaunt zuschauten, ließ ich es mir nicht nehmen, diese am Ende mit den dramatischen Worten „Erhebet Euch, meine Brüder und Schwestern!" zu amüsieren. Mir aber war es ernst! Vielleicht war damals schon meine spätere Karriere besiegelt!

Warum hat mein Vater seine Predigten zu Hause und nicht im Rabbinat geschrieben? Viele Rabbiner haben zwei Arbeitsplätze.

Das Rabbinat in der Kultusgemeinde für bürokratische Angelegenheiten und den „Parteienverkehr" natürlich auch in Fragen der Seelsorge und der sozialen Unterstützung. Dort läutet immer das Telefon, man kann sich kaum länger

auf eine Sache konzentrieren und es gibt dort dauernd ange-
kündigte und unangekündigte Besucher.

Zu Hause hatte mein Vater etwas, was man auf Englisch
„Study of the Rabbi" nennt, eine Bibliothek, wo er Torah
lernte, Predigten verfasste und wo andere kreative Dinge ge-
schahen. Dies geschieht meist am Abend nach einem vollen
Arbeitstag. So ergibt es sich, dass der Arbeitstag eines Rabbiners von 7 Uhr in der Früh bis (manchmal) spät in die
Nacht dauert und er natürlich auch Menschen mit ihren
Sorgen betreut, wenn das Büro in der Kultusgemeinde längst
geschlossen ist.

Einmal verbrachte meine Familie einen Urlaub in Venedig,
und wir Kinder waren vom Campanile, dem hohen Turm
des Marcusplatzes, sehr beeindruckt. Wir verließen Venedig
klarerweise erst nach Ende des Schabbat (Mozae Schabbat),
also Samstag Abend am Beginn der Nacht. Als wir bei Mest-
re vorbeikamen, sahen wir in der Nacht ein Feuer hoch auf
einem Ölturm. Als ich meinen Vater nach dieser Flamme
fragte, prägte er den „unsterblichen Ausdruck": „Der Doge
macht Hawdole!" (das ist der Segen beim Ausgang des Schabbat, bei dem eine hohe Kerze angezündet und der Schabbat
vom Wochentag unterschieden wird.)

Eine der besten Freundinnen der Familie (ihr Name ist
Kennern sicher bekannt, für die anderen bleibe er ungenannt.
Sie ist noch unter uns und ich wünsche ihr gute Gesundheit
bis 120) war immer um unser Wohl besorgt, bestand aber
auch immer darauf, als erste zu wissen, wenn es in der Familie
Eisenberg etwas Neues zu berichten gab. Als sie einmal zu diesem Zweck ganz früh meine Mutter anrief und meinen etwas
unausgeschlafenen Vater am Telefon erwischte, fragte er sie:
„Sagen Sie, liebe Freundin, wie geht es mir heute?!"

Mein Vater hatte vor allem in den früheren 50er Jahren viele Din-Toires (religiöse Schiedsgerichte) abzuhalten. Dies geschah oft in unserer nicht so großen Wohnung, sodass meine Schwester und ich im Nebenzimmer manchmal ein wenig Angst um unseren Vater bekamen, wenn die Parteien etwas laut wurden. Einmal hörte ich durch die Türe, wie die beiden Kontrahenten einander beschuldigten, es mit der Wahrheit nicht genau zu nehmen. Als ich meinen Vater danach fragte, welcher der beiden Recht hatte, antwortete er mit dem talmudischen Spruch, der über die großen Gelehrten Hillel und Schammai, die meist genau konträre Lehrmeinungen vertraten, überliefert ist: „Elu we Elu…" Beides sind wahre Worte des Ewigen, das heißt, beide hatten recht, wenn sie den Anderen als Lügner bezeichneten

Der Vater meines Vaters war ein Kantor und von ihm hatte er die Liebe zur jüdischen Musik und vor allem zur Chasanut (Kantoralmusik) mitbekommen, die ich ebenfalls von ihm geerbt habe.

Für uns Kinder war der Schabbattisch am Freitag Abend mit seinen schönen Liedern immer etwas Wunderbares. Manchmal kamen auch Gäste aus Israel und aus dem Ausland, um den Schabbat mit uns zu feiern. Mein Vater sagte dann immer, dass sie für ihr Essen bezahlen müssten. Bezahlen? Noch dazu am Schabbat, wo man kein Geld bei sich haben darf? Sie mussten uns ein Lied beibringen, das war das Honorar dafür, dass sie mit uns den Schabbat verbrachten. Dadurch wurden wir zur singenden Wiener Rabbiner-Familie.

Damals besuchte meinen Vater oft ein chassidische Rabbi, meist um eine Spende für seine vielköpfige Familie zu kassieren. Bei dieser Gelegenheit sprachen beide viel über Torahgedanken und manchmal spielte mein Vater seinem

Gast eine kantorale Schallplatte vor. Der Rabbiner bestand darauf, immer nur Platten von Jossele Rosenblatt zu hören, denn dieser war ein „ehrlacher Jid" (religiöser Jude) während die anderen Kantoren zwar gute Stimmen hatten, aber es nicht immer so genau mit den religiösen Vorschriften nahmen, was besonders für einen Vorbeter falsch am Platz war.

Einmal hatte mein Vater eine neue (auf 33 Umdrehungen überspielte) Aufnahme des Kantors Zewulon Kwartin erhalten, der besonders herzzerreißend vorbeten konnte, aber eben nicht ganz so fromm war. Er spielte sie seinem Rabbinerkollegen vor, ohne zu sagen, wer der Kantor sei. Nachdem der Rabbi mit geschlossenen Augen Kwartins Gesang zugehört hatte wandte er sich zu meinem Vater und sagte: „Seht Ihr Oberrabbiner, asoi dawenen kann nor an ehrlacher Jid". (So kann nur ein Frommer singen!) Um ihn nicht zu kränken, erfuhr der Rabbiner nie den kleinen Schmäh.

Mein Vater war ein überzeugter Zionist, der der religiösen Gruppe der Misrachi angehörte. Viele Jahre ging er am Schabbatvormittag nach dem Beten in die Misrachi, die damals noch keinen Rabbiner hatte, um auch dort eine Drascha (Predigt) zu halten. Er führte im Stadttempel sowohl einen Festg'ttesdienst zum österreichischen Nationalfeiertag wie auch zum israelischen Unabhängigkeitstag (Jom Haazmaut) ein, an dem er eine Predigt hielt und für das Wohl und den Frieden des Staates Israel betete.

Abschließend möchte ich zu diesem Thema noch ein für mich besonders berührendes Ereignis im Monat vor dem Tod meines Vaters berichten. Es war drei Wochen vor Pessach, im Jahr 1983, als mein Vater meine Mutter (möge sie 120 Jahre alt werden) mit dem Vorschlag überraschte, nach Israel zu fahren. Meine Mutter wandte ein, dass sie jetzt das Haus für

Pessach reinigen musste und dass man ja gleich nach Pessach fahren könnte, doch er bestand darauf und so fuhren sie (Pessach links…Pessach rechts) für eine Woche nach Israel. Danach wurde der Pessachputz doch noch absolviert, Pessach gefeiert und zwei Tage nach Pessach starb mein Vater Oberrabbiner Akiba Eisenberg. Hatte er geahnt, dass er nach Pessach nicht mehr nach Israel werde fahren können?

Nun zu meiner Schulzeit. Ich kam in die Hegelgasse in die Volksschule. Dort war ich ein fleißiger, manchmal auch ein weniger fleißiger Schüler. Das Lernen machte mir Freude und es war hilfreich, dass die Schule mir erlaubte, am Samstag den Unterricht nicht zu besuchen, weil man am Schabbat nicht arbeiten darf und der Schulbesuch zumindest teilweise als Arbeit eingestuft werden könnte. Dafür musste ich am Sonntag einiges nachholen (nachschreiben).

Wir hatten eine Volkschullehrerin, eine sehr nette Dame, die die Schüler sehr gern hatte, was auf Gegenseitigkeit beruhte. Einmal war sie längere Zeit krank und eine andere Lehrerin hat sie vertreten. Als sie zurückkam, habe ich sie im Namen der Klasse sehr herzlich begrüßt, und ich erinnere mich noch, dass sie geweint hat, ebenso als die vierte Klasse am Ende des Schuljahres eine Abschiedsfeier für sie veranstaltete. Tränen von Frauen, aber auch von Männern haben mich immer sehr berührt.

Danach gingen meine Schwester und ich ins Akademische Gymnasium. Dort war die Frage natürlich schon schwieriger, ob man uns, wie wir es wollten, am Schabbat tatsächlich freigeben würde.

Meine Schwester ist eineinhalb Jahre älter als ich und hatte die erste Klasse versuchsweise am Schabbat frei bekommen. Und so gab man auch mir ein Probejahr. Als ich die erste Klasse mit Vorzug schaffte (in der zweiten war ich sogar Klassenbester und ich habe noch zu Hause das Buch, das dieses belegt) wurde mir auch erlaubt, am Schabbat zu Hause zu bleiben. Ich war natürlich am Schabbat nicht zu Hause, sondern am Vormittag in der Synagoge und am Nachmittag in der Jugendgruppe.

Zum Thema der Schule am Schabbat möchte ich noch einiges erklären. In den 50er und 60er Jahren haben so gut wie alle Schulen in Österreich an Samstagen Unterricht gehabt. Die Ausnahme war das Lycée Français, wo dafür an den anderen Nachmittagen länger gelernt wurde. Daher schickten auch manche religiöse Juden ihre Kinder in diese Schule, damit sie am Samstag nicht in den Unterricht gehen mussten.

Zur Erklärung: Das Arbeitsverbot am Schabbat umfasst nicht nur schwere physische Arbeit, sondern ein Jude, eine Jüdin sollen sich am Schabbat von kreativen und produktiven Tätigkeiten enthalten.

Insbesondere im ersten und zweiten Bezirk gab es oft mehr jüdische Schüler in den Mittelschulen, weil es damals noch kein jüdisches Gymnasium gab. Obwohl es heute mehrere jüdische Schulen gibt, besuchen noch immer etwa die Hälfte der jüdischen Schüler allgemeine Schulen.

Einmal fragte mich ein Lehrer des Gymnasiums in der Stubenbastei, warum es unter den jüdischen Schülern auffallende Unterschiede in der Einstellung zum Schabbat gab.

Es gab in seiner Schule eine Gruppe von Schülern, die am Schabbat wie alle anderen in die Schule gingen und alles mitmachten. Dann gab es eine zweite Gruppe, die – wie ich – am Schabbat nicht in die Schule ging und das Versäumte später nachholen musste. Dann gab es aber auch noch eine dritte Gruppe: Diese gingen zwar am Schabbat in die Schule, kamen aber ohne Schultasche, und schrieben während des Unterrichts nicht mit. Diese Schüler haben aber den Unterricht mitverfolgt, und haben eben am Sonntag von den Kollegen abgeschrieben. Sie hatten aber gegenüber den Schülern, die am Schabbat überhaupt nicht in der Schule waren, den Vorteil, den Unterricht gehört zu haben.

Doch nun zur Erklärung: In den 10 Geboten ist bekanntlich das Arbeiten am Schabbat verboten. Der Talmud erklärt, dass bestimmte konkrete Tätigkeiten unter dieses Arbeitsverbot subsummiert werden. Hiezu gehören unter anderen das Tragen von Gegenständen auf der Straße und das Schreiben. Nun gab es Kinder aus religiösen Häusern, für die es zu schwer war, den ganzen Unterricht am Samstag zu versäumen und nachher alles nachzuholen. Das ist auch verständlich, weil von den anderen Schülern, die dem Unterricht folgten, doch nicht alles mitgeschrieben werden konnte und diese Mitschrift für jene Schüler, die nicht dabei waren, nicht ausreichend war.

Für mich oder für alle, die am Schabbat überhaupt nicht in die Schule gingen, war es tatsächlich sehr schwierig, alles nachzuholen. Daher haben diese Schüler einen Kompromiss geschlossen. Sie kamen – oft adrett in Feiertagskleidern – in die Schule, hörten im Unterricht zu und haben die strengen Verbote (das Tragen der Schultasche oder das Schreiben) nicht übertreten.

Und so erklärte ich dem fragenden Lehrer und heute dem interessierten Leser: Es gibt in jeder Glaubensgemeinschaft Menschen, welche die Vorschriften ganz strikt halten, andere, die die Gebote nicht immer bis ins letzte Detail halten, und wieder andere, die gar nichts von Geboten und Verboten halten. Und das waren eben jene drei Gruppen von Schülern. Die ganz Frommen gingen nicht in die Schule, weil sie zu dieser Zeit in die Synagoge gingen. Die zweite Gruppe ging in die Schule ohne zu tragen und mitzuschreiben. Die dritte Gruppe ging in die Schule und schrieb mit.

Diese Differenzierung gilt nicht nur für Schüler, sondern sie kann auch auf das Judentum im Allgemeinen und im speziellen in Wien angewendet werden.

In Wirklichkeit gibt es aber nicht nur drei Gruppen, sondern einen ganzen Bogen von Glaubensintensität und ritueller Observanz. Dieses Thema werden wir zum Teil im nächsten Kapitel behandeln.

Eines sei noch vorausgeschickt: Obwohl ich Rabbiner, ja Oberrabbiner bin, verfüge ich über kein Thermometer oder sonstiges Messgerät, um zu beurteilen, auf welchem Teil des religiösen Bogens eine bestimmte Person einzustufen ist.

Ich brauche auch keines, weil ich Menschen nicht nach diesem Maßstab beurteile und sicher niemanden verurteile!

Nun zu einem späteren besonders dramatischen und tragischen Ereignis, bei dem sich die Geschichte der jüdischen Gemeinde Wiens mit der Geschichte meiner Familie überschnitten hat.

An einem Schabbat im Juni 1981 fand im Stadttempel eine Bar Mizwa Feier statt. Bar Mizwa wird gefeiert, wenn ein Knabe 13 Jahre alt wird. In diesem Alter wird er in die Gemeinschaft der Erwachsenen aufgenommen. Um dies öffentlich zu dokumentieren wird er zum ersten Mal „zur Torah aufgerufen", das heißt, er liest vor der versammelten Gemeinde ein Stück der wöchentlichen Bibellesung.

Im Anschluss an den G'ttesdienst findet üblicherweise ein Kiddusch, das heißt ein kleiner Imbiss statt. Gibt es aber einen besonderen Anlass, wie zum Beispiel eine Bar Mizwa oder die Segnung eines Brautpaares, spendiert ihn meist die Familie des Geehrten oder des Bar Mizwa Jungen.

Am entsprechenden Schabbat handelte es sich um den Sohn eines prominenten Mitglieds unserer Gemeinde, der außerdem nicht weniger prominente Gäste eingeladen hatte. Unter diesen Gästen befand sich auch ein jüdischer Industrieller, dessen Frau einmal entführt worden war. Nachdem er seine Frau hatte auslösen können, war dieser Mann immer mit einem bewaffneten Leibwächter unterwegs.

Üblicherweise nehmen nicht alle Betenden ausnahmslos am Kiddusch teil, und so war es circa 12 Uhr, als einige Teilnehmer schon die Synagoge verlassen hatten und andere noch im Gebäude waren, als zwei palästinensische Terroristen einen Anschlag verübten. Wie die Erfahrung seither zeigte, wäre es besonders fatal gewesen, wenn es den Terroristen gelungen wäre, in das Innere der Synagoge vorzudringen. Schon seit längerer Zeit verfügte die jüdische Gemeinde über eine Bewachung. So gelang es auch damals den jungen Wächtern, die Metalltüre zuzuwerfen, wodurch die Terroristen nicht ins Innere der Synagoge vordringen konnten. Der Leibwächter des Industriellen hatte – worauf die Terroristen nicht vorbereitet waren – seine Waffe gezogen, auf sie gezielt und einen der beiden verletzt. Danach flüchteten die Attentäter, schossen gleichzeitig vor der Synagoge wie wild um sich, töteten zwei Menschen und verletzten mehrere andere schwer.

Diesen Tag werde ich auch deshalb nie vergessen, weil unser Sohn David damals noch nicht ein Jahr alt war und meistens um circa 12 Uhr von der Babysitterin zur Synagoge gebracht wurde. Als der erste Schrecken vorbei war, wir allerdings noch nicht wussten, wer verletzt war, wurde es meiner Frau und mir plötzlich bewusst, dass möglicherweise unser Sohn mit der Babysitterin gerade, als es besonders gefährlich war, an Ort und Stelle war. Wir wollten sofort aus der Synagoge gehen, um Näheres zu erfahren. Allerdings wurde es uns nicht erlaubt, den Ort zu verlassen, bis nicht endgültig festgestellt worden war, dass die Gefahr vorbei wäre. Nachdem wir dann die Synagoge verlassen durften, konnten wir nirgends unseren Sohn sehen. Wir begannen, die Menschen zu fragen, ob unter den Verletzten auch ein Kleinkind wäre, doch niemand konnte uns Antwort geben. Besorgt rannten wir jeder in eine andere Richtung, um vielleicht mehr zu erfahren. Nach einiger Zeit sahen wir die Babysitterin, sich vorsichtig der Synagoge nähernd. Wir dachten zunächst, dass sie verspätet gewesen wäre, allerdings berichtete sie uns, dass sie tatsächlich in der Nähe der Synagoge war, als die Schüsse fielen, und sofort aus Angst die Flucht ergriffen hatte. Erst viel später hatte sie ihren ganzen Mut aufgebracht, um wieder zurückzukehren. Wir waren alle in Tränen aufgelöst, aber machten ihr selbstverständlich keinen Vorwurf, im Gegenteil, sie hatte das einzig Richtige getan, nur waren es bange Minuten, die wir durchzustehen hatten.

Als die Zwi Perez Chajes Schule in den achtziger Jahren vor der Gründung stand, fand im Sommer ein Attentat auf einen jüdischen Schulbus in Antwerpen statt, bei dem einige Kinder verletzt wurden. Es hatte schon vorher einige Zeit und viel Anstrengung gebraucht, manche Eltern, die nicht so überzeugt davon waren, dass ihr Kind eine jüdische Schule besuchen sollte, dazu zu überreden. Diese Überzeugungsarbeit schien nun in größter Gefahr zu sein, denn wenn man auch bereit war, das damalige Experiment einer jüdischen Schule einzugehen, so sicher nicht mit dem zusätzlichen Wissen, dass die Kinder schwer gefährdet sein würden. Da nun aber ein konkretes Attentat vor der Eröffnung dieser Schule geschehen war, schien die Gefahr noch größer. Unter anderem wurde damals auch eine Metalltüre am Eingang des Gebäudes angebracht. Dies war die Tür, die von den Sicherheitsmännern bei dem beschriebenen Attentat zugeworfen worden war.

Bei den beiden Todesopfern, die zu beklagen waren, handelte es sich um einen älteren Herrn und eine schwangere Frau, die einige Jahre vorher zum Judentum konvertiert ist. Nun heißt es in den detaillierten Anleitungen zur Konversion, dass man jemanden, der konvertiert, unter anderem mit dem Argument, dass es gefährlich sein könnte, Jude zu werden, von dieser Absicht abzubringen versuchen sollte. Beim Begräbnis sprach dann ein Rabbiner darüber, wie diese junge Frau sich durch keine Argumente von ihrer Absicht abbringen ließ und sie diesen Schritt dann tatsächlich mit ihrem Leben bezahlen musste.

Bei diesem Begräbnis nahmen auch Vertreter des European Jewish Congress teil, die dazu angereist waren, um der Wiener jüdischen Gemeinde ihre Solidarität auszudrücken. Obwohl wir Juden überall, wo wir lebten, brave Staatsbürger gewesen sind, so heißt das nicht, dass wir nicht auch am Schicksal anderer jüdischer Gemeinden teilnahmen. So war es auch für uns ein gewisser Trost, dass wir in diesen schweren Stunden nicht allein gelassen wurden, und so haben auch wir andere Gemeinden – Istanbul oder Paris – besucht, wenn dort Attentate verübt worden waren, um unsere Solidarität zum Ausdruck zu bringen.

Zur Geschichte der jüdischen Wanderungen

Meine erste persönliche Erinnerung an flüchtige Juden war die soziale Situation nach dem Ungarnaufstand 1956. Nach dessen Niederschlagung durch die Sowjetunion flohen mehr als 150.000 Ungarn nach und durch Österreich in andere Teile der Welt. Der Prozentsatz der Juden unter den Menschen, die damals aus Ungarn flüchteten, war sehr groß. Etwa zehn Prozent der Flüchtlinge waren Juden. Es gab zahlreiche offizielle staatliche Hilfsleistungen für die Flüchtlinge. Auch die jüdische Gemeinde organisierte viele zusätzliche Unterstützungsaktivitäten.

Ich erinnere mich, wie Flüchtlinge in unserem Haus aufgenommen wurden, und dass mein Vater persönlich sehr involviert war, weil er aus Ungarn stammte. Es war legendär, dass Menschen, die zu ihm kamen, nie ohne Hilfe von ihm gegangen sind. In der Nähe von Wien wurde ein Lager errichtet, wo viele von ihnen untergebracht wurden. Ich erinnere mich auch, dass wir sie dort oft besucht und Verwandte oder Bekannte gefunden haben und mein Vater vielen bei ihren Problemen helfen konnte. Aber viel stärker habe ich in Erinnerung, dass unsere Wohnung ein Mittelpunkt für Menschen geworden war, die meinen Vater aus Ungarn kannten und seine Hilfe suchten. Deren erster Weg in Wien führte sie zu ihm, um seine Hilfe oder seinen Rat zu suchen. Mein Vater war ganz allgemein gesprochen neben seiner Tätigkeit als Rabbiner ein zutiefst sozial denkender und handelnder Mensch. Ich weiß, dass in dieser Zeit meine Mutter fast ununterbrochen in der Küche stand und für die Menschen eine warme Suppe gekocht hatte. Es war tiefster Winter, weshalb viele erfroren, die illegal über die Grenze geflüchtet waren.

Ich erinnere mich noch gut an die ungarischen Flüchtlinge, wenn ich auch noch ein kleines Kind war. Meine Eltern sprachen zwar untereinander ungarisch, aber mit uns Kindern versuchten sie, deutsch zu sprechen. Ich bin daher, wenn man mich nach meiner Muttersprache fragt, mit Deutsch als Muttersprache aufgewachsen. Das ging so weit, dass ich Ungarisch eigentlich nicht verstanden habe. Plötzlich aber wurde in unserem Hause fast nur mehr Ungarisch gesprochen und ich stand sprachlos daneben und verstand kein Wort. Meine Schwester Ruth, die vielleicht etwas sprachbegabter und eineinhalb Jahre älter ist, hat damals doch etwas Ungarisch gesprochen oder es zumindest verstanden. Ich selbst habe aber geweint, weil ich nichts verstanden habe; später jedoch und schön langsam habe ich einige Happen aufgeschnappt und heute verstehe ich ganz gut Ungarisch.

Ich erinnere mich nicht nur im Zusammenhang mit den Flüchtlingen aus Ungarn, dass mein Vater sehr oft versucht hat, Menschen bei Behördenwegen zu helfen, um eventuelle eine Erleichterungen zu bewirken. Da gab es eine Cousine von ihm, die zunächst in Wien bleiben wollte und dann aber beschloss, nach Deutschland zu fahren. Das war mit ihren Papieren ein bisschen schwierig, so dass er mit ihr durch fast ganz Österreich gefahren ist, bis zur Grenze zwischen Tirol und Deutschland, um ihr dort zu helfen über die Grenze zu gelangen. Als er dann an der Grenze vorgesprochen hat, waren dort ganz einfache österreichische Zollbeamte, die noch nie einen Juden gesehen hatten und die ihn fragten, wer er überhaupt sei. Er sagte, er sei der Oberrabbiner von Wien und einer der Beamten fragte, was das ist, ein Oberrabbiner. Dann hat mein Vater gesagt, naja, ein Rabbiner ist so etwas wie ein Geistlicher, der Oberrabbiner ist so wie ein Bischof oder wie ein Kardinal. Da hat einer dieser Beamten seinen Chef angerufen und hat gefragt: „Herr Inspektor, da ist der jüdische Kardinal von Wien…"

Natürlich gab es schon viel früher Wanderungen der Menschen. Ich behaupte, die Geschichte der Menschheit ist eine Geschichte der Wanderungen.

Als Rabbiner wendet sich mein Blick in die Bibel und ich komme auf Adam und Eva. Die Bibel beginnt ja nicht mit dem ersten Juden, sondern mit dem ersten Menschenpaar.

Der Ewige setzte Adam und Eva in den Garten Eden, um „ihn zu bearbeiten und ihn zu hüten" (Genesis 2,15). Sie hätten ohne Sünde dort in alle Ewigkeit die Freuden des Paradieses – ihrer Urheimat – genießen können. Nachdem sie aber vom Baum der Erkenntnis gegessen haben, obwohl der Ewige dies verboten hatte, wurden sie aus dem Paradies vertrieben. Es war dies nicht nur eine Strafe, sondern auch eine Maßnahme, die verhindern sollte, dass sie vom Baum des (ewigen) Lebens essen und so unsterblich würden.

Wie dem auch sei, das erste Menschenpaar war damit schon der Prototyp für aus ihrer Heimat vertriebene Menschen. Die Menschheitsgeschichte kann so in der biblischen Denkungsweise als eine Geschichte des Menschen gesehen werden, der seine Heimat verlassen muss und der sich danach sehnt, in die alte Heimat zurückzukehren. Diese Sehnsucht ist auch die Wurzel eines Denkens der Erlösung, einer Epoche, in der wir nicht das revolutionäre „Neue" suchen, sondern die Rückkehr in die alte Idylle, in den Garten Eden, das einstige Paradies.

Tatsächlich gibt es in der jüdischen Vorstellung von Leben und Tod den Gedanken, dass die Seelen der Verstorbenen in den Garten Eden kommen (zumindest wenn sie es verdienen). So bitten wir im Gebet „E-L Male Rachamim" (Ewiger, der Du voller Erbarmen bist), das bei Bestattungen gebetet wird, dass „die Seele des Verstorbenen im Garten Eden ihre ewige Ruhe finden möge".

Auch Kain, der erste Mörder der Geschichte, wurde zur Strafe vertrieben und musste als Nomade auf der Erde wandern. Er äußerte die Befürchtung, dass jemand, der ohne Heimat herumwandern müsse, als vogelfrei gilt und jederzeit getötet werden kann. Dies zeigt sehr deutlich die Härte und Gefahr der Heimatlosigkeit.

Das erste Wort G'ttes an den ersten Juden Abraham war: lech leha (Gen 12, 1): „Verlasse dein Land, deinen Heimatort und dein Elternhaus und ziehe in das Land, das ich dir zeigen werde". In Vers 7 des gleichen Kapitels verspricht der Ewige Abraham, dass dieses Land seinen Nachkommen gehört und so auch Abrahams Heimat wird. Man sollte nun annehmen, dass Abraham in der neuen Heimat auf Dauer sesshaft werden würde. Doch schon drei Verse später (12, 10) zog Abraham diesmal nicht auf Geheiß des Ewigen, sondern durch eine Hungersnot gezwungen, wieder weg, und zwar nach Ägypten.

Abraham, der sonst kein Feigling war, bekam plötzlich Angst und bat seine Frau Sara, sich als seine Schwester auszugeben. Die Begründung hiefür lässt auf auf eine Doppelmoral in der ägyptischen Gesellschaft schließen. Abraham befürchtete, dass die Bewohner des Landes ihn erschlagen würden, wenn sie wüssten, dass Sara seine Frau war, um sie dann als Witwe in den Harem des Pharao entführen zu können. Das heißt, die Ehe bzw. Ehre einer verheirateten Frau war ihnen heiliger als ein Menschenleben!

Wenn sie sich als seine Schwester ausgibt, würden sie Sara „nur" entführen, ihn aber nicht behelligen. Tatsächlich war Sara dann kurze Zeit am Hof des Pharao. Es scheint unwahrscheinlich, dass diese Behandlung jedem verheirateten Bürger drohte. Vielmehr war Abraham als Fremder benachteiligt. Diese erste Diaspora des ersten Juden zeigt uns, wie Menschen in einem fremden Land rechtlos waren oder sich zumindest so fühlten.

Nach dieser Episode zog Abraham zurück ins Heilige Land. Kurz nachdem Abraham in seine alte Heimat zurück gekehrt war, verstarb seine Frau Sara, und er wollte für seine Familie eine standesgemäße Grabstätte finden. Obwohl ihm der Ewige dieses Land schon versprochen hatte, gab es für ihn in den Augen der Hettiter, der damaligen Bevölkerung, keine rechtlichen Ansprüche auf Grund und Boden oder eine eigene Grabstätte. So musste er versuchen, eine Vereinbarung mit den Bewohnern zu treffen. In seiner Rede an die einheimische Bevölkerung bezeichnete er seinen Status mit zwei einander widersprechenden Begriffen: „Ein Fremder und Einwohner bin ich bei euch, gebt mir einen Grund bei Euch, dass ich begrabe meine Toten." (Genesis, 23, 4)

Im Wienerischen Dialekt könnte „ein Fremder und doch ein Einwohner" ein „Zuagraster" sein.

Raschi, der berühmte mittelalterliche Kommentator der Torah, deutet Abrahams Worte in folgender Weise: Abraham sagt zu Ihnen: „Wenn ihr wollt, bin ich ein Fremder und wenn ihr (es anders) wollt, bin ich schon ein Bürger!" Raschi meint damit, dass es nicht immer die Dokumente sind, die ein Mensch besitzt, die seinen Status definieren, sondern dass vielmehr die Gesellschaft ihn als gleichberechtigten Bürger akzeptiert oder als Fremden ablehnt.

Diese Bibelstelle wird im Jahreszyklus der Torahlesung knapp vor dem neunten November gelesen und hat mich dazu inspiriert, in einer Gedenkpredigt die Situation der österreichischen Juden nach dem Novemberpogrom 1938 mit der unseres Stammvaters Abraham zu vergleichen.

Denn auch die Juden Österreichs wurden im Jahre 1938 von einem Tag zum anderen zu unerwünschten Fremden und Feinden der Gesellschaft, selbst wenn viele von ihnen schon seit mehreren Generationen in Österreich lebten und loyale Staatsbürger waren. Es half ihnen nichts, wenn sie die österreichische Staatsbürgerschaft hatten. Es half auch gar nichts, wenn sie schon als Ärzte, Rechtsanwälte, Kaufleute oder sonstige Berufstätige scheinbar in der Bevölkerung voll integriert waren. Selbst hohe Auszeichnungen für die Treue zum Vaterland, erworben im Ersten Weltkrieg, halfen nichts. Vielmehr waren sie auf den Goodwill der Obrigkeit angewiesen, und als die Nazis an die Macht kamen, waren alle Papiere wertlos und aus Bürgern wurden Fremde.

Also genau wie Raschi sagte: „Wenn ihr wollt, bin ich ein (gleichberechtigter) Bürger, und wenn ihr (es anders) wollt, bin ich (plötzlich) ein Fremder."

Die Juden wurden über Nacht dadurch sogar noch mehr erniedrigt als benachteiligte Fremde. Sie waren Paria, ohne jede menschliche Würde und Rechte, „Untermenschen", mit denen man alles machen konnte.

Ein Kapitel aus dem ersten Buch Exodus, dem zweiten Buch des Pentateuch, möchte ich hier noch abhandeln. In diesem Kapitel wird die Entwicklung beschrieben, wie die Kinder Jakobs (Israels) von einer zunächst geachteten Gastbevölkerung zu einer benachteiligten und verfolgten Gruppe wurden.

Interessant für unser Buch ist nicht so sehr die Geschichte in Ägypten, sondern die stereotype Form, die sich im Laufe der Geschichte der jüdischen Diaspora oft wiederholte. Die Vorgeschichte ist, dass Josef, der Urenkel Abrahams in Ägypten das Volk durch kluge Maßnahmen vor einer Hungersnot rettete. Auch die Position des Pharao wurde durch sein diplomatisches Handeln bestärkt.

Exodus (1,8): „Da erlangte ein neuer Pharao die Macht, der Josef nicht kannte". Josef hatte, wie gesagt, erst vor kurzer Zeit Ägypten aus einer schweren Hungersnot gerettet. Es war daher unwahrscheinlich, dass der spätere Pharao von diesen Dingen nichts wusste. Es ist eher anzunehmen, dass er, wenn er Maßnahmen gegen die Kinder Israels zu ergreifen plante, zunächst seine Undankbarkeit dadurch tarnte, dass er von Joseph nichts wissen wollte.

So hatten die Juden auch im Laufe der Diaspora in vielen Ländern die Herrscher wirtschaftlich unterstützt, was aber sofort vergessen wurde, wenn sie aus irgendeinem Grund in Ungnade fielen. Auch in Österreich gab es zwei große Judenaustreibungen, 1421 unter Herzog Albrecht V. und 1669/70 unter Kaiser Leopold I.

Exodus 1,9: „Er sagte zu seinem Volk: Seht nur, das Volk der Israeliten ist größer und stärker als wir." Den Juden zu viel Macht und Einfluss zuzuschreiben ist auch immer wieder typisch für die spätere Verfolgungsgeschichte.

Exodus, 1,10: „Gebt acht! Wir müssen überlegen, was wir gegen sie tun können, damit sie sich nicht weiter vermehren. Wenn ein Krieg ausbricht, könnten sie sich unseren Feinden anschließen, gegen uns kämpfen und sich des Landes bemächtigen." Hier sehen wir eine Weiterentwicklung des Judenhasses.

Der Pharao schlug vor, zunächst mit List und nicht sofort mit Gewalt gegen die Juden vorzugehen. Er musste testen, wie weit sein Volk bereit war, ihm in seinem verwerflichen Plan zu folgen. Man könnte ja später die Schraube fester anziehen. Ganz typisch ist auch die Bezeichnung der Juden als illoyal, was hier nur eine durch nichts untermauerte Hypothese war.

Im Vers 11 heißt es: „Da setzte man Fronvögte über sie ein, um sie durch schwere Arbeit unter Druck zu setzen. Sie mussten für den Pharao die Städte Pitom und Ramses als Vorratslager bauen." Die Kinder Israels wurden durch spezielle Steuern, die zum Teil nicht im materiellen Sinn, sondern durch Fronarbeit einkassiert wurden, drangsaliert. Hier kann man auch eine Parallele zu den späteren Arbeitslagern sehen.

Als der Pharao sah, dass die Juden dennoch nicht dezimiert wurden, griff er zu grausameren Maßnahmen. Er rief die Hebammen der Hebräer und befahl ihnen, alle Knaben bei der Geburt zu töten. Hier war schon Mord vorgesehen, aber dennoch mit einer List. Die Hebammen sollten die Kinder sofort nach der Geburt töten und den Müttern sagen, dass sie tot geboren wurden. Neben der Grausamkeit des Kindermordes gibt es hier noch ein Mittel, das später von den Nazis verwendet wurde, nämlich das Verwenden von Juden und Jüdinnen, um einen Plan gegen die Juden durchzuführen. Auch eine weitere Parallele kann man hier ziehen zu den Kapos in den nationalsozialistischen Konzentrationslagern und die durch sie erfolgte Schwächung des inneren Zusammenhaltes.

Doch die jüdischen Hebammen waren einfallsreich und berichteten dem Pharao, dass die jüdischen Frauen so kräftig waren, dass sie die Kinder schon geboren hätten, bevor die Hebammen kamen und sie sie nicht mehr töten konnten.

Zuletzt (im Vers 22) befahl dann der Pharao, die erstgeborenen Knaben ohne jede List in den Nil zu werfen: Daher gab der Pharao seinem ganzen Volk den Befehl: Alle Knaben, die den Hebräern geboren werden, werft in den Nil. Die Mädchen dürft ihr alle am Leben lassen. Auch hier gibt es eine rabbinische Erklärung, die dem wörtlichen Inhalt des Satzes zu entsprechen scheint. Es heißt nämlich im Vers: Nicht dass man die jüdischen Knaben in den Nil werfen sollte, sondern alle neugeborenen Knaben.

In einer „mutigen" rabbinischen Deutung erklärt der Midrasch, dass ein Wahrsager dem Pharao den Tag mitteilte, an dem den Juden ein Erlöser geboren werden würde, und für diesen einen Tag hatte der Pharao tatsächlich angeordnet, alle Kinder, auch die ägyptischen, zu töten.

Der Höhepunkt des Hasses war, wenn der Antisemit sogar Nachteile oder wirtschaftliche Rückschläge in Kauf nahm, um die Juden zu vertreiben oder wenn Hitler das Ende des Krieges hinauszögerte, auch wenn dies dem deutschen Volk schadete. (Diese biblische Geschichte habe ich auch 2005 verwendet, als ich von der Bertelsmann Stiftung nach Berlin zu einer Tagung über den deutsch-jüdischen Dialog eingeladen wurde. Ich war überrascht, dass man einen Rabbiner dort über den sich steigernden Antisemitismus in Europa sprechen lassen wollte, und habe daher beschlossen, meinen alten Trick als Rabbiner auszupacken und den Antisemitismus im biblischen Ägypten mit dem heutigen zu vergleichen).

Auch die spätere Geschichte der Juden ist eine Geschichte ihrer Wanderungen, Vertreibungen und Verfolgungen.

Chaim Potok, der große, 2002 verstorbene amerikanisch-jüdische Schriftsteller, schrieb eine Geschichte des Judentums von den Anfängen bis ins 20. Jahrhundert und nannte sie ‚Wanderings‘ (deutsch: „Wanderungen. Geschichte des jüdischen Volkes“, 1980).

Die Geschichte der jüdischen Diaspora und des jüdischen Exils begann mit der Deportation nach der Zerstörung des ersten Tempels. Der zweite Tempel wurde 70 nach der Zeitrechnung von den Römern zerstört. Danach siedelte sich ein Teil der Juden in Babylonien an und gründete dort die babylonischen Akademien. Deren Leiter wurden Geonim genannt; ihr Wirken wurde religionsgesetzlich richtungsweisend für die gesamte weitere Diaspora. Der berühmteste Gaon war Saadia, der auch die Bibel ins Arabische übersetzte.

Während der Kreuzzüge im Mittelalter wurden die berühmten aschkenasischen Gemeinden in Deutschland, in Worms und Speyer, wo die großen jüdischen Gelehrten Raschi und Meir von Rothenburg lehrten, zerstört.

1215 wurden die Juden gezwungen, den gelben Fleck zu tragen. Im 14. Jahrhundert, zur Zeit der Pest, wurden die Juden beschuldigt, die Brunnen vergiftet und die Hostien geschändet zu haben. Die überlebenden deutschen Juden wanderten ostwärts. In Polen entwickelte sich durch diese Wanderung die größte jüdische Gemeinde vor der Shoah.

Auch aus Wien wurden die Juden mehrfach vertrieben. Im 13. Jahrhundert bauten sie eine große Synagoge am heutigen Judenplatz, in der die berühmten Rabbiner Isak bar Mosche (genannt Or Sarua, Lichtsaat, nach seinem Hauptwerk), Abraham Klausner und Meir von Fulda lehrten. 1420/21 wurden die Wiener Juden vertrieben. In der so genannten Wiener Geserah (hebräisch Verhängnis, Verfolgung) zogen viele Juden in der Synagoge Selbstmord der Zwangstaufe vor (genannt Kiddusch Haschem, die Heiligung des Namens),

die restlichen 200 bis 300 Juden wurden auf einem Scheiter-
haufen auf der Gänseweide in Erdberg verbrannt.

Oft waren es ökonomische oder politische Gründe, warum Juden aus einer Region vertrieben wurden, und noch öfter waren es wiederum eigennützige wirtschaftliche Gründe
der Herrscher, die eine Rückkehr der Juden ermöglichte.
So wurden die Juden 1406 auch aus der Steiermark und
Kärnten vertrieben, und 1515 aus der Krain. Rudolf II. ließ
jedoch die Wiederansiedlung einer größeren Anzahl hofbefrei-
ter Juden zu. Aus dieser Zeit, aus dem Jahr 1582, stammt auch
der älteste Wiener jüdische Friedhof in der Seegasse. Nachdem
die Kultusgemeinde in den siebziger Jahren des vorigen Jahrhunderts das dortige jüdische Altersheim verkauft hatte und
das Gebäude abgerissen worden war, befindet sich der Friedhof heute im Garten eines Pensionistenheims der Stadt Wien.

Im 17. Jahrhundert, der Blütezeit der Wiener Judenstadt
mit rund 3000 Einwohnern, wirkte im Wiener Ghetto im
Unteren Werd Rabbiner Jomtow Ludwig Heller, ein Schüler
des berühmten Hohen Rabbi Löw von Prag. 1669/70 wurden die Wiener Juden von Kaiser Leopold I. vertrieben. Ihre
Synagoge wurde zerstört und an ihrer Stelle wurde die Leo-
poldskirche in der heutigen Großen Pfarrgasse errichtet.

In den folgenden Jahrzehnten durften nur einige wenige
Hofjuden und ihre Familien in Wien leben. Die berühmtes-
ten Hofjuden waren im Zeitalter der Türkenkriege der aus
Deutschland gebürtige kaiserliche Armeelieferant und Ober-
hoffaktor Samuel Oppenheimer und sein Nachfolger Samson
Wertheimer, der auch als ungarischer Landesrabbiner und
Wohltäter der jüdischen Gemeinde von Eisenstadt wirkte.

1782 begann mit dem Toleranzpatent Kaiser Josefs eine
neue Ära für die österreichischen Juden. 1826 wurde der

Wiener Stadttempel eingeweiht, 1852 die Wiener Israelitische Kultusgemeinde gegründet, 1858 der Leopoldstädter Tempel in der Tempelgasse im zweiten Bezirk, dem Hauptsiedlungsgebiet der Juden, errichtet. Er umfasste über 2.000 Sitzplätze und wurde wie 94 weitere Wiener Synagogen und Bethäuser im Novemberpogrom 1938 zerstört. Bis 1938 lebten in Wien rund 180.000 Juden.

Doch auch in anderen Ländern erging es den Juden selten besser. 1492 und 1497 wurden die Juden aus Spanien und Portugal vertrieben. Das so genannte goldene Zeitalter der spanischen Juden fand damit ein gewaltsames Ende. Viele Jahrhunderte lang, bis ins 19. Jahrhundert, lebten in Spanien keine Juden mehr. Das Edikt von 1402 wurde erst 1968 aufgehoben, aber bereits 1914 und 1917 kam es zur Neugründung der jüdischen Gemeinden von Barcelona und Madrid. Heute leben in Spanien wieder rund 12.000 Juden.

Die Mehrzahl der spanischen Juden wanderte ins osmanische Reich, nach Flandern und in die Niederlande aus und begründete die große sefardische Diaspora. Andere ließen sich taufen und blieben als Marranen im Geheimen ihren jüdischen Bräuchen und Traditionen treu.

Während der Kosakenaufstände im 17. Jahrhundert wurden über 100.000 Juden bei Pogromen in Osteuropa ermordet. Von 1883 bis 1933 wanderten über vier Millionen Juden aus Europa, vor allem Osteuropa, nach Übersee aus. Die Mehrheit von ihnen ging in die USA, andere auch nach Südamerika, Südafrika oder Palästina.

Die Palästinawanderung setzte auch nach der Etablierung des politischen Zionismus durch den Wiener, in Budapest geborenen Journalisten Theodor Herzl nur sehr langsam ein. In mehreren jüdischen Einwanderungswellen (Alijoth) wurde Palästina wieder besiedelt. Die zionistische Geschichtsschreibung unterscheidet zwischen folgenden zionistischen Einwanderungswellen: Alijot, Einzahl Alijah. (Alijah bedeutet Einwanderung nach Israel, heißt aber wörtlich Aufstieg, was bedeutet, dass das Heilige Land – zumindest geistig – höher steht als andere Länder).

In der ersten Alijah von 1882 bis 1904 kamen 6000 jüdische Pioniere, vor allem aus Russland, Rumänien und Galizien ins Heilige Land. In der zweiten Alijah von 1904 bis 1914 kamen 40.000 Einwanderer, vor allem aus Russland, wo es wieder zu Pogromen gekommen war. In der dritten Alijah von 1919 bis 1923 kamen 35.000 Pioniere, die in den zionistischen Jugendbewegungen geschult wurden, vor allem aus Mittel- und Osteuropa. In der vierten Alijah von 1924 bis 1928 kamen 67.000 Einwanderer, vor allem aus Polen, als Folge einer antisemitischen Affäre. In der fünften Alijah von 1929 bis 1936 kamen 188.000 Einwanderer, darunter 24.000 Juden aus Deutschland, wo 1933 die Nationalsozialisten die Macht ergriffen hatten.

Die vielen Wanderungen der Juden fanden auch einen Niederschlag in der reichhaltigen jüdischen Literatur.

So schrieb die deutsch-jüdische Dichterin Hedwig Caspari, die 1922 Selbstmord beging, in dem Gedicht „Propheten": „[...] Wir wandern von Land zu Land, vom Stamm zu Stamm. Es spricht aus uns unser Wort zu Königen und Schächern, zu Huren und Baalsdienern, zu Kriegern und Machthabern."

Stefan Zweig, der 1942 durch Selbstmord im Exil in Brasilien starb, dichtete 1918 in der Tragödie „Jeremias": „Wir wandern durch Völker, wir wandern durch Zeiten Unendliche Straßen des Leidens entlang.

Ewig sind wir die ewig Besiegten,
Hörig dem Herde, an dem wir ausrasten
Völker ins Dunkel wie stürzende Sterne,
Und die hart unsre Rücken zerschlugen,
Werden zuschanden, Geschlecht um Geschlecht.
Wir aber schreiten und schreiten und schreiten
Tiefer hinein in die eigene Kraft,
Die sich aus Erden und Ewigkeiten
Und aus ihrem Leiden den G'tt entrafft."

Besonders eindrucksvoll formulierte der deutsch-jüdische Karl Wolfskehl – er starb 1948 im Alter von 79 Jahren im Exil in Neuseeland – 1934 in dem Gedicht „Wir ziehn" die ewige jüdische Wanderschaft:
„Fraget nicht: wohin?
Wir ziehn,
Wir ziehn, so ward uns aufgetragen
Seit Ur-Urvätertagen.
Abram zog, Jakob zog,
Alle zogen,
Zogen ins Land, zogen vom Land…"

Nelly Sachs, die 1940 aus Berlin nach Schweden floh, wo sie 1970 starb, begann 1946 ihr Gedicht „Chor der Wandernden" mit den Versen:
„Wir Wandernde,
Unsere Wege ziehen wir als Gepäck hinter uns her –
Mit einem Fetzen des Landes darin wir Rast hielten
Sind wir bekleidet –
Aus dem Kochtopf der Sprache, die unter Tränen erlernten,
Ernähren wir uns."

Berthold Viertel, der 1946 aus dem amerikanischen Exil nach Österreich zurückkehrte und 1953 in Wien starb, schrieb in dem Gedicht „Judengrab":

„Nicht in Jerusalem
Will ich gebettet sein.
Nicht am Berg Horeb
Raste mein Gebein.
Nein, in der Welt zerstreut,
Auf fremden Wegen
Soll man mich unbesorgt
Irgendwo niederlegen…"

Die Einsammlung der im Exil Zerstreuten, die kollektive Identität und Solidarität der Juden in Palästina hat Else Lasker-Schüler mit besonders schönen Worten in ihrem Buch „Hebräerland" (veröffentlicht 1937 in Zürich), ihrer poetischen Hymne an die historische jüdische Heimat beschrieben. (Die Dichterin floh 1937 nach Palästina, wo sie 1945 in großer Armut starb):

„Man begegnet allen Arten von Juden, allen Juden der Welt, und beschaut sich gegenseitig überrascht. Schön sind die Samarkanter Juden aus Bucharan, stolz der spanische und persische Israelite, und es gibt wohl kein Volk weiter auf der ganzen Erde, das muß uns der grimmigste und blutigste Gegner lassen, das in mannigfacheren Nuancen existierte, wie das hebräische Volk, das Volk Israel. Und doch ein einziger, unbefleckter Jude genügt, sein ganzes Volk, das gesamte Volk der Juden, zu repräsentieren, wie ebenso ein ungeläuterter, ein einziger Jude genügt, unser großes, verhetztes Volk in den Staub zu ziehen! Darum ein jeder Jude wache über sich und sein Judentum!"

Die Flüchtlingsströme durch Österreich

Oft wurde den Juden vorgeworfen, nach Macht zu streben, sogar nach der Macht auf der ganzen Welt. Weniger böse Zungen beschuldigen uns manchmal einer doppelten Loyalität. Erinnern wir uns nur an den Versuch des Pharao, die Juden schlecht zu machen. Wahr ist allerdings, dass die Solidarität unter Juden nicht an Landesgrenzen halt macht. Dennoch ist es ein antisemitischer Mythos, dass alle Juden einen monolithischen Block gleicher Interessen bilden. Abgesehen von der Solidarität, die besonders zu Zeiten der Verfolgung vorhanden ist, gibt es doch eine Vielfalt von Ideologien und Interessenskonflikten im Judentum, die manchmal friedlich und manchmal weniger friedlich beigelegt werden.

Doch zurück zur Solidarität in Notfällen. Wenn Juden in einem fremden Land verfolgt werden oder aus einem fremden Land flüchten müssen, dann können sie mit der Hilfe anderer Juden rechnen. Insbesondere wenn sie in ein Land flüchten, wo es eine jüdische Gemeinde gibt, bemüht sich diese zu helfen.

Gerade Österreich war und ist auf Grund seiner geographischen und geopolitischen Lage häufig Ziel von Flüchtlingswellen gewesen. Insgesamt waren es nach 1945 zwei Millionen Menschen, die in Österreich vorübergehend oder auf Dauer Zuflucht suchten. Unter ihnen waren rund zehn-Prozent Juden.

Wir verwenden das Wort Flüchtlinge nicht im rein politischen Sinne. Oft waren auch legale Auswanderer dabei. Wir wollen sie Wanderer nennen. Es gab Unterschiede zwischen den verschiedenen Wellen und zwischen Einzelnen, die nach Österreich kamen. Oft zog der überwiegende Teil der Wanderer nur durch Österreich und weiter in andere Länder. Manchmal blieben aber auch einige hier.

Die jüdische Gemeinde in Wien hätte wahrscheinlich nie die heutige Größe (in Wirklichkeit Kleinheit) erreicht, wenn nicht noch Gruppen von Juden verschiedener Nationalität nach Österreich eingewandert wären.

Die amerikanische Besatzungszone Deutschlands und Österreichs war nach 1945 ein Durchzugsgebiet für die so genannten DPs (Displaced Persons, wörtlich: versetzte Personen, während und nach dem Zweiten Weltkrieg entwurzelte oder vertriebene Personen). In den dortigen DP-Camps lebten in den ersten Jahren nach der Shoah rund 250.000 Juden. Die DPs wurden auch „Sche'erit Haplejta", der „Rest der Geretteten" genannt, ein Begriff, der auf zwei Verse im Buch Esra (9,14-15) zurückzuführen ist: „Können wir nach alledem von Neuem deine Gebote brechen und uns mit diesen gräuelbeladenen Völkern verschwägern? Musst du uns dann nicht zürnen, bis wir ganz vernichtet sind, so dass kein Rest von Geretteten mehr übrigbleibt? Herr, G'tt Israels, du bist gerecht; darum hast du uns als geretteten Rest (Sche'erit Hapleta) übriggelassen, wie es heute der Fall ist."

Die DPs wurden vor allem von der Welthilfsorganisation UNRRA und von der 1914 gegründeten zentralen amerikanisch-jüdischen Hilfsorganisation American Joint Distribution Committee betreut.

Die Brichah (hebräisch Flucht, zionistische Fluchthilfeorganisation) schleuste in den ersten Nachkriegsjahren rund 200.000 Juden über Bratislava, Wien, Linz und Salzburg ins heutige Israel. Da Palästina noch unter britischer Verwaltung stand und die Briten 1936 ein so genanntes Weißbuch erließen, mit dem sie die weitere jüdische Einwanderung und eine zionistische Mehrheitsbildung verhindern wollten, musste diese Einwanderung illegal erfolgten. In Italien konnte die Brichah auf die Hilfe der 1944 aufgestellten, 130.000 palästinensische Juden umfassenden jüdischen Brigade zurückgreifen.

Der Leiter der Brichah in Wien war von November 1945 bis Juli 1947 der gebürtige Wiener Asher Ben-Natan, der spätere erste israelische Botschafter in der Bundesrepublik Deutschland. Offiziell war er als Auslandskorrespondent für die hebräischen Zeitungen „Haboker" und „Hazofe" sowie für die Palcor News Agency und die Overseas News Agency akkreditiert.

Eines der wichtigsten Zentren der Brichah war das Wiener Rothschild-Spital. Es wurde vom „Internationalen Komitee für durchreisende jüdische KZler und Flüchtlinge in Österreich" unter der Leitung von Bronislaw Teichholz verwaltet. Teichholz stammte aus Polen und war in Budapest ein Mitarbeiter Raoul Wallenbergs. Während seiner Zeit in Wien war er überaus aktiv im Wiener jüdischen Leben. Er war Vorstandsmitglied des Keren Hajessod, des Verbandes polnischer Juden, Präsident des Daber Ivrit (Sprich Hebräisch) Clubs und aktiv in der Poale Zion (der jüdischen Arbeiterbewegung) und der Jüdischen Föderation. 1950 verließ er Wien.

Das Rothschild-Spital – es wurde 1870 von Anselm Freiherr von Rothschild gestiftet und 1873 eröffnet, daher sein inoffizieller Name – wurde Anfang der sechziger Jahre abgerissen. Teichholz schlug vorher vergeblich vor, aus dem architektonisch wertvollen Gebäude ein jüdisches Kulturzentrum zu machen. An seiner Stelle steht heute der Neubau des Wirtschaftsförderungsinstituts. 1997 wurde dort die Ausstellung „125 Jahre Rothschild-Spital" gezeigt. 1998 gaben Ruth Koblizek und Michael Heindl das Buch „125 Jahre Rothschild-Spital" heraus. Weitere große DP-Lager in Österreich gab es in Salzburg (Beth Bialik) und in Linz-Bindermichl. Linz war auch der Sitz des Jüdischen Zentralkomitees für die US-Zone, dessen Präsident einige Jahre lang Simon Wiesenthal war.

Die jüdischen DPs gründeten auf ihrer Wanderung Schulen, Synagogen, Zeitungen, Theatergruppen und viele weitere Organisationen und Initiativen. Sie wurden religiös von Feldrabbinern betreut; im Rothschild-Spital war dies zum Beispiel der aus Rumänien stammende Rabbiner Ernst Israel. Er kam 1945 aus Budapest nach Wien und richtete im Rothschild-Spital und in den vier kleineren Wiener DP-Lagern Alserbachstraße, Arzbergerstraße, Pezzlgasse und Rötzergasse Bethäuser und Talmud Torah Schulen ein. Weiters organisierte er eine koschere Küche, eine Mikwe und eine Jeschiwah (Talmud-Hochschule). Während seiner Zeit in Wien führte er 353 Trauungen, 394 Beschneidungen und 56 Bar Mizwa Feiern durch.

Im Gegensatz zu den DPs gab es in der Wiener jüdischen Gemeinde 1945 nur mehr rund 2.000 Juden, und zwar sowohl Glaubensjuden als auch solche nach den Nürnberger Rassegesetzen. Allerdings waren nur 200 „Volljuden" darunter, alle anderen lebten in Mischehen oder waren so genannte „Geltungsjuden". Die Zahl der österreichischen U-Boote wird auf 800 geschätzt, aber nicht alle haben überlebt.

1947 hatte die Wiener israelitische Kultusgemeinde bereits 9.400 Mitglieder, von denen 3.000 in den Konzentrationslagern überlebt hatten, 700 aus England, 800 aus Shanghai, 200 aus Palästina und 350 aus Karaganda in der Sowjetunion zurückkehrten.

In späteren Jahren blieben viele Juden aus Rumänien, aus Ungarn – vor allem nach dem sowjetischen Einmarsch 1956 – aus der Tschechoslowakei – nach dem sowjetischen Einmarsch 1968 – und ab den siebziger Jahren aus der damaligen Sowjetunion in Wien hängen.

Warum wollten die Juden aus der Sowjetunion weg? Für den gläubigen Juden gibt es eigentlich keinen Zufall. Wenn etwas Unerwartetes geschieht, so sieht er es als Geschick G'ttes. Ist es positiv, dann ist es möglicherweise der Lohn für irgendeine Handlung, ist es negativ, dann ist es wahrscheinlich eine Strafe. In jedem Fall soll uns, was immer uns zustößt, zumindest zum Nachdenken anregen, noch besser zum Handeln. Zu diesen wunderbaren „Ereignissen" gehörte unter anderen das Erwachen des jüdischen Bewusstseins in der ehemaligen Sowjetunion. Nach der Ermordung von Millionen Juden durch die Nazis folgte dort das kommunistische Regime, das Religionen nicht besonders freundlich gegenüberstand und besonders drastisch die jüdische Religionsausübung einschränkte.

Es gibt ein jüdisches Sprichwort, das besagt, dass das wichtigste jüdische Buch für die Praxis nicht die Bibel oder das Gebetbuch sei, sondern der jüdische Kalender. Nur wer einen solchen besitzt, kann nämlich wissen, auf welche Tage die jüdischen Feiertage fallen und wann sie zu begehen sind. So wurde jahrzehntelang in der Sowjetunion kein jüdischer Kalender gedruckt, die Beschneidung war im Grunde verboten und das geistig-kulturelle Leben der Juden in der Sowjetunion drohte eines halb sanften Todes zu entschlafen. Es gab zwar noch immer eine beeindruckende Synagoge in Moskau, aber es hieß von ihr, dass die Teilnehmer am G'ttesdienst zu 50 Prozent aus alten Juden und zu 50 Prozent aus Spionen der Sowjetregierung bestanden haben. Der Rabbiner hatte seine Ausbildung im Budapester Rabbinerseminar absolviert, dem einzigen Seminar, in dem Rabbinatskandidaten aus Osteuropa studieren durften, weil es sich im Ostblock befand. Auch von diesem Rabbinerseminar hieß es, dass die weniger als zehn Studierenden zu 50 Prozent echte Rabbinatsstudenten waren und zur anderen Hälfte Spione. Tatsächlich wurde nach dem Fall des Kommunismus zumindest ein Rabbiner im Ostblock – und ich schreibe bewusst nicht seinen Namen – sofort ausgetauscht, weil angenommen wurde, dass er Vorkommnisse weitergemeldet hatte. Das Ironische an der Sache ist, dass weder in der Synagoge in Moskau noch im Budapester Rabbinerseminar irgendetwas von Bedeutung ausspioniert werden konnte, aber wahrscheinlich war das Spitzelwesen in der damaligen Sowjetunion für viele auch eine Arbeitsbeschaffung.

Paradox war auch, dass Juden oft einerseits aus einem Land vertrieben wurden, in dem sie ruhig leben wollten, andererseits aus einem Land, in dem sie nicht mehr leben wollten nicht hinausgelassen wurden. Das zweite bezog sich insbesondere auf die kommunistischen Länder, bei denen es als Verrat an der Heimat galt, das sozialistische Paradies verlassen zu wollen.

In den 70er und 80er Jahren des 20. Jahrhunderts waren es besonders eifrige jüdische Aktivisten, die diese Situation nicht nur mit Bedauern feststellen, sondern auch versuchten, etwas dagegen zu unternehmen. An erster Stelle wären hier vielleicht die Lubawitscher Chassidim zu erwähnen, deren charismatischer Rebbe Menachem Mendel Schneerson aus der Sowjetunion stammte, sich dann in den USA niederließ und sich mit der Entwicklung in der UdSSR nicht abfinden wollte. Er schickte im Geheimen Abgesandte in die Sowjetunion, die sich zum Teil als Wirtschaftstreibende ausgaben, die aber in Wirklichkeit Gebetbücher in die Synagogen schmuggelten und versuchten, an Feiertagen die wenigen Juden in den Synagogen durch chassidische Gesänge und Predigten ein wenig aufzumuntern.

Von 1968 bis 1986 emigrierten rund 270.000 sowjetische Juden über Österreich nach Israel oder in die USA. Rund 5.000 von ihnen blieben oder kamen wieder nach Österreich zurück und gründeten eine bucharische und eine grusinische Gemeinde, für die 1992 in der Tempelgasse das „Sefardische Zentrum" mit zwei sehr schönen Synagogen errichtet wurde. Dort wirken für die Bucharischen Juden Isak Niazov und Rabbiner Mosche Israelov, für die Grusinischen Rabbiner Jakov Hotolevi. Es war dies der erste Neubau einer Synagoge nach 1945 in Wien. Nur durch diese Zuwanderer konnte die Wiener jüdische Gemeinde nach 1945 demographisch gerettet und neues Leben aufgebaut werden.

Unsere Gemeinde besteht heute zu über 50 Prozent aus Menschen, die aus anderen Ländern, meist aus den Ostblockstaaten, in Wien neu ansässig geworden sind. Zählen wir noch deren schon in Wien geborene Kinder dazu, so sind es wahrscheinlich 80 Prozent. Wenn wir uns nicht bemüht hätten, diese Menschen bei uns aufzunehmen und zu integrieren, gebe es in Wien heute wahrscheinlich keine jüdische Gemeinde (was manche vielleicht gar nicht stören würde).

Bei der Aufnahme dieser Menschen hat die Kultusgemeinde große Hilfe geleistet, sei es bei der Wohnungsbeschaffung, Arbeitsbeschaffung oder der sozialen Unterstützung und beim Deutschunterricht. Wir haben diesen neuen Mitgliedern unserer Gemeinde natürlich auch unsere religiösen und kulturellen Dienste angeboten und waren zunächst überrascht, dass manche von ihnen, insbesondere die Juden aus den asiatischen Teilen der Sowjetunion, lieber ihre eigenen Synagogen haben wollten, um dort ihr Brauchtum zu pflegen. Wir haben daraus gelernt, dass Integration nicht eine gewaltsame kulturelle Angleichung bedeuten darf. Diese Menschen, die an ihre alte Sprache, Kultur und Traditionen gebunden sind, brauchen diese Bande, um in der Fremde etwas zu haben, worauf sie sich stützen können. Gleichzeitig müssen wir aber für die Flüchtlinge und Wanderer, die hier bleiben wollen und vor allem für deren Kinder ein langfristiges Programm entwerfen, das ihnen einen Einordnungsprozess ermöglicht.

Der Zugang zu den Zuwanderern soll nicht ein zweckorientierter sein, wie zum Beispiel: Ein „guter" Fremder, ist der, der genau über die Ausbildung verfügt, die wir gerade in Österreich brauchen. Sondern vielmehr: Wie weit sind wir bereit, auch Opfer zu leisten, um diesen Menschen zu helfen und sie einzugliedern in unsere Gemeinde.

In Österreich gab es also viele Durchwanderer, aber doch auch eine erhebliche Zahl von Einwanderern.

Die jüdische Gemeinde Wiens war schon vor dem Krieg vielfältig, wie ja auch die allgemeine Wiener Bevölkerung. Allein ein Blick in das Wiener Telefonbuch zeigt eine Fülle von ausländischen, nicht deutschsprachigen (früher vielfach tschechischen), heute oft auch moslemischen und türkischen Namen. In Wien lebten 1934 (laut der damaligen Volkszählung) genau 176.034 Juden, in ganz Österreich 191.481.

In der Shoah wurden etwa 65.000 österreichische Juden ermordet, so dass es im Jahr 1945 (ohne sonstige verstorbene oder verschollene Juden) zumindest etwa 120.000 österreichische Juden weltweit gegeben haben muss.

Nun müsste man annehmen, dass nicht sofort, aber doch im Laufe der ersten Jahre nach 1945 Zehntausende ehemalige österreichische Juden heimkehren würden. Dem war aber nicht so. Die Gründe dafür waren sicher vielfältig, aber ich möchte hier nur zwei generelle Tendenzen erwähnen.

Da war einerseits die Zurückhaltung von Seiten der Österreicher. Viele aus Österreich geflüchtete oder vertriebene Juden wären gern zurückgekehrt. Aber von keinem Politiker und von keiner Partei waren Worte der Einladung oder zumindest Ermunterung dazu zu hören. Es gab nur eine rühmliche und vielzitierte Ausnahme, den Wiener Kulturstadtrat Viktor Matejka von der KPÖ, dessen Einladung sich aber nur auf Künstler und Intellektuelle bezog. Später erinnerte sich Matejka daran mit den Worten, dass er sich damit „die kältesten Füße seines Lebens" geholt hatte. Die SPÖ war nicht einmal bereit, ihre früheren verdienten Stadträte Hugo Breitner und Wilhelm Ellenbogen, die in hohem Alter in den USA lebten und in Wien nur noch ihre letzten Jahre verbringen wollten, zurückzuholen. Man befürchtete wohl auch die Forderungen nach individueller und allgemeiner Restitution.

Bundespräsident Karl Renner – nach dem bis heute das Renner-Institut benannt ist – sagte 1946 gegenüber dem britischen Labour Minister Richard Crossman, dass er nicht glaube, „dass Österreich in seiner jetzigen Stimmung Juden noch einmal erlauben würde, diese Familienmonopole [er bezog sich auf den jüdischen Handel] aufzubauen. Sicherlich würden wir es nicht zulassen, dass eine jüdische Gemeinde aus Osteuropa hierher käme und sich hier etablierte, während unsere eigenen Leute Arbeit brauchen."

Berühmt und vielzitiert wurde der 1988 von dem britischen Historiker Robert Knight publizierte Ausspruch des österreichischen Innenministers Oskar Helmer. Dieser sagte 1948 bei einer Diskussion im österreichischen Ministerrat über eine vom damaligen Direktor des Joint Harold Trobe erbetene Anleihe für die völlig verarmte Wiener israelitische Kultusgemeinde in der Höhe von 25 Millionen Schilling: „Ich wäre dafür, dass man die Sache in die Länge zieht." Dem Antrag wurde nicht zugestimmt, die Kultusgemeinde erhielt schließlich nur eine Anleihe von 5 Millionen Schilling mit der Sicherstellung ihrer Immobilien.

Viele Probleme der Rückstellung und Versöhnung, die Österreich in den letzten Jahren hatte, hätten damals gelöst werden können und sollen…

Die andere Seite der Medaille war, dass es aber auch von Seiten der Vertriebenen viele gab, die nicht mehr zurückkehren wollten.

Warum sollten sie auch in ein Land zurückkehren, in dem sie so schlecht behandelt, aus dem sie vertrieben und in dem viele ihrer Angehörigen und Freunde ermordet worden waren? Auch wenn sie wussten, dass die Nazis den Krieg verloren hatten, so erinnerten sie sich doch auch an den Antisemitismus, den sie von früheren Nachbarn, Klassen- und Arbeitskollegen erleiden mussten. Für die meisten war das Kapitel Österreich abgeschlossen, auch wenn sie dort vielleicht wieder Fuß hätten fassen können.

Viele von ihnen hatten inzwischen in Israel, den Vereinigten Staaten, in England, Frankreich oder in Südamerika, einige auch in Kanada und Australien ein neues Leben und eine berufliche Karriere aufgebaut.

Manche von ihnen waren auch auf wirtschaftlichen, künstlerischen oder wissenschaftlichen Gebieten sehr erfolgreich. Billy Wilder und Erich Zinnemann, aber auch die aus

Österreich gebürtigen und vertriebenen Nobelpreisträger Walter Kohn und Eric Kandel, die Österreich mit Freude nach ihren Erfolgen für sich reklamierte, sind dafür nur die bekanntesten Beispiele.

Erst viel später kamen einige vertriebene Wiener Juden auf Besuch und oft wurde mein Vater von ihnen mit der gleichen Frage konfrontiert: „Wie konnten Sie nach der Shoah in Wien bleiben?! Erinnern Sie sich nicht daran, dass hier eine Synagoge stand, dort ein jüdischer Verein und haben Sie vergessen, wie es uns hier ergangen ist?" (Die besonders grausamen „Reibpartien" sind nur die bekanntesten Beispiele der Misshandlung der österreichischen Juden durch die österreichische nichtjüdische Bevölkerung.)

Die Antwort meines Vaters war: „Ich war während der Shoah in Ungarn. Die Enttäuschungen, die ich dort erlebt habe, waren, dass ein Teil der ungarischen Bevölkerung mit den Nazis kollaboriert und uns schon vorher nicht gerade freundlich behandelt hatte. Später, als die Herrschaft der Kommunisten begann oder abzusehen war, da war das Angebot, Oberrabbiner in Wien zu werden, für mich eher als Rettung zu sehen und nicht als Zumutung."

Ähnlich dachten andere Juden, die in Polen, der Ukraine und in vielen anderen osteuropäischen Ländern neben der Grausamkeit der Nazis auch die der einheimischen Bevölkerung am eigenen Leib erleben mussten. So zogen es viele vor, in den Westen zu wandern, auch wenn dort keine wirtschaftliche Sicherheit auf sie wartete. Manche hatten im Westen Verwandte, manche ein wenig Geld, aber alle hatten den eisernen Willen, die Tatsache, dass sie die Shoah überlebt hatten, als einen Auftrag zu sehen, ein neues sinnvolles Leben zu beginnen. Für die säkularen Juden war ihr Überleben ein

Zufall oder eben ein Glück. Viele fromme Juden sahen darin aber eine Fügung oder sogar ein Wunder des Ewigen.

Und so war für viele Juden Wien eine Zwischenstation und nur für manche die Endstation und so lässt sich erklären, dass die in Wien vor 1938 geborenen oder vor 1938 lebenden Juden in der Wiener jüdischen Gemeinde nach 1945 immer nur eine Minderheit waren und dass ihre Anzahl in den letzten Jahren noch mehr abnahm.

Nach der Shoah gab es überhaupt viele Juden, die ihre Jugendjahre nicht wie andere Kinder in der Schule oder in der Familie verbracht haben, sondern die statt dessen in Lagern oder versteckt im Wald oder im Untergrund überlebt hatten. Dass diese Kinder keine höhere Schulbildung hatten, versteht sich von selbst. Dennoch haben manche von ihnen die Schule oder sogar ein Studium nachgeholt. Andere wiederum wurden Geschäftsleute, weil sie keine höhere Schulbildung erhalten konnten.

In diesem Zusammenhang gibt es eine Geschichte: Ein Jude, der aus einem Stetl nach New York ausgewandert und sehr reich geworden ist, traf einen Freund, mit dem er im Osten gemeinsam gewohnt hatte. Der nicht so Wohlhabende fragte den Wohlhabenden: „Ich erinnere mich noch, im Stetl konntest Du kaum deinen Namen schreiben und jetzt machst Du große Geschäfte". Der reiche Jude antwortete: „Naja, das ist ja gut so! Hätt' ich meinen Namen schreiben können, wäre ich wahrscheinlich Tempelkassier geworden und wär' vielleicht noch heut' Tempeldiener in diesem kleinen Stetl. Weil ich es eben nicht konnte, bin ich heute ein wohlhabender Mann in Amerika".

Eine ähnliche Geschichte handelt von einer durch die Shoah um seine Erziehung gebrachten Juden, der auch sehr wohlhabend wurde. Als ihn sein intelligenter, aber ärmerer Freund fragte, wieso er so erfolgreich war, er könne ja kaum rechnen, antwortete er: „Ein bisschen rechnen kann ich schon. Ich kaufe ein Hemd um fünf Dollar und verkaufe es um zehn und lebte von den verdienten zehn Prozent…"

Wenn ich mich bisher mit den Wanderungen beziehungsweise der Vertreibung der Juden beschäftigt habe, so gab es zu verschiedenen Zeiten und in verschiedenen Ländern, nicht nur in Wien, doch auch längere Zwischenstationen. Wenn Juden oft längere oder kürzere Zeit in einem Land geduldet waren und sich dort niederließen, haben sie immer versucht, zum Wohle der ansässigen Bevölkerung zu wirken. Dies wird von uns Juden als religiöse Pflicht gefordert.

Die frühen Schriften (Könige, Richter etc.) behandeln das jüdische Leben und die Sozialgesetzgebung unter jüdischer Herrschaft. Allerdings änderte sich diese Situation bereits in biblischen Zeiten mit dem babylonischen Exil.

Es gibt die folgenden grundlegenden Quellen, die das jüdische Leben in der Diaspora betreffen.

Die erste Stelle ist aus dem Prophetenbuch Jeremia (29: 4-7). Jeremiah schrieb in einem Brief an das jüdische Volk, das ins babylonische Exil verbannt war: „So spricht der Herr der Heerscharen, der G'tt Israels, zur ganzen Gemeinde der Verbannten, die ich von Jerusalem nach Babel weggeführt habe. Baut Häuser und wohnt darin, pflanzt Gärten und esst ihre Früchte! Nehmt euch Frauen und zeugt Söhne und Töchter, nehmt für eure Söhne Frauen, und gebt eure Töchter Männern, damit sie Söhne und Töchter gebären. Ihr sollt euch dort vermehren und nicht vermindern. Bemüht euch um das Wohl der Stadt, in die ich euch weggeführt habe, und betet für sie zum Herrn; denn in ihrem Wohl liegt euer Wohl."

Zur Erklärung: Die Situation der Juden, die nun fern ihrer ursprünglichen Heimat lebten, ist uns nicht angenehm, aber sie ist unvermeidbar. Daher darf kein Anlass für verzweifelte Gedanken oder Handlungen sein. Vielmehr soll das jüdische Leben so normal wie möglich weitergehen.

Die Juden sollen an der Gesellschaft und der Wirtschaft des fremden Landes teilnehmen. Zweitens mögen die Juden gute Nachbarn in ihrem Gastland sein, indem sie friedliche Beziehungen pflegen, die ihnen im Gegenzug auch selbst Frieden bringen werden.

Der Auftrag, für die fremde Stadt zu beten, wird im Talmud weiter erläutert: Der Talmud zitiert im Kapitel „Sprüche der Väter" (3,2) Rabbi Chanina, der sagt: „Bete für das Wohlergehen der Regierung, denn ohne sie würde einer den anderen bei lebendigem Leib auffressen!" Das mag eine pessimistische Meinung über die menschliche Moral sein, aber es zeigt Vertrauen in die moralische Kraft der ordnenden Mächte (auch wenn sie uns nicht immer freundlich gesinnt sind).

Allerdings behauptet Rabbi Gamliel, der zur Zeit der römischen Herrschaft über die Juden lebte, genau das Gegenteil im gleichen Talmud-Traktat (2,3): „Hüte dich vor den Herrschenden, denn sie sind nur freundlich zu ihrem eigenen Nutzen. Sie handeln freundlich, wenn es ihnen Vorteile bringt, doch sie stehen einem nicht bei, wenn man sie braucht" – wie immer diese zwiespältige Beurteilung der Obrigkeit verstanden wird.

Die endgültige Entscheidung und das normative jüdische Recht in bezug auf das jüdische Verhalten in einem fremden Land stammt vom talmudischen Lehrer Shmuel, der zu einer späteren Zeit in Babylonien lebte. Diese Regel wird an mehren Stellen im Talmud zitiert und wird „Dina de Malchuta

Dina" genannt – frei übersetzt: „Es ist eine religiöse Verpflichtung die Gesetze des Landes einzuhalten". Allerdings gibt es eine breite Diskussion im Talmud, wie weit man sich an dieses Prinzip halten soll und wo seine Grenzen sind.

In unserem Zusammenhang wollen wir zwei wichtige Kriterien erwähnen: Erstens, das Gesetz des Landes muss nur dann eingehalten werden, wenn es ein gerechtes Gesetz ist, das alle Bürger gleich behandelt. Anordnungen, die einen Teil der Bevölkerung diskriminieren, dürfen, sollen oder müssen nicht eingehalten werden; weder von denen, die diskriminiert werden, noch von den anderen. Wenn zum Beispiel Nazis Juden befohlen haben, den Gelben Stern zu tragen, war es sicher religiös in Ordnung, dies nicht zu tun. Das Gesetz des Landes darf uns zweitens nicht verbieten, das Gesetz der Torah einzuhalten. Im Fall, dass zum Beispiel ein Gesetz des Landes das Halten des Schabbats verbietet und man dies nicht befolgen kann, gilt das jüdische Gesetz. Damit werden die religiösen Lehren in bezug auf das richtige Verhalten von Juden im Hinblick auf die Staatsgesetze beschrieben.

Nun zur speziellen Situation der Juden in Österreich: In Österreich nahmen die Juden im 19. Jahrhundert an allen Bereichen des sozialen und politischen Lebens teil. Sie waren sehr patriotisch und kaisertreu und kämpften im Ersten Weltkrieg in der österreichisch-ungarischen Armee an der Seite Österreichs. In der Eingangshalle der Hauptsynagoge Wiens, im Stadttempel, hängt eine Gedenktafel für die österreichischen jüdischen Soldaten, die im Ersten Weltkrieg gefallen sind. Die fast hundert Namen sind allein die Gefallenen aus dem ersten Bezirk; insgesamt waren es wohl mehrere Tausend Gefallene. Es ist dabei allerdings bemerkenswert, dass diese Gedenktafel vom „Bund Jüdischer Frontsoldaten" erst im Jahr 1933, also fünfzehn Jahre nach dem Ende des ersten Weltkrieges gestiftet worden ist.

Der Grund dafür ist, dass der Bund Jüdischer Frontsoldaten erst 1932 gegründet wurde. Wahrscheinlich wollten die Juden zu Beginn der Verfolgungen auch zeigen, wie patriotisch sie sind. Es hat ihnen später nichts geholfen, obwohl nicht weniger als 24.000 ehemalige jüdische Soldaten im Bund Jüdischer Frontsoldaten vereinigt waren.

Während der Monarchie enthielten die jüdischen Gebetbücher auch Gebete für den Kaiser und seine Familie, die bei jedem Schabbat-G'ttesdienst gebetet wurden. Ein Beispiel aus dem Machsor, dem Gebetbuch mit den Festgebeten der Israeliten in der Übersetzung von Isaak Noa Mannheimer aus dem Jahr 1894 von Jos. Schlesingers Buchhandlung lautet:

„Gebet für den Landesvater: Allmächtiger G'tt und Weltenherr! Der du Könige und Fürsten hast erkoren und berufen, und hast ausgerüstet mit allen Gaben deiner Huld und Milde, daß sie in Weisheit und in Gerechtigkeit ihr Volk regieren, Gesetz und Recht handhaben, den G'ttesfrieden auf Erden schirmen, und alle milden Gaben bringen, Jeder seinem Volke und Lande – verleihe deinen göttlichen Schutz und Beistand unserem Fürsten und Herrn, deinem Gesalbten, dem Kaiser Franz Josef dem Ersten, für den wir zu dir beten als treue Unterthanen für ihren Herrn, wie Kinder für ihren Vater beten. Mehre seine Tage, und kröne ihn mit Sieg, Ruhm und Herrlichkeit. Segne Alle, die seinem Throne und Herzen die nächsten sind, die Kaiserin Elisabeth Amalie Eugenie, und alle Angehörigen des erhabenen, glorreichen Fürstenstammes.

Segne das gesammte Vaterland, daß Eintracht und Friede seine Stämme einige, Licht und Wissenschaft das Volk erhöhe, Tugend und G'ttesfurcht die innere Lebenskraft im Volke sei.

Gib, o G'tt, daß wir des Segens theilhaftig werden, einen Ehrenstand gewinnen im Vaterlande, dem wir in Liebe und Treue anhänglich sind; Wohlwollen finden unter den Menschen, wie wir Gnade und Erbarmen zu finden hoffen vor deinem Weltenthrone! Amen!"

Solche Gebete wurden sicher nicht für das NS-Regime gesagt, da dessen Gesetze nicht gerecht waren und im Besonderen die Juden verfolgten. Seit damals wurden in Wien auch keine neuen Gebetbücher mehr gedruckt, es wurden nur die alten nachgedruckt, wobei natürlich in den neuen Ausgaben die Gebete für den Kaiser ausgelassen wurden. Daher wurde bisher auch kein Gebet für das Staatsoberhaupt, jetzt also den Präsidenten der Republik, gedruckt. Allerdings gibt es am österreichischen Staatsfeiertag im Stadttempel einen besonderen G'ttesdienst, bei dem die österreichische Bundeshymne gesungen wird. Auch am Jom Kippur wird im Zentrum des G'ttesdienstes ein Gebet für die Republik Österreich eingeschaltet.

Ein oder zwei Generationen nach der Shoah sind die Situation und das Leben der Juden in Österreich sehr komplex. Heute ist Österreich eine Demokratie und wir Juden nehmen in jeder Hinsicht am Leben in Österreich teil. Doch die Geschichte Österreichs enthüllt eine lang andauernd negative Einstellung gegenüber Juden. Der Antisemitismus in Österreich existierte bereits lange vor der Shoah, doch er war meist nicht rassistisch, er war mehr verbal und nicht gewalttätig.

Dieser weniger brutale Antisemitismus wandelte sich ab den dreißiger Jahren – sicher auch beeinflusst von den Ereignissen im deutschen Nachbarland. Viele Österreicher waren gegen den „Anschluss" an NS-Deutschland, aber es wurde nicht ein einziger Schuss abgefeuert, als die Deutschen im

März 1938 einmarschierten. Im Gegenteil, viele Österreicher jubelten Adolf Hitler zu und hießen ihn willkommen, und viele waren später hochrangige Kollaborateure bei der Ermordung der Juden.

Nach dem Krieg wurde Österreich von den vier alliierten Mächten befreit und gleichzeitig besetzt. Viele Österreicher haben schlimme Erinnerungen an diese Zeit und fühlten sich erst wirklich befreit, als die alliierten Mächte das Land verließen. Als Nationalfeiertag wurde daher der Tag des alliierten Abzugs 1955 gewählt und nicht das Ende des Zweiten Weltkriegs. Das lässt die Annahme zu, dass 1945 als Niederlage angesehen wurde, woraus folgert, dass Österreich ein Verbündeter Deutschlands war. Andererseits anerkannten die Alliierten 1955 Österreich als erstes Opfer von NS-Deutschland.

Aus diesem eher komplexen und teilweise verwirrenden historischen Verständnis entstand Mitte der achtziger Jahre die Waldheim-Affäre, in deren Verlauf viele Österreicher erstmals mit ihrer Vergangenheit konfrontiert wurden. Nach dieser Krise konnten wir bei einem Teil der Bevölkerung eine größere Bereitschaft beobachten, einen Teil der Verantwortung für die Vergangenheit zu übernehmen, während andere mit antisemitischen Bemerkungen auffielen.

Österreich hat in bezug auf die Aufarbeitung der Vergangenheit zuletzt einiges nachgeholt. Was die Fremdenpolitik betrifft, so hören wir noch heute von einzelnen Politikern und Parteien fragwürdige Aussagen. Was aber die Restitution in Österreich betrifft, gab es in letzter Zeit endlich einen Durchbruch. Der Anstieg des Antisemitismus in ganz Europa führte jedoch dazu, dass viele Juden in bezug auf ihre Zukunft sehr skeptisch sind. Ich aber bin halt ein unverbesserlicher Optimist und hoffe auf eine positive Entwicklung.

Die Kultusgemeinde und ihre Aufgaben

Bis jetzt habe ich beschrieben, wie sich Juden als Staatsbürger verhalten sollen. Nun wollen wir die Aufgaben beschreiben, die sich innerhalb einer jüdischen Gemeinschaft stellen.

Am Beginn der „Sprüche der Väter" gibt es folgende Aussage: „Auf drei Dingen steht die Welt: Auf dem Lernen der Torah, auf dem G'ttesdienst, und auf den zwischenmenschlichen guten Taten!" Ausgehend von diesem Satz sollte eine jüdische Gemeinde Institutionen zum Lernen der Torah, für das Gebet und für die soziale Betreuung ihrer Mitglieder haben.

Die israelitische Kultusgemeinde Wien (IKG) ist die offizielle Vertretung der Juden in Wien. Nach ihren Statuten hat sie in erster Linie für die religiösen und zum Teil auch sozialen Bedürfnisse der Gemeindemitglieder zu sorgen. In den Statuten heißt es: Aufgabe der Kultusgemeinde ist es unter anderem, „im Rahmen der Gesetze für die Befriedigung der religiösen Bedürfnisse ihrer Mitglieder zu sorgen und die für diesen Zweck notwendigen Institutionen zu errichten, zu erhalten und zu fördern sowie sämtliche Interessen der Kultusgemeinde und ihrer Mitglieder in allen die Kultusgemeinde betreffenden Belangen nach innen und außen wahrzunehmen".

Mitglied der Kultusgemeinde kann jeder Jude oder jede Jüdin sein, wobei wir Jude so definieren, wie es in der klassischen talmudischen und rabbinischen Literatur der Fall ist und wie es in Israel angewandt wird: Jude ist, wer Kind einer jüdischen Mutter ist oder jemand, der zum Judentum konvertiert ist.

Das mit der Mutter will ich kurz erklären. Die Begriffe, die vor allem die Nazis verwendet haben – Halbjude oder Vierteljude – existieren im Judentum nicht. Das Judentum hat sich für das matriarchalische Prinzip entschieden. Das heißt:

57

Wenn die Mutter jüdisch ist, so ist auch das Kind jüdisch, egal ob der Vater Jude oder Nichtjude ist. Generell wird das matriarchalische Prinzip damit begründet, dass die Mutter immer klar und eindeutig festzustellen ist, und so gibt es im Judentum keine Halbjuden. So wird man Jude bei der Geburt. Knaben werden auch beschnitten, aber im Unterschied zur Meinung vieler ist auch ein unbeschnittener Knabe, der von einer jüdischen Mutter geboren wurde, ein Jude. Anders ist es im Islam – im Islam ist das Kind eines islamischen Vaters ein Moslem, egal welche Religion die Mutter hat.

So kommt es zu einem Paradoxon, bei einer Mischehe, wo der Vater Jude und die Mutter Moslemin ist. Für die Juden ist das Kind Moslem, für die Moslems ist es Jude…

Die jüdische Gemeinde in Wien heißt Israelitische Kultusgemeinde. Dieser Name ist auf das Israelitengesetz von 1890 zurückzuführen und ist eigentlich recht eigentümlich. Wir selbst nennen uns nämlich Juden. Um den historischen, biblischen Hintergrund zu beleuchten: Unsere Vorfahren hießen zuerst Kinder Israels. Mit Israel war unser Urahne Jakob gemeint, der später den Namen Israel erhielt. So finden wir in den Fünf Büchern Mose, im Pentateuch, die Bezeichnung Kinder Israels oder das Volk Israel. Zur Zeit der Könige, nach den Königen David und Salomon, die beide noch einen gemeinsamen jüdischen Staat führten, zerbrach dieser in zwei Reiche, von denen das Nordreich Israel und das südliche Juda hieß. Dies in Anlehnung an Juda, einen der Söhne Jakobs. Das Nordreich Israel wurde von den Assyrern zerstört, und so blieb nur das andere Reich Juda. Von diesem stammt auch der Name Juden, den wir heute verwenden. In der Estherrolle wird der Held Mordechai als Jude bezeichnet und somit war das Wort Jude für uns bis heute geprägt.

Dennoch entschloss sich die österreichische Regierung im 19. Jahrhundert dazu, die Juden als Israeliten zu bezeichnen. So kamen wir zum Namen Israelitische Kultusgemeinde. Auch in der Schweiz heißt die jüdische Gemeinde in Zürich Israelitische Cultusgemeinde, während in Deutschland zum Beispiel alle Gemeinden „Jüdische Gemeinden" heißen.

Noch ein Name wird im Deutschen für uns Juden verwendet, nämlich mosaisch. Dieser ist darauf zurückzuführen, dass Moses am Berg Sinai die Torah vom Ewigen abholt und so unser Gesetzgeber wurde. Diese Bezeichnung stammt aber nicht aus der jüdischen Tradition, sondern wurde von Christen geprägt. Da bei den Christen Jesus eine dem Ewigen ähnliche Stellung hat ist der Name christlich für diesen Glauben gut argumentierbar. Aber Moses war, wenn er auch unser höchster Prophet war, weiter Mensch geblieben und als Mensch begraben worden, und deshalb ist es bei Juden selbst nicht üblich, uns als mosaisch zu bezeichnen.

In diesem Zusammenhang erinnere ich mich an folgende Begebenheit: In einer Diskussion mit einem reaktionären Österreicher sagte dieser zu mir, dass er lieber die Begriffe Israeliten oder mosaischen Glauben verwendet, weil er befürchtet, mit dem Wort Jude Antisemitismus hervorzurufen. War er selbst vielleicht ein Antisemit?!

Nebenbei wehren sich die Moslems genauso dagegen, Mohammedaner genannt zu werden, weil auch Mohammed keine g'ttesähnliche Position hat, auch wenn er ihr wichtigster Prophet und Religionsstifter war.

Es ist aber sogar vorgekommen, dass uns einfache Seelen Israelische Kultusgemeinde genannt haben. Dies ist ein grober Irrtum, denn israelisch heißt, zum israelischen Staat gehörend, während israelitisch heißt, jüdisch zu sein.

Über Synagogen

Nachdem König David das Land Israel erobert hatte, baute sein Sohn Salomon in Jerusalem einen Tempel. In ihm wurden für alle Juden Opfer gebracht, an manchen Feiertagen auch Opfer für Nichtjuden. Dieser Tempel war das zentrale Heiligtum des jüdischen Volkes. Noch heute gibt es einen Überrest dieses Tempels, eine Außenmauer, die so genannte Westmauer (Kotel Maaravi). Sie ist im Deutschen unter dem Namen Klagemauer bekannt, weil Juden in allen Zeiten dorthin gepilgert sind und dort oft unter Tränen gebetet haben.

Als dann der Tempel zerstört worden war und die Juden in der Diaspora über die ganze Welt verstreut wurden, haben sie an den Orten, an denen sie gewohnt haben, Bate Knesset (griechisch: Synagogen) eingerichtet. Der Talmud spricht von diesen Synagogen und nennt sie „Kleine Heiligtümer", im Vergleich zum Tempel in Jerusalem, der das „Große Heiligtum" war. Das heißt, dass sie uns an den großen Tempel in Jerusalem erinnern sollen. Es gibt aber wesentliche Merkmalsunterschiede: Zum Beispiel wurden im Tempel zu Jerusalem Opfer dargebracht und in den heutigen Synagogen werden „nur" Gebete gesprochen. Im Tempel haben die Kohanim, die Priester (die Nachkommen des Oberpriesters Aaron, des Bruders Mose) mithilfe der Leviten den G'ttesdienst geleitet. In diesen neuen Tempeln und kleinen Heiligtümern, in den Synagogen, kann praktisch jeder Jude, der das Wissen hat und der von der Gemeinde dazu beauftragt wird, einen G'ttesdienst leiten.

Ein Gemeinschaftsg'ttesdienst ist dann möglich, wenn zehn erwachsene männliche Juden an ihm teilnehmen (dies nennt man einen Minjan). Ein Jude kann natürlich auch allein zu Hause beten. Aber es gibt Teile des Gebetes, die in der Gemeinschaft besser zum tragen kommen, zum Beispiel gibt es besondere „heilige" Gebete, die nur in einer Gemeinschaft gesprochen werden. Diese kann sich allerdings an jedem Platz versammeln; wo immer sich zehn erwachsene Männer einfinden, kann man einen Gemeinschaftsg'ttesdienst veranstalten. Dennoch war man immer bestrebt, eigene Gebäude für diese Gemeinschaftsg'ttesdienste zu errichten und besonders, wo es viele Juden und eine größere Gemeinde gab, wurde zumindest ein Gebäude errichtet, in dem sie gemeinsam gebetet haben.

Das hebräische Wort für Synagoge, Beth Haknesset, bedeutet Versammlungsort. Aus diesem ersieht man, dass im Synagogenraum nicht nur gebetet wurde, sondern auch andere – allerdings nur wichtige Gemeindeversammlungen – abgehalten werden konnten. Eine weitere Verwendung für diesen Raum war immer das Torahlernen. Die Gebete finden drei Mal am Tag statt. Es gibt ein Morgengebet, ein Nachmittagsgebet und ein Abendgebet. Nun sollte das Nachmittagsgebet vor dem Sonnenuntergang gesprochen werden, das Abendgebet nach dem Sonnenuntergang, in manchen Gemeinden sogar erst dann, wenn es ganz dunkel ist. Um die Menschen nicht zu zwingen, drei Mal am Tag in die Synagoge zu gehen, ist es in den meisten Synagogen üblich, dass man den Nachmittagsg'ttesdienst am späten Nachmittag ansetzt, dann eine Zeitlang zum Beispiel einen Torahvortrag hört oder gemeinsam Torah studiert, bis die Sonne untergeht oder bis es ganz finster ist, und dann das Abendgebet verrichtet. Dadurch erreicht man, dass man nicht drei Mal am Tag, sondern nur zwei Mal am Tag in die Synagoge gehen muss.

Auch außerhalb der Gebetszeiten ist die Synagoge ein Beth Hamidrasch, ein Haus des Lernens. Menschen, die vor oder nach dem G'ttesdienst oder irgendwann im Laufe des Tages die Möglichkeit oder die Zeit gehabt haben, konnten dort immer Torah lernen. Die Synagoge war also immer offen. Nur in letzter Zeit sind Synagogen aus Sicherheitsgründen oft nur zu den Gebetszeiten geöffnet.

Torahlernen kann man natürlich auch zu Hause, aber so, wie das Beten in der Gemeinschaft eine andere Qualität hat, ist es auch mit dem Torahlernen. Auch das kann in der Gemeinschaft mit anderen besser gestaltet werden. In den meisten Talmudschulen ist es heute üblich, dass zwei Schüler gemeinsam studieren. Das heißt, dass zwei Personen einander gegenüber sitzen, dasselbe Blatt des Talmuds aufgeschlagen haben, dieses miteinander diskutieren und durch diese Diskussion beim Lernen einander anregen und so besser verstehen. Hiezu gibt es natürlich auch Vorträge von Rabbinern. Deshalb ist das Lernen in der Synagoge oder in einem Lehrhaus dem Lernen zu Hause vorzuziehen.

Man erzählt die Geschichte von einem Juden, der so wie Robinson Crusoe Schiffbruch erlitten hatte und einige Jahre lang allein auf einer Insel verbringen musste. Als er dann gefunden wurde, führte er seine Retter durch die von ihm errichteten Gebäude, unter anderen zeigte er ihnen zwei Synagogen. Auf die Frage, wozu ein einziger Jude zwei Synagogen bräuchte, antwortetet er: „Eine davon ist die, in die ich nie gehe."

Doch ist dieses Thema zu ernst, um es nur in Anekdoten darzustellen.

Aber schon im Talmud heißt es, dass ein berühmter Rabbiner jeden seiner Lehrvorträge mit einer kleinen humorvollen Anekdote begonnen hat und erklärte, dass er so die Aufmerksamkeit seiner Schüler erregen wollte, die danach auch dem ernsten Teil seiner Ausführungen folgten.

Aufbauend auf dem Bibelvers „Berov Am Hadrat Melech" (Sprüche 14,28): „Wo viele Menschen sind, wird der König besonders geehrt", empfiehlt die Halacha (das jüdische Religionsgesetz), in einer Stadt nur eine große Synagoge zu bauen, in der alle Juden Platz haben und in der alle gemeinsam beten. Hier wird mit König der Ewige, der König aller Könige angesehen. Wenn das in Wien so wäre, dann gäbe es nur den Stadttempel in der Seitenstettengasse, der die erste größere Synagoge in Wien war und ist. Tatsächlich aber kennt das jüdische Religionsgesetz Gründe, warum nicht jeder Jude verpflichtet werden kann, in dieser einen großen Synagoge zu beten.

Der erste und einsichtigste Grund ist, wenn diese Synagoge nicht groß genug ist, um allen Juden einer Stadt eine Möglichkeit zum Beten zu geben. Dann darf man klarerweise eine zweite Synagoge bauen, und so war es auch in Wien.

Sehr interessant ist, dass das jüdische Recht sich dann mit der Frage beschäftigt, was ein Jude tun soll, wenn es zwei Synagogen gibt. Soll er in diejenige gehen, die näher zu seinem Hause ist oder soll er in die andere gehen, die weiter entfernt ist? Natürlich meint niemand, dass man fünf oder sechs Stunden zu Fuß gehen soll, um in die weiter weg gelegene Synagoge zu gehen, wenn die nähere zehn Minuten vom Haus ist. Aber wenn es zwei Synagogen gibt, von denen die eine in zehn Minuten zu erreichen ist und die andere in zwanzig, noch dazu möglicherweise in der gleichen Richtung, so kann man darüber diskutieren, in welche man dann beten gehen soll. Da gibt es wieder zwei Meinungen, und das ist auch typisch für das jüdische Lernen. Die eine Meinung sagt, man soll an einer Mizwa (einem Gebot) nicht vorbeigehen. Das heißt, wenn ich auf dem Weg zum Beten bin, und ich finde am Weg zuerst die eine Synagoge vor, so soll ich trotzdem in der ersten Synagoge beten, weil hier eine Mizwa praktisch vor mir liegt, und ich die Möglichkeit, dieses Gebot auszuführen, sofort ergreifen sollte, auch wenn es wenig weiter eine zweite gibt.

Die andere Meinung wiederum sagt, wenn wir ein Gebot erfüllen – wie zum Beispiel das Beten – und wir dabei besondere Anstrengungen unternehmen, dann werden diese Anstrengungen von G'tt zusätzlich anerkannt. Daher sagt die zweite Meinung: Man soll in die weiter entfernte Synagoge gehen, um sich damit den „S'char Psiot", einen Lohn für die vielen zusätzlichen Schritte, die man geht, zu erwerben.

Das ist ein gutes Beispiel für einen jüdischen Gelehrtenstreit. Doch welche der beiden Alternativen wählt man? Hier kommen weitere Beweggründe hiezu, warum man in einer bestimmten Synagoge beten möchte, und nachdem man die verschiedenen Beweggründe miteinander vergleicht, kommt man zu einer Entscheidung.

Ein Beweggrund zum Beispiel ist ein praktischer. Nachdem religiöse Juden am Schabbat kein Verkehrsmittel benützen, muss eine Synagoge in der Umgebung sein, die man auch leicht zu Fuß erreichen kann. Da es auch wahrscheinlich ist, dass Menschen am Schabbat und am Wochentag in der gleichen Synagoge beten wollen, so wird die Entscheidung, wo man betet, auch am Wochentag auf die näher gelegene Synagoge fallen.

Anders ist es bei den nichtorthodoxen Strömungen des Judentums, bei denen es entweder am Schabbat überhaupt erlaubt ist, ein Verkehrsmittel zu benützen (Reform) oder für den Besuch der Synagoge eine spezielle Dispens gemacht wird (Konservative).

Vertreter dieser Strömungen haben oft orthodoxe Juden gefragt: „Ist es nicht besser, ein Verkehrsmittel am Schabbat zu benützen, um in die Synagoge zu kommen, als überhaupt nicht zum Beten zu gehen?" Die Antwort der orthodoxen Juden war und ist: „Ein Jude, der den Schabbat richtig halten will, ohne ein Verkehrsmittel zu benützen, sucht in der Nähe einer Synagoge eine Wohnung und vermeidet so das ganze Problem."

Dies ist manchmal auch der Grund dafür, dass viele Juden im Umkreis einer Synagoge wohnen, und so „Jüdische Viertel" entstanden sind (zum Beispiel in Antwerpen oder in Golders Green in London). Auch in Wien leben die meisten orthodoxen Juden im ersten, zweiten, dritten oder neunten Bezirk, weil es dort Bethäuser gibt. Vor der Shoah hieß der zweite Bezirk im Volksmund Mazzesinsel. Heute sind wir zu wenige, um in Wien ein jüdisches Viertel zu bilden.

Wenn dann in der Synagoge kein Platz mehr für alle Juden ist, dann führt das dazu, dass eine zweite Synagoge gebaut wird, und daneben jüdische Schulen und andere jüdische Institutionen. Auffallend, aber nicht überraschend ist dann, dass in diesen jüdischen Vierteln vor allem sehr orthodoxe Juden wohnen, die auch auf der Straße an ihrer Kleidung als solche erkennbar sind. Andere Juden, die die Synagoge seltener besuchen und die ein Verkehrsmittel am Schabbat benützen, können anderswo wohnen und fahren dann eben mit dem Auto in die Synagoge.

Interessant wäre vielleicht hier noch zu erwähnen, dass es auch Juden gibt, die sogar am Schabbat in eine orthodoxe Synagoge mit dem Auto fahren. Diese achten aber meist darauf, nicht unmittelbar vor der Synagoge zu parken, um dann den Rest des Weges zu Fuß fortzusetzen, damit sie bei den anderen Betenden kein Ärgernis erregen.

Ein weiterer Grund, nicht die Hauptsynagoge zu besuchen, könnte darin liegen, dass Juden aus einem Land abstammen, in dem der Synagogenbrauch vor allem in der Melodie, aber auch in Textvarianten anders ist als in der Hauptsynagoge. Ein Beispiel für Wien sind die bucharischen und georgischen Juden, die ganz andere, nahöstlich klingende Gebetsmelodien kennen und sich daher vielleicht im Stadttempel, wo sich die Kantoralmusik auf Salomon Sulzer, auf den alten Wiener Ritus und auf europäisch-kantorale Musik konzentriert, nicht heimisch fühlen würden.

Dann wiederum gibt es Juden, die nach dem chassidischen Ritus beten und andere, die eher den so genannten aschkenasischen westeuropäischen Ritus haben.

Synagogen sind also auch oft landsmannschaftlich organisiert. So gab es vor der Shoah in Wien den Polnischen Tempel, der wie der Name schon sagt, von polnischen Juden, die nach Wien zugewandert waren, gegründet wurde, und es gab die Schiffschul (benannt nach der Großen Schiffgasse, in der sie sich befand), in der vor allem Juden aus Ungarn beteten.

Doch es gibt noch weitere Begründungen, warum es mehrere Synagogen in einer Stadt geben kann. Ein Grund ist der Grad der Observanz der Betenden. Wenn wir vorher gesagt haben, dass manche Juden am Schabbat mit dem Auto kommen, so gibt es auch eine Gruppe von Juden, die sehr observant ist und die in einer Synagoge beten möchte, in der alle gleich religiös sind.

Dann wieder gibt es Juden, die, weil sie einen bestimmten Rabbiner als ihr geistiges Oberhaupt ansehen, am liebsten in dessen Synagoge gehen. So sehen wir, dass es zwar ursprünglich ein Ideal war, in einer Stadt nur eine Synagoge zu haben, dass wir aber jetzt schon auf eine ganz große Anzahl von Synagogen kommen, die aus verschiedenen Gründen von jenen Juden frequentiert werden, die nicht in der Hauptsynagoge beten können oder wollen.

Nach diesen allgemeinen Erklärungen wenden wir uns der Geschichte und Gegenwart der Synagogen von Wien zu. Die erste große Synagoge in der Neuzeit ist der Stadttempel, der 1826 errichtet wurde und der sogar im so genannten Novemberpogrom 1938 nicht vollkommen zerstört wurde, im Gegensatz zu allen anderen großen Synagogen in Wien. Grund dafür war die Lage in einem Hinterhof, von der Straße aus nicht sichtbar, in der diese Synagoge wegen der damaligen Gesetze gebaut war. Wenn man die Synagoge angezündet hätte, hätten auch alle angrenzenden Häuser gebrannt, und deshalb beließ man es dabei, nur den Innenraum zu zerstören. Außerdem war diese Synagoge dadurch geschützt, weil sie räumlich mit den Ämtern der Kultusgemeinde verbunden war. Die Nazis wollten die Archive und Matriken der Juden nicht mitverbrennen, weil sie die gut organisierten Karteien benutzen wollten und auch verwendet haben, um nach Juden zu suchen und diese zu finden.

Der Stadttempel wurde von Menschen erbaut, die einerseits zwar zur liberaleren Anschauung des Judentums tendierten, andererseits dann aber aus Rücksicht auf die gesamte Gemeinde auf die Einführung der Neuerungen, die typisch für die Reform waren – wie eine Orgel oder die Aufhebung der getrennten Sitzordnung zwischen Männern und Frauen – verzichteten. Die Synagoge in der Seitenstettengasse heißt nicht nur Stadttempel, sondern sie zeichnet sich auch für die

Offenheit allen Gläubigen der Stadt Wien gegenüber aus. Hier wird nicht gefragt, wie observant die Besucher sind, ob sie koscher essen oder ob sie zu Fuß zur Synagoge gekommen sind. Zusätzlich gibt es in dieser Synagoge auch einiges, was es in den anderen Wiener Synagogen nicht gibt, zum Beispiel einen professionellen Kantor und einen Chor, wodurch der G'ttesdienst besonders feierlich wird. Wir versuchen damit, den berühmten Wiener Ritus, der von Oberrabbiner Mannheimer und von Oberkantor Sulzer geschaffen wurde, aufrechtzuerhalten, obwohl viele Juden, die aus dem Osten hierher gekommen sind, diesen nicht gewohnt sind.

Aus einem bald erkennbaren Grund möchte ich ein wenig auf die Frühgeschichte des Wiener Stadttempels eingehen. Als Kaiser Franz I. im Jahr 1823 der jüdischen Gemeinde den Bau eines Tempels zugestand, hat er gleichzeitig die Anweisung gegeben, den Tempel nicht als freistehendes Gebäude wie die Kirchen, sondern möglichst dezent und von der Straße aus nicht sichtbar zu bauen. Eine Lösung wurde gefunden, indem der nichtjüdische Architekt Josef Kornhäusel den Stadttempel im so genannten Dempfingerhof baute, einem Hof, der von allen vier Seiten aus Häuserzeilen gebildet wurde, sodass die Synagoge gar keine eigene Fassade hat. Die ovale Kuppel ist durch die davor stehende Fassade der Häuser (in der heutigen Seitenstettengasse 4, in der sich auch die Büros der Kultusgemeinde befinden) nicht zu erkennen und überdeckt den gesamten Bereich dieses Hofes.

Nach 1945 gab es zwar für Veranstaltungen einen Festsaal – es war dies der alte Sitzungssaal der Kultusgemeinde. Aber dieser wurde zu klein, als die Kultusgemeinde ab den achtziger Jahren immer mehr kulturelle Veranstaltungen organisierte. Es entstand daher das Bedürfnis nach einem größeren Veranstaltungssaal. Im Haus neben dem Stadttempel, Seitenstettengasse 2, das auch der Kultusgemeinde gehört, war ein Hof, in dem zum Beispiel zu Sukkot die Laubhütte aufgestellt wurde. Der Architekt Thomas Feiger hat in einer interessanten architektonischen Überlegung die Idee von Kornhäusel wiederholt und diesen Hof überdacht. So entstand das Jüdische Gemeindezentrum, in dem seit seiner Eröffnung 1980 viele Veranstaltungen und Feiern stattfinden. Insbesondere gibt es dort nach jedem Schabbatg'ttesdienst ein geselliges Zusammensein (einen Kiddusch), bei dem auch der Segen über den Wein gesprochen wird und die Gemeinde eine Erklärung des Oberrabbiners zum Wochenabschnitt zu hören bekommt. Diese Feste werden natürlich größer, wenn in der Synagoge eine Hochzeit, eine Bar oder eine Bat Mizwa stattfinden.

Es gab allerdings in den letzten Jahren auch einige Male Gemeindeversammlungen, bei denen das Gemeindezentrum, das nur 200 Menschen fasst, zu klein war. Es wurde daher an mich die religiöse Frage gerichtet, ob man eine Gemeindeversammlung auch in der Synagoge abhalten könnte. Der hebräische Name für Synagoge ist Beth Haknesset und bedeutet Versammlungsraum. Sie wird selbstverständlich in erster Linie für das Beten und für das Torahstudium verwendet. Aber wenn es sich um eine wichtige Gemeindeangelegenheit handelt, spricht nichts dagegen, eine Versammlung in der Synagoge abzuhalten, und deshalb habe ich zugestimmt. So geschah es auch in einer Zeit, als innenpolitische Ereignisse (im Zusammenhang mit der FPÖ) viele Gemeindemitglieder in Sorge versetzten. Von einem Gemeindemitglied, der merkwürdigerweise ein Naheverhältnis zur FPÖ hatte und dem diese Versammlungen nicht recht waren, wurde ich allerdings in der Öffentlichkeit angegriffen, dass ich den Tempel entweihe, weil es sich nicht um rein religiöse, sondern um andere Gemeindeangelegenheiten handelte. Ich blieb dennoch bei meiner Meinung und einige Gemeindeversammlungen fanden im Stadttempel statt.

In den „guten alten" Zeiten, als sich noch ein Großteil der Gemeinde bei den G'ttesdiensten einfand, war es sogar erlaubt, dass ein Gemeindemitglied den G'ttesdienst an einer bestimmten Stelle unterbrechen konnte, um sein Anliegen vor der versammelten Gemeinde vorzutragen. Auch heute noch hat man an manchen Feiertagen das Gefühl, dass die Menschen nicht nur zum Beten kommen, sondern auch um eine Art Gemeinschaftsgefühl zu pflegen. Manchmal artet dies auch in zuviel Plaudern und zu wenig Beten aus. Während manche dies als sympathisch empfinden, weil es zeigt, dass sich die Juden in ihrem Betraum zu Hause fühlen und sich weniger formal verhalten als zum Beispiel Betende in Kirchen, muss ich als Rabbiner dennoch dafür plädieren, dass der Lautpegel des Vorbetens über dem des verstohlenen Plauderns und der Privatgespräche bleibt.

Der Stadttempel war, wie erwähnt, der einzige Wiener Tempel, der im Novemberpogrom nicht verbrannt, sondern „nur" innen zerstört wurde. Nach der Shoah wurde er mehrere Male renoviert. 1963 ergab es sich, dass ausgerechnet meine Bar Mizwa, aufgrund der damaligen Renovierung, nicht im Stadttempel stattfinden konnte, sondern im Musikverein.

Im Jahr 1988 wurden der Stadttempel und das Foyer – diesmal mit Hilfe der Bundesregierung und der Stadt Wien – besonders schön renoviert. Die Eröffnung des Tempels war für Sonntag, dem 11. September angesetzt. Anwesend waren Bundeskanzler Franz Vranitzky und andere hohe Ehrengäste.

Während der ein halbes Jahr dauernden Renovierung wurde der G'ttesdienst nebenan im Jüdischen Gemeindezentrum abgehalten.

Nun war der Bau aber schon eine Woche vor der feierlichen Eröffnung beendet worden. Für den Samstag vor der offiziellen Eröffnung war schon lange ein Bar-Mizwa-G'ttesdienst angesetzt gewesen. Manche Kultusvorsteher fanden es jedoch falsch, vor der offiziellen Wiedereinweihung im Stadttempel eine Bar Mizwa durchzuführen und schlugen vor, den Bar-Mizwa-G'ttesdienst wie in den Monaten davor im Gemeindezentrum abzuhalten. Der Vater des Bar Mizwa Jungen wandte sich an mich und meinte hingegen, wenn der Tempel schon fertig gebaut wäre, dann sollte die Bar Mizwa doch im Stadttempel sein. Die Gegenseite wiederum argumentierte, dass dadurch die festlich geputzte Synagoge wieder staubig und die Eröffnung daher nicht feierlich genug sein würde. Wie hat der Oberrabbiner entschieden? Ich habe entschieden, dass es für einen Tempel keine schönere Wiedereinweihung gibt als die Bar Mizwa eines Jungen und dass diese für die Gemeinde sogar wichtiger wäre als die offizielle Eröffnung mit den Ehrengästen. Es wäre keineswegs eine Herabwürdigung, wenn der Tempel für seinen eigentlichen Zweck bereits einen Tag vorher verwendet werden würde. Und so geschah es auch.

In der Wiener Innenstadt gibt es noch die Synagoge einer Organisation namens Misrachi. In diesem Gebäude am Judenplatz, das heute den Namen Misrachihaus trägt, befinden sich einige jüdische Institutionen. Es gibt dort eine Synagoge, eine Jugendbewegung namens Bnei Akiva und die Talmud Torah Schule „Sinai". Das Wort Misrachi bedeutet Osten, steht aber für eine Bewegung im Judentum, die in

Israel und auf der ganzen Welt existiert und die ein religiöses Leben verbunden mit einem jüdischen nationalen Gedanken als ihr Ideal ansieht. Die Anhänger der Misrachi sind diejenigen Juden, die für ihren kompromisslosen Einsatz für den Staat Israel bekannt sind und manchmal von den Medien auch dafür gescholten werden. Ein Teil der Siedler stammt aus diesem Segment, aber es gibt auch viele gemäßigte Angehörige der Misrachi. Erkennbar sind sie an den gehäkelten Käppchen. In Wien ist diese Gruppe sehr aktiv. In der erwähnten Talmud Torah Schule lernen Schüler und Schülerinnen, die neben oder außer dem offiziellen Religionsunterricht noch zusätzlich Religionsstunden nehmen wollen. Hier wirkt Rabbiner Josef Pardess, ein dynamischer Mann aus Israel. Im ersten Bezirk gibt es noch einige kleinere Bethäuser in Wohnungen (Rabensteig, Grünangergasse).

Im zweiten Bezirk gibt es mehrere Synagogen. Da wäre zunächst die große orthodoxe Synagoge der Gruppe Agudat Israel in der Tempelgasse (kurz Aguda) zu erwähnen. Viele der dort Betenden oder zumindest deren Eltern oder Großeltern stammen aus Osteuropa. So wie in der Synagoge der Misrachi gibt es auch in der Synagoge der Aguda einen eigenen Rabbiner. Rabbiner David Grünfeld – ein besonders gelehrter Kollege – ist hier tätig. Beide geben sehr viele Shiurim (Lehrstunden), was zur Folge hat, dass es in diesen Synagogen auch außerhalb der Gebetszeiten zahlreiche Aktivitäten gibt. Im Gebäude der Synagoge in der Tempelgasse gibt es auch eine Ganztagsschule für jene Kinder, die eine Volksschule und eine Mittelschule-Unterstufe absolvieren wollen. Es ist dies eine besonders religiöse Schule für jene Eltern, die wollen, dass Knaben und Mädchen getrennt unterrichtet werden.

Außerdem gibt es in dieser Synagoge auch einen Kolel, das ist eine Gruppe von jungen Männern, deren Hauptbeschäftigung es ist, Torah zu studieren. Sie werden dafür teilweise entlohnt, teilweise arbeiten auch ihre Ehefrauen als Lehrerinnen oder in anderen Berufen.

Diese Organisation trägt eigentlich zwei Namen. Der eine Name ist Agudat Israel (wörtlich: eine Vereinigung der Juden), die auch in Israel und international existiert, die aber nicht zionistisch ist wie die Misrachi. Ihr zweiter Name nur auf Wien bezogen ist Khal Israel. Die Agudat Israel, die Weltorganisation der torahtreuen (orthodoxen) Juden, die sich die Pflege und die Vertretung der Interessen der orthodoxen Juden zum Ziel setzte, wurde 1912 in Kattowicz gegründet. Ihr Hauptbüro befand sich vor der Shoah in Wien, wo 1923 und 1929 auch die beiden Weltkonferenzen der Aguda (genannt Kenessio Gedaulo) stattfanden.

Es gibt im zweiten Bezirk noch weitere Synagogen, eine davon in der Großen Mohrengasse. Hier wirkt und lehrt Rabbiner Chaim Stern. Im gleichen Gebäude gibt es seit 1988 auch eine Jeschiwa, eine Schule für junge, sehr religiöse Juden zwischen 14 und 18 Jahren. Sie lernen dort hauptsächlich Torah, aber auch zusätzlich allgemeine Fächer.

Nicht weit von der Jeschiwa gibt es in der Lilienbrunngasse ein weiteres Bethaus. Es steht unter der Leitung von Rabbiner Uscher Margulies. Auch dort gibt es einen so genannten Kolel. Man könnte fragen, woher das Geld kommt, mit dem die Studenten des Kolels bezahlt werden. Dahinter steckt die Idee, dass Menschen, die wohlhabend sind und die selbst nicht genügend Zeit haben, Torah zu lernen, Institutionen oder einzelne Menschen unterstützen, die dies tun. Es ist dann auch möglich, dass Menschen, die einen Partner zum Lernen brauchen, sich am Abend an diese jungen Männer wenden und diese dann als Gegenleistung dafür, dass sie eine finanzielle Unterstützung bekommen, ihre Wohltäter lehren.

Vor der Shoah gab es in der Großen Schiffgasse eine große und berühmte orthodoxe Synagoge, die 1864 erbaute so genannte Schiffschul, die im Novemberpogrom zerstört wurde. Neben diesem Platz steht ein Wohnhaus, in dem sich heute zwei Bethäuser befinden. Das ist kein Zufall. Das eine im zweiten Stock wurde ursprünglich von Juden gegründet, die vor dem Krieg in der Schiffschul beteten und nach dem Krieg, obwohl sie wussten, dass sie die große Synagoge nicht mehr aufbauen konnten, in der Nähe ein Bethaus haben wollten.

Diese Synagoge wird heute vor allem von persischen Juden frequentiert, die auf dem Weg aus dem Iran in die USA einige Monate in Wien verbleiben und für die sich Rabbiner Michael Pressburger besonders engagiert. Auch hier wurde eine Wohnung zu einem Bethaus adaptiert. Man braucht nur an der Ostwand einen Kasten, in den man die Torahrollen gibt, dann in der Mitte ein Pult für die Toralesung und vorne ein Pult fürs Vorbeten. So kann man auch in einer Wohnung, wenn diese ein großes Zimmer hat, eine kleine Synagoge einrichten. Und so hat sich dieses Bethaus in der Großen Schiffgasse auch nach dem Krieg Schiffschul genannt, obwohl es natürlich viel kleiner ist als die frühere Synagoge. Aus nostalgischen Gründen ist es ein Anliegen, eine Synagoge an jenem Ort wieder aufzubauen, wo bereits einmal eine gestanden ist und wo Menschen früher gebetet haben.

Obwohl der Platz, an dem vor 1938 die Schiffschul stand, noch heute leer steht, ist das Haus daneben voll jüdischen Lebens und Aktivitäten.

Das zweite Bethaus wird besonders von chassidischen Juden frequentiert; sein Rabbiner Abraham Jona Schwarz zieht durch seine freundliche Art aber auch weitere Kreise an.

Wenn ich hier auch nicht alle Synagogen in Wien aufzählen kann, sollte man doch noch drei erwähnen, weil sie einen besonderen Charakter haben.

Eine Synagoge gibt es im Elternheim im 19. Bezirk, im Maimonides-Zentrum. Sie dient in erster Linie den Insaßen dieses Elternheims, aber zusätzlich erfüllt diese Synagoge eine zweite Aufgabe für Menschen, die im 19. Bezirk oder in der Nähe wohnen, und die am Schabbat nicht mit einem Verkehrsmittel fahren möchten. Es ist dazu noch anzumerken, dass insbesondere für die alten Menschen ein würdiger Platz zum Beten etwas sehr Wichtiges ist, weil sie im Alter mehr geistiger Betreuung bedürfen. Für Alte und Schwache, und für Menschen, die nicht mehr so mobil sind, ist das Gebet besonders hilfreich und aufrichtend.

Im gleichen Zusammenhang soll auch die Synagoge im Allgemeinen Krankenhaus (AKH) erwähnt werden. Auch Menschen, die dort sind, weil sie Schmerzen haben, krank sind oder sogar befürchten, dass sie vielleicht nicht mehr gesund werden, suchen den Trost des Ewigen.

Es gibt sogar im Landesgericht, im Gefängnis im achten Bezirk, eine kleine Synagoge. Diese wurde neben einer katholischen und einer evangelischen Kirche angelegt und dient den Häftlingen, die sich in der Haftanstalt befinden, als Ort zum Beten. Ich wurde oft gefragt – aber das gilt nicht nur für die Juden, sondern auch für die Angehörigen der anderen Religionen: „Ist es nicht so, dass Gesetzesbrecher kaum religiöse Gefühle entwickeln, und daher keine Synagoge oder Kirche brauchen?" Die Erfahrung hat aber gezeigt, dass es genau umgekehrt ist, nämlich dass gerade Menschen, die einen Fehler auf ihrem Lebensweg gemacht haben und auf dem Weg zurück in die Gesellschaft, in die Gemeinschaft sind, den Glauben brauchen, um ihre schwere Situation zu bewältigen.

Wir haben natürlich auf Grund unserer kleinen Anzahl keinen fixen Rabbiner für die Synagoge im Krankenhaus oder im Gefängnis, aber es gibt einen Besuchsdienst. Im Elternheim sowie in manchen Synagogen gibt es G'ttesdienste nur an den Feiertagen und am Schabbat. Im Stadttempel allerdings und in einigen anderen Synagogen wird täglich gebetet, weil es notwendig ist, Menschen jeden Tag die Möglichkeit zu geben, G'ttesdienste zu besuchen.

Ich habe zum Teil schon erklärt, dass Synagogen nicht nur zum Beten da sind, sondern auch für Versammlungen und für das Toralernen. Daraus ergibt sich, dass es tatsächlich Organisationen gibt, die um eine Synagoge herum ihren Religionsunterricht und andere Aktivitäten und Dienstleistungen entwickeln. Beim Stadttempel gibt es zum Beispiel wie erwähnt nebenan das so genannte Gemeindezentrum, ein Saal, in dem man verschiedene Feste veranstalten kann, zum Beispiel Empfänge und Essen nach Hochzeiten, Bar Mizwas oder den Kiddusch nach den wöchentlichen G'ttesdiensten.

Bar Mizwa ist der Tag, an dem ein Junge dreizehn Jahre alt wird. Wenn ein Junge erwachsen wird, betet er zum ersten Mal einen Teil des G'ttesdienstes vor oder singt einen Teil der Toralesung. In letzter Zeit wurden diese Feste immer größer, so dass das Gemeindezentrum nicht mehr ausreicht. So mieten manche Familien in einem Hotel einen Saal, um nach dem G'ttesdienst ein großes Fest, oft mit Musik und Tanz, zu feiern. Wir Rabbiner feiern diese Feste gerne mit, da sie einen religiösen Charakter haben. Es gab aber eine Gruppe von Rabbinern in den USA, die meiner Meinung nach zurecht einen Beschluss veröffentlichte, dass die Größe und der Aufwand der Feste eine Grenze haben müsste, und dass man nicht übertriebene Ausgaben auf sich nehmen sollte, weil dies nicht der Sinn dieser religiösen Feier ist. Außerdem sehen weniger begüterte Menschen manchmal die Feste der Reichen, wollen nicht zurückstehen und stürzen sich möglicherweise in Schulden. Man sollte lieber ein kleineres Fest veranstalten und statt zu übertreiben eine Spende für einen guten Zweck oder für die Synagoge geben, und so Fest und gute Tat miteinander verbinden.

Vor der Shoah waren nicht alle Juden und nicht alle Rabbiner in Wien orthodox. Wir werden hier nicht auf die ideologischen Unterschiede eingehen, aber es gab doch Merkmale, an denen man erkennen konnte, ob eine Synagoge den orthodoxen Maßstäben entsprach beziehungsweise entspricht oder nicht. So sitzen in orthodoxen Synagogen Männer und Frauen beim Beten getrennt, es gibt auch keinen gemischten Chor und am Schabbat wird weder ein Instrument gespielt noch ein Lautsprecher benützt. Es gab in Wien vor 1938 in einigen Synagogen einen gemischten Chor und in der großen Synagoge in der Tempelgasse wurde zeitweise ein Mikrofon benützt. Aber es gab Merkmale, die auch in orthodoxen Synagogen Verwendung fanden, obwohl sie zunächst aus der liberalen Tradition stammen. Dazu gehört die Kleidung des Rabbiners, die manchmal in ihren wallenden Gewändern an andere Religionen erinnerte und daher von der Orthodoxie abgelehnt wurde. Aber die britische United Synagogue – ein orthodoxer Dachverband – hat ihren Rabbinern solche Gewänder nicht nur erlaubt, sondern sogar vorgeschrieben. Die

Predigt in der Landessprache ist heute auch in den meisten orthodoxen Synagoge üblich, nur die Ultraorthodoxie besteht darauf, dass diese in hebräisch oder in jiddisch gehalten werden sollte.

Eine Sonderstellung unter den Merkmalen einer Synagoge, die umstritten sind, nimmt eine architektonische Besonderheit ein. Basierend auf Berichten aus dem Talmud entschied Maimonides (ein berühmter Gesetzeslehrer im 12. Jahrhundert), dass es in der Synagoge zwei Lesepulte geben solle. Das erste vorne in der Synagoge, wo die Gebete vom Vorbeter gesprochen werden, das zweite in der Mitte der Synagoge (von nun an Bima genannt), von wo aus die Lesung der Torah zu erfolgen hat. Während das Vorbeterpult vorne steht, weil der Kantor ja der Anführer oder Bote der Gemeinde vor dem Ewigen ist, die hinter ihm betet, ist die Symbolik des Tisches in der Mitte die, dass die Juden um den Berg Sinai lagerten, als sie die Torah empfingen. Die Torahlesung, die ja nicht ein Gebet ist, sondern eine Belehrung des Volkes, sollte in der Mitte der Betenden stattfinden. Als zusätzliche Begründung wurde auch angeführt, dass an verschiedenen Feiertagen Umzüge um die so genannte Bima zu erfolgen haben und dies auch erfordert, dass ein Pult in der Mitte der Synagoge positioniert ist.

Als in der jüdischen Reformbewegung Änderungen in Architektur und Ritus durchgeführt wurden, haben manche Reformtempel die Architektur verändert und gemeint, dass ein Tisch doch ausreichen müsste, an dem alternativ gebetet oder die Torah vorgelesen wurde. Die Orthodoxie, insbesondere Rabbiner Moses Sofer aus Pressburg, verurteilte diese Änderung besonders scharf. Denn neben dem allgemeinen Grundsatz, dass man die Tradition bewahren müsste und keine Änderungen vornehmen dürfe, war hier ähnlich wie bei den Gewändern der Rabbiner anzunehmen, dass dies geschehe, um die Architektur von Kirchen oder die Kleidung von Priestern zu imitieren, da diese ja auch nur einen Altar kennen. Ein Wunsch der Reformbewegung war es, das Gebet so zu gestalten, dass man sich vor den anderen nicht zu schämen brauche, und so wurde viel von der Kirche imitiert. Die Orthodoxen reagierten darauf, indem sie schwarze Listen von Synagogen anfertigten, die verschiedene Neuerungen beziehungsweise Änderungen vorgenommen hatten und die deshalb nicht mehr als orthodox gelten könnten.

Der Stadttempel in der Seitenstettengasse hat hier eine spezifisch mittlere Position eingenommen. In ihm saßen Männer und Frauen immer getrennt, am Schabbat und an Feiertagen wurden keine Instrumente gespielt, es gab keinen gemischten Chor und auch das Gebetbuch, das Rabbiner Isaak Noa Mannheimer verfasst hat, entsprach dem orthodoxen Ritus. Doch gab es für die Orthodoxie einen Schönheitsfehler. Es gab eben nicht die beiden von der Orthodoxie geforderten Pulte, sondern nur eines, welches vorne in der Synagoge positioniert war.

Als ich noch ein Rabbinatsstudent in Jerusalem war, es aber auch schon abzusehen war, dass ich möglicherweise das Rabbinat in Wien übernehmen würde, habe ich mich in meiner Abschlussarbeit dem Thema der Position des Torahlesepults in der Mitte der Synagoge gewidmet. Der Grund hiefür war, dass ich in der Seitenstettengasse eine Synagoge vorfand, in der es nur vorne ein Pult gab. Mein Ziel war, rabbinische Autoritäten zu suchen, in denen auch orthodoxe Rabbiner an der Positionierung einer Bima, die nicht in der Mitte in der Synagoge steht, keinen Anstoß finden würden.

Es gibt tatsächlich in vielen Quellen einen Zusatz, in dem die Torahlesung inmitten der Gemeinde nur deshalb verlangt wird, „damit alle diese genau hören könnten". Einige Rabbiner haben daraus den Schluss gezogen, dass in kleineren Synagogen, wo es kein Problem mit der Akustik gäbe, die Bima nicht unbedingt in der Mitte sein müsste. Dann gab es auch Meinungen, dass, wenn es die Architektur nicht erlaubt, die Bima entweder im vorderen oder im hinteren Drittel der Synagoge positioniert werden kann, solange sie nicht ganz vorne hingestellt wird. Als Beispiel gelten viele italienische Synagogen, bei denen sich die Bima im hinteren Teil der Synagoge befindet, wie zum Beispiel in Venedig.

Abschließend habe ich in meiner Arbeit eine mittlere Position bezogen, dass es zwar sicher wünschenswert wäre, wenn die Bima in der Mitte aufgestellt ist, dass aber eine andere Positionierung nicht eine schwere Verfehlung sei und man in einer solchen Synagoge auch als religiöser Jude beten dürfe.

Als ich dann später Oberrabbiner in Wien wurde, habe ich dennoch versucht, die Gemeinde zu überzeugen, die Bima in die Mitte zu verlegen, was bei einigen Mitgliedern zu einem Sturm der Entrüstung führte, bei anderen auf Zustimmung stieß. Auch hier wurde ein Kompromiss gefunden. Das Vorbeterpult und die Bima wurden getrennt, die Positionierung der Bima erfolgte allerdings nicht genau in der Mitte der Synagoge, sondern im vorderen Drittel. Mein innerlicher Wunsch war es, damit auch mehr orthodoxe Juden in den Stadttempel zu locken. Dies ist teilweise auch gelungen.

Wien war immer eine Stadt, in der so genannte „Zuagraste" neben Menschen, die sich bereits länger dort befanden, lebten. So wie dies für die Stadt Wien gilt, war es auch für die jüdische Gemeinde in Wien. Oft war es der Fall, dass selbst jene Familien, die bereits in Wien lebten, auch nur ein oder zwei Generationen früher eingewandert waren.

Trotzdem haben manche ein wenig auf die Neueinwanderer hinuntergeschaut. Sie nannten sich bodenständig und versuchten sich mit diesem Schlagwort von den „Ostjuden" abzugrenzen. Immerhin waren alle in einer Gemeinde vereint.

Aber so wie wir noch heute auf den Messias warten, wird auch die wirkliche Einigkeit erst zu Tage treten, wenn der Messias kommt. Gerade ein verfolgtes Volk sollte den inneren Frieden wahren. Dennoch sind wir sehr weit davon entfernt. So wird auch manchmal sarkastisch gesagt, dass zwei Juden, wenn sie zusammen sind, drei Meinungen haben.

Aus einer grammatikalischen Feinheit im hebräischen Text der Bibel lernen die Weisen des Talmud, dass die Juden die Torah am Berge Sinai nur erhalten haben, weil sie dort wie ein Mensch einmütig versammelt waren. Die Frage ist, ob es sich um uniformiertes Denken und Glauben handeln muss, oder ob wir Gedankenfreiheit geben, solange wir zumindest an einen Strang ziehen.

Diese Idee wird in einem Gleichnis eines Rabbiners dargelegt. Um dieses zu verstehen, ist es notwendig, einen kurzen Ausflug in die jüdische Symbolik zu machen. Es gibt zwei Tefillin (griechisch Phylakterien), schwarze Lederkästchen, die ein Jude beim Morgeng'ttesdienst anzieht. Die einen werden auf die Hand gebunden, die anderen auf den Kopf. In beiden befinden sich vier wichtiger Bibelstellen, darunter das Schma Israel (das Glaubensbekenntnis); „Höre Israel, der Ewige, Dein G'tt ist einzig." (Dtn 6, 4). Die Konstruktion dieser Kästchen ist derartig, dass in den Handtefillin die vier Texte auf ein Pergamentstück geschrieben werden und das schwarze Kästchen ein einheitliches Stück ist. Die Kopftefillin hingegen werden so hergestellt, dass es dort vier voneinander abgeschiedene Fächer gibt, in die jeweils eine der vier Torahstellen auf einem eigenen Pergament eingelegt werden.

Der Rabbiner sagte: Die Kopftefillin bestehen aus vier Teilen, was besagen will, dass, wenn es um Meinungen oder Ideen geht, die sich im Kopf der Juden abspielen, es legitim ist, wenn es Unterschiede gibt. Aber wenigstens, wenn wir zur Tat schreiten, die ja durch den Arm symbolisiert wird, sollten wir eine Einheit sein, wie auch die Handtefillin aus einem Stück sind.

Ich sehe unterschiedliche Ideen sogar als befruchtend an, wenn man sie friedlich abhandelt, aber als gefährlich, wenn sie den Frieden unter uns stören.

Durch das Israelitengesetz aus dem Jahr 1890 wurde festgelegt, dass es in Österreich in einem geographischen Raum nur eine Kultusgemeinde geben soll, und dass diese laut den Statuen die religiösen Bedürfnisse ihrer Mitglieder befriedigen muss. Wenn es nun in dieser Gemeinde Gruppierungen gibt, die verschiedene religiöse Bedürfnisse haben, so ist es nicht so leicht, sie alle in gleicher Weise zufrieden zu stellen. Aber man muss es probieren.

Die Wiener Israelitische Kultusgemeinde ist eine so genannte Einheitsgemeinde. Das bedeutet, dass sie Menschen verschiedenen Grades an Religiosität und Observanz vereint. Das heißt aber sicher nicht, dass diese untereinander auch immer einig sind.

Die jüdische Reformbewegung entstand im 19. Jahrhundert in Deutschland. Sie veränderte den klassischen jüdischen

G'ttesdienst sowohl im Inhalt als auch durch die Verwendung der Landessprache und konzipierte eine neue jüdische Theologie. Da sie den Glauben an die wörtliche Offenbarung vom Berg Sinai aufgab, ist der theologische Gegensatz zwischen ihr und der Orthodoxie unüberbrückbar. Die Reformbewegung veränderte aber auch äußerlich den jüdischen G'ttesdienst. Sie führte die Predigt in der Landessprache ein – was viel später von einem Teil der Orthodoxie übernommen wurde – und eliminierte die Gebete für die Rückführung des jüdischen Volkes nach Zion und die Wiederrichtung des Tempels in Jerusalem. Weiters führte sie die Orgel ein, und Männer und Frauen saßen bei den G'ttesdiensten zusammen. Einzelne extreme Gemeinden führten sogar den wöchentlichen G'ttesdienst am Sonntag statt am Schabbat ein und verzichteten auf die Kopfbedeckung der Männer. Von Deutschland aus breitete sich die Reformbewegung auch nach Großbritannien und in die USA aus, wo sie besonders erfolgreich war. Durch die Shoah wurde das klassische liberale deutsche Judentum, dessen wichtigster Vertreter der Berliner Rabbiner Leo Baeck war, vernichtet. Ab den neunziger Jahren des 20. Jahrhunderts entstanden jedoch in Deutschland wieder zahlreiche jüdische Reformgemeinden, die sich zur Union progressiver Juden in Deutschland zusammengeschlossen haben.

Doch nun zurück zum Pluralismus. Da in einer Einheitsgemeinde durch die Reformbewegungen ganz neue, der alten Tradition widersprechende religiöse Riten entstanden, so waren Probleme mit den Orthodoxen vorprogrammiert. In manchen Ländern kam es zur Abspaltung der orthodoxen Juden von der Hauptgemeinde, weil sie gemeinsam mit den Reformern nicht einmal in einer Gemeinde sein wollten. Dies geschah besonders in Ungarn und in Teilen Deutschlands, wo dadurch die so genannte Trennungsorthodoxie entstand.

Es war nicht allein das Aufkommen von Reformbestrebungen, die zu der Spaltung in den Gemeinden führte, sondern es gab hier noch zwei zusätzliche Begründungen.

Zunächst strebten die Reformer danach, die Macht in den Gemeinden zu übernehmen und dies gelang ihnen auch in einigen Orten.

Was aber von der Orthodoxie als besonders schlimm angesehen wurde, war, dass die Vertreter der Reform ihre Position dazu verwendeten, um Einfluss auf die inneren Angelegenheiten der Orthodoxie zu nehmen. Zum Beispiel forderten die Reformer oft gemeinsam mit der nichtjüdischen Obrigkeit, in allen Schulen, auch in den Jeschiwot (Talmudschulen) zusätzlich säkulare Fächer zu lehren. Tatsächlich entstanden viel später zum Beispiel in Israel und den USA Talmudschulen, in denen man auch säkulare Fächer unterrichtete und sogar Matura machen konnte und kann.

Aber für die strenge Orthodoxie im 19. Jahrhundert war dies inakzeptabel. So bestand auch in Wien im 19. Jahrhundert mehrfach die Gefahr, dass die Gemeinde auseinanderbrechen könnte. Ich glaube mit Stolz sagen zu dürfen, dass es meist die Oberrabbiner Wiens waren, die selbst nicht zur Ultraorthodoxie zählten, die durch ihr besonnenes Verhalten und durch das Zurücknehmen von manchen Forderungen der Reformer es immer gerade noch geschafft haben, diesen Bruch zu verhindern.

Zu dem Thema „Die Einheit der Kultusgemeinde – das zentrale Anliegen der Wiener Oberrabbiner" habe ich anlässlich der Wiedereinweihung des Stadttempels 1988 in einer Festschrift einen (hier etwas überarbeiteten) Aufsatz veröffentlicht. Dabei habe ich mir die historischen Quellen und Jubiläumsreden über den Wiener Stadttempel und die Wiener Oberrabbiner genauer angesehen.

Die l00-Jahr-Feier im Jahr 1926 wurde von Oberrabbiner Prof. Dr. Zwi Perez Chajes vorgenommen, und 1976 wurde die 150-Jahr-Feier von meinem Vater, Oberrabbiner Prof. Dr. Akiba Eisenberg, geleitet. 2001 fand die feierliche 175-Jahr-Feier des Stadttempels in Anwesenheit von Bundespräsident Thomas Klestil statt.

Es kann hier nicht Aufgabe sein, die inneren und äußeren Schwierigkeiten, die mit der Gründung des Stadttempels in der Seitenstettengasse verbunden waren, ausführlich zu beschreiben. Eine ausgezeichnete Arbeit zu diesem Thema hat Sigmund Husserl unter dem Titel „Gründungsgeschichte des Stadttempels der Israelitischen Kultusgemeinde Wien" anlässlich des 80. Jubiläums der Tempelgründung 1906 verfasst. Auf einen kurzen Nenner gebracht bestanden die äußeren Schwierigkeiten damals darin, vom Kaiser und von den staatlichen Stellen überhaupt die Erlaubnis zum Bau einer Synagoge und zur Anstellung eines Rabbiners zu erlangen.

Die inneren Probleme lagen jedoch darin, für die neue Synagoge in einer Zeit, in der in Hamburg und anderen deutschen Städten die Reform Einzug gehalten hatte, einen Ritus und eine Tempelordnung zu finden, die einerseits die Erwartungen der „modernen" Mitglieder der jüdischen Gemeinde nicht enttäuschen, andererseits die „konservativen" Mitglieder nicht vor den Kopf stoßen sollte.

Man hatte nun das Glück, für diese neue Synagoge in Wien einen Prediger zu finden, der ihr bald großen Glanz und weit reichende Wirkung verlieh – Isaak Noa Mannheimer. Nachdem er schon 1821 mit Erfolg am Ausgleich zwischen den die Wiener Gemeinde teilenden Parteiungen gearbeitet hatte, wurde Mannheimer 1824 von ihr endgültig zum geistigen Führer berufen, wenn er zunächst auch offiziell als ‚Religionslehrer' bezeichnet werden musste.

Auch der berühmte Historiker Simon Dubnow würdigte Mannheimers Wirken in erster Linie in bezug auf seine rastlose Tätigkeit zur Erlangung der bürgerlichen Rechte nach außen: „Er verletzte nicht das Nationalgefühl durch Abschaffung der hebräischen Sprache und der messianischen Gebete und reformierte auf friedlichem Wege fast die ganze Gemeinde und nicht nur eine Gruppe innerhalb derselben. Die österreichische Regierung, die vor sich kein Schreckgespenst eines Schismas oder einer Revolte mehr sah, hinderte die Tätigkeit Mannheimers, die immer weiter um sich griff, in keiner Weise. Vierzig Jahre lang (1825–1865) war Mannheimer der geistliche Hirte und der weltliche Führer der Wiener Gemeinde. In seinen Predigten berührte er oft die politischen und sozialen Aufgaben der österreichischen Judenheit und beteiligte sich auch lebhaft am Kampf um die Aufhebung des erniedrigenden Judeneides."

Das Verdienst, Mannheimer nach Wien gebracht zu haben, muss dem dynamischen Repräsentanten der Wiener jüdischen Gemeinde Michael Lazar Biedermann (1769–1843) zugeschrieben werden.

Der Wiener Rabbiner Moses Rosenmann würdigte ihn mit den Worten: „Hatte Biedermann seine unverdrossene Tatkraft in jahrelangem, mühevollem Zusammenfassen aller disparaten Kräfte innerhalb der Wiener Judenheit und Hinlenkung derselben zum einheitlichen Ziel der Errichtung einer neuen Anstalt zur Veredlung des G'ttesdienstes und Hebung des Religionsunterrichtes gewährt, so ging er nicht minder eifrig daran, einen Mann zu finden, der die gewünschte innere Einrichtung und Verbesserung nach dem Geist der Religion und den Bedürfnissen der Zeit zu treffen, sie zu leiten und mit dem rechten Lebensgeist zu beseelen vermochte."

Zu jenen Repräsentanten der Wiener Juden, die Mannheimer zur Seite standen, gehörten neben Biedermann Isaak Löw Hofmann von Hofmannsthal, Heinrich von Sichrovsky, Leopold von Wertheimstein und Josef von Wertheimer. Heinrich von Sichrovsky, der Mitbegründer und Generalsekretär der Kaiser Ferdinand Nordbahn, war der Ururgroßvater des Schriftstellers Peter Sichrovsky, dessen Vater Harry Sichrovsky über Heinrich ein Buch schrieb. Isaak Löw Hofmann von Hofmannsthal war der Urgroßvater des berühmten katholischen Schriftstellers Hugo von Hofmannsthal.

Leopold von Wertheimstein und Josef von Wertheimer waren die beiden ersten beiden Präsidenten der Wiener Israelitischen Kultusgemeinde.

Mannheimers Predigt war ein Meisterstück der Redekunst. Über ihren Stil berichtete der christliche Redakteur Johann Schrick in der Zeitung „Wiener – die Zeitschrift für Literatur, Theater und Mode" folgendes: „Der deutsche Ausdruck des Redners war rein, ungekünstelt und kräftig, die Aussprache richtig, die Stimme stark und biegsam, die Betonung gefühlt und im ganzen angemessen." Doch nun zum Inhalt: Die Predigt, die Mannheimer hielt, basierte auf dem 66. Kapitel des Propheten Jesaja, einem Kapitel, das am Schabbat Rosch Chodesch, am ersten des Monats, als Haftara (Prophetenlesung) im G'ttesdienst gelesen wird.

Auf elegante Weise verband so Isaak Noa Mannheimer einen Text, der dem Datum (1.Nissan) entsprach und der gleichzeitig auf die Bedeutung eines G'tteshauses Bezug nahm:

Er lautet: „So spricht der Ewige: Der Himmel ist mein Thron, die Erde meiner Füße Schemel, was für ein Haus wäre das, das ihr mir bauen könntet, wo wäre der Ort meiner Ruhe?"

Mit dem Propheten Jesaja stellte Mannheimer die Frage nach dem Sinn eines G'tteshauses, wo doch der Ewige Herr über die ganze Welt und omnipräsent ist, und antwortet: „Der Mensch, der sehnet sich doch immer nach G'ttes Nähe, denn er kam aus G'ttes Nähe, und in der Sehnsucht seines Herzens bauet er ein Haus und schmückt es und ziert es mit den Gaben, die ihm G'tt verlieh."

Und so ist der Zweck des G'tteshauses auch nicht in erster Linie in der Anbetung zu suchen, sondern: „Aus dem Tempel kommt dem Menschen die Hilfe, die ihn stützet und aufrecht erhält; aus dem Tempel G'ttes zieht der Segen ein in alle Verhältnisse des Lebens; aus dem Tempel G'ttes kommt dem Weisen seine Einsicht, dem G'ttesfürchtigen seine Stärke und dem Frommen seine Hoffnung."

Diesen Gedanken untermauerte Mannheimer mit dem Bibelzitat: „ … und sie sollen mir machen ein Heiligtum, da will ich wohnen unter ihnen." (Exodus 25,8).

So soll G'tt nicht nur während des G'ttesdienstes in unserer Mitte und unseren Herzen weilen, sondern Ziel des G'ttesdienstes ist es, und seine Eindrücklichkeit soll bewirken, dass der Ewige im Herzen und in den Gemütern des Volkes auch nach dem Gebet und außerhalb der Synagoge lebt. Auf die zentrale Frage seiner Predigt „Was heiligt denn das G'tteshaus?" antwortete Mannheimer:

1. „G'ttes Name heiligt das Haus. Im Namen G'ttes wird das Haus erbaut und begründet, dass es sei eine Stätte, wo G'ttes Name wird genannt früh und spät." (Er meint damit das Gebet.)

2. „G'ttes Wort heiligt das Haus." (Damit meint Mannheimer die Torah, die ja in der Synagoge gelesen und gelehrt wird.) „Es strebt der menschliche Geist nach Einsicht und Belehrung. Es forschen die Weisen und erspähen die Wege G'ttes und die Erleuchteten dringen ein in die verborgensten Tiefen der Natur. Er hat uns bereitet ein Haus zu seiner Anbetung und Verehrung, wo das G'tteswort, die Torah und die Propheten, werden verlesen, und das zu einer Zeit, da G'ttes Wort teuer ist und selten in Israel."

3. „G'ttes Segen heiligt das Haus." (Hier meinte er, dass die Sammlung, die der Mensch in G'ttes Haus findet, ihm mehr zum Segen gereicht als jeder irdische Genuss außerhalb des Glaubens.) „Die Aufmerksamkeit wird zerstreut in dem irdischen Treiben. Der Wille ist gefesselt und die Kraft ist gebrochen. Nur dann gelangt der Mensch zur inneren Einheit, wenn er in den heiligen Stunden der Andacht ganz und gar abwendet seinen Blick von den irdischen Dingen, die ihn fesseln; wenn er heraustritt aus der störenden Umgebung und hinter sich lässt die Versuchung und das Verderben; wenn er frei übersieht das Leben, das zu Ende geht, und sich die Ewigkeit auftut seinem frommen Sinn."

Es folgt der für mich entscheidende Absatz, in dem es Mannheimer vorzüglich gelang, für die hohen Gäste von draußen weiter in einer feierlich frommen Predigt zu bleiben. Für die mit den inneren Konflikten zwischen konservativen und liberalen Tendenzen bekannten „Insider" aber klingt hier ein eindeutiger Appell zur Kompromissbereitschaft und zur friedlichen Einheit durch. Der Tempel darf nicht Grund zum Streit sein; er ist ja das Symbol der Eintracht.

4. „Mit dem Segen zieht der Friede ein, der heiligt das Haus." (Mannheimer schilderte, wie die Welt draußen zu

Entzweiung und Zwietracht führt, wo sogar die Gläubigen nicht zur Eintracht gelangen können.) „Aber wenn sie einziehen ins G'tteshaus, wo sie einziehen als Kinder in des Vaters Haus, da schweiget der Hass und die Leidenschaft. Sie stehen ja vereinigt und verbrüdert vor G'tt, ihrem Vater im Himmel. Die Reichen wie die Armen, die Vornehmen wie die Dürftigen, die Begünstigten wie die Verunglückten, sie stehen beide vor G'tt; wer wärmer betet, wer klarer schauet G'ttes Wesen, wer reiner und kräftiger seinen G'tt verehrt, der ist der Reiche, der ist der Begünstigte im Tempel G'ttes." (Ist dies eine leichte Polemik gegen die konservativen Kräfte, die die Neueinführungen als Gefahr für den Glauben betrachteten?)

Und er endete mit einem Appell, in dem er die reine Absicht (wörtlich: „den frommen Sinn") der Tempelbauer hervorstreicht: „Wollt Ihr nun, dass auch diese Stätte werde geheiligt, dass dieses Haus sei ein Heiligthum in Israel, so bewahret auch rein […] in Euch den frommen Sinn, der das Haus hat geschaffen und gemacht."

Zur Zeit des Mannheimer nachfolgenden Predigers, Adolf Jellinek, kam es zu erheblichen religiösen Kontroversen innerhalb der Gemeinde. Die Auseinandersetzungen um eine Reformierung des G'ttesdienstes wurden sogar anlässlich des 50. Jubiläums der Erbauung des Stadttempels aufgegriffen:

Die Jahre vor diesem Jubiläum waren in unserer Gemeinde nach innen hin turbulente Jahre. Das Problem, in welcher Form der G'ttesdienst im Stadttempel zu führen sei, schien ja zunächst durch Mannheimer gelöst. Aber die Reformer, vor allem in Deutschland, ruhten nicht, und es dauerte nicht lange, dass die Frage weitergehender Reformen auch in Wien wieder auf der Tagesordnung stand. Josef Ritter von Wertheimer wurde vom Wiener Kultusvorstand zu einer umstrittenen Synode in Leipzig 1871 entsandt. In der Plenarsitzung des Kultusvorstands erstattete er Bericht über die Beschlüsse der Synode. Danach wurde ein Komitee eingesetzt, das über die Beschlüsse beraten sollte.

Gerson Wolf berichtet darüber ausführlich in seinem Werk „Geschichte der Juden in Wien (1156–1876)": „Da überdies das 50jährige Jubiläum des alten G'tteshauses in der Seitenstettengasse immer näher heranrückte, so wurde der Wunsch umso lebendiger, bei Gelegenheit dieses Zeitabschnittes der Vergangenheit dieser Gemeinde zu gedenken." Die wichtigsten Synodenbeschlüsse zählt Wolf detailliert auf: „In einer Plenarsitzung erstattete Herr v. Wertheimer Bericht über die Beschlüsse der Synode. Es wurde hierauf ein Comite eingesetzt, das über die Beschlüsse berathen sollte. Das Comite hielt lange eingehende Berathungen und stellte dann Anträge, welche nicht immer conform mit den Anträgen der Leipziger Synode waren. Wir heben hier die wichtigsten hervor: Alle Vorlesungen aus der Torah geschehen in hebräischer Sprache; die traditionelle Einteilung wird beibehalten, mit Verteilung auf die verschiedenen Tage der Vorlesung: Sabbath Vor- und Nachmittag, Montag und Donnerstag. Die Tefilla (das Gebet) soll in jedem Abschnitte des G'ttesdienstes nur einmal gesprochen werden. Die Einführung der Orgel ist empfehlenswert und es steht ihrem Spiel am Sabbat und an den Festtagen kein religiöses Bedenken entgegen."

Gerson Wolf berichtet einseitig und lässt seine reformerische Einstellung klar erkennen, wenn er die heftigen Reaktionen der Orthodoxie mit folgenden Worten beschreibt: „Als die Anträge des Comites bekannt wurden, erhoben die ‚Frommen im Lande' ein heftiges Gezeter, als wäre das zeitliche und das ewige Heil in Gefahr. Wir nehmen gerne an,

91

dass Personen von wahrhaft frommer Einfalt derartige Beschlüsse in die Seele schnitten, denn sie erwarten einen leibhaftigen Messias..."

Der Autor war auch unzufrieden über die Kompromisse, die der Vorstand später zur Vermeidung von Zwietracht und einer eventuellen Spaltung schloss: „Wir würden der Wahrheit ins Gesicht schlagen, wenn wir sagen wollten, dass der Vorstand bei diesen Beschlüssen nach irgend einem Principe gehandelt habe. Er suchte einen Compromiss zu machen und hat sich dabei Inconsequenzen zu Schulden kommen lassen; denn was soll es heissen, wenn einmal die Bitte um die Rückkehr nach Palästina, wenn auch nicht gestrichen, doch in die stille Andacht verlegt ist, damit derjenige, der sie recitieren will, dies auch thun kann und ein anderes Mal wieder wird diese Bitte laut vorgetragen."

Die Quellen geben keinen eindeutigen Hinweis auf Jellineks aktive Teilnahme bei diesen Verhandlungen des Vorstands, inwieweit die Synodenbeschlüsse für die Wiener Judenschaft akzeptabel oder abzulehnen seien. Sicher – Adolf Jellinek war auf der Seite derer, die der Reform zuneigten, wie er dies ja auch in seinen Predigten deutlich zum Ausdruck brachte. Er wollte ein dynamisches Judentum, wie Moses Rosenmann in seinem Buch über Adolf Jellinek schrieb; er wollte ein Judentum für alle und sah es als „Erbe [...] der gesamten Gemeinde Jakobs", unabhängig von gesellschaftlichem Status, Alter oder Geschlecht; er wollte, dass jeder sich der „weltgeschichtlichen Mission" des Judentums bewusst sei, dass jeder seinen Beitrag zur heilsgeschichtlichen Aufgabe Israels für die Welt leiste. Doch so weit ging der Reformwille Jellineks nicht, dass er um der Reform willen die Einheit der Gemeinde aufs Spiel gesetzt hätte: „Das Wichtigste in einer

Gemeinde ist die Erhaltung des Friedens und der Eintracht, der Harmonie zwischen dem Vorstand, dem Rabbiner und den Gemeindemitgliedern. Vor diesem Gebote müssen alle Reformbestrebungen, sobald es sich nicht um Ordnung, Anstand, Würde und Vermeidung von Chilul ha-Schem (Entweihung des G'ttlichen Namens) handelt, zurücktreten."

Vier Jahre nach diesen Ereignissen wurde das 50jährige Jubiläum des Stadttempels gefeiert. Es wurde nach dem jüdischen Kalender auch am gleichen Tag, nämlich am 1. Nissan des Jahres 5566, das war der 26. März 1876, abgehalten. Jellineks Rede zu diesem Anlass war nicht nur von der Rhetorik, sondern auch vom religiös-philosophischen Inhalt her ein Meisterstück. Ausgehend von diesem historisch so bedeutungsvollen Datum (1. Nissan) rollte er die Geschichte der Konstituierung des jüdischen Volkes als Volk auf, von G'ttes Eingreifen in die Geschichte Israels über den Auszug aus Ägypten bis zur Gesetzgebung am Sinai, womit Israel Freiheit, Wahrheit und Frieden erhielt.

Diese Predigt nahm Jellinek zum Anlass, wenigstens am Rande sein Einstehen für die Seite der behutsamen Modernisierung zum Ausdruck zu bringen: „An diesem denkwürdigen Tage […] wurde vor einem halben Jahrhundert dieser Tempel feierlich eröffnet als eine Stätte der Andacht und der Belehrung, als Beginn eines neuen geläuterten und hoffnungsreichen Lebens und Strebens, nicht bloß hier in der Mitte einer kleinen Gemeinde, sondern in ganz Israel, in der alten und in der neuen Welt! Denn wo die Sonne sich erhebt und wo sie untertaucht, überall wo das Licht der modernen Zeit seine aufklärende Strahlen aussendet, wird der Name G'ttes in der Weise, und in den Weisen gepriesen und verherrlicht, die hier in diesem Tempel geschaffen und fortgebildet wurden." Es fiel Jellinek nicht schwer, dies als einen Ausdruck der Pietät darzustellen, Pietät gegenüber den verstorbenen Gründern des Stadttempels, wobei er Michael Lazar Biedermann und Isaak Löw Hofmann von Hofmannsthal erwähnte. In Anlehnung an den frommen Brauch, vor freudigen Ereignissen die Grabstätten der Eltern aufzusuchen, forderte Jellinek seine Zuhörer auf, „die Gräber der Väter dieses Tempels, der Väter unserer Gemeinde zu besuchen, um zu hören am heutigen Jubelfeste das Wort der Todten an die Lebenden; und dann zu vernehmen die Antwort der Lebenden an die Todten!"

Ihnen, den toten Gründervätern, legte er das Verständnis für den Fortschritt und damit die Bejahung der Reformbestrebungen in den Mund, wenn er sie sprechen ließ: „Wir wollen […] eine Stätte erhebender Andacht gründen dem heranwachsenden jüngeren Geschlechte in der Residenz, das anders erzogen und anders gebildet als das ihm vorangegangene, sich weder angeregt noch befriedigt fühlte von den überkommenen Formen des öffentlichen, gemeinsamen Cultus. Wir selbst, die Älteren und Eltern, waren unter seinen Einwirkungen groß geworden, wir verdankten ihm in einer Zeit namenlosen Druckes Glaubensstärke, religiöse Ausdauer und zähe Widerstandskraft, uns begleitete er erfreuend durch die lieblichen Tage der Kindheit […] seine Disharmonien lösten sich auf vor den heiligen Erinnerungen, die mit ihm verknüpft waren: allein die Jugend, in deren Brust die mächtigen Stürme am Beginne des Jahrhunderts neues Sehnen, Hoffen und Verlangen an- und aufgeregt hatten, lebte mehr in den Träumen einer ahnungsreichen Zukunft als in den Erinnerungen einer hinsterbenden Vergangenheit und wir brachten ihr manche liebgewordene Gewohnheit zum Opfer: wir fingen an, leise zu beten, wie einst Hanna vor dem Hohepriester Eli um der Nachkommen willen, und überließen dem Chore den lauten Gesang im G'tteshause."

Und noch einmal ließ er die Toten sich ganz explizit für den Einzug der Moderne auch in religiöse Formen aussprechen: „Wir wollten den Religionslehren Israels [...] eine Rednerstätte errichten im Mittelpunkte Österreichs, damit das ewig junge Wort unserer g'ttgeweihten Redner auflebe, hell klinge und voll töne zur Aufklärung, zur Ermuthigung, zum Schutze, zum Troste, zur Abwehr und zur Vertheidigung." (Machte sich hier Jellinek selbst ein – verdientes – Kompliment?)

Doch bei aller Polemik gegen die Konservativen sprach sich Jellinek dafür aus, dass es darüber vor allem zu keiner Spaltung der Gemeinde kommen dürfe. In diesem nach Einheit strebenden Sinne ließ er die Gründer des Stadttempels den Lebenden zurufen: „[...]dies alles wollten und erstrebten wir nicht für einen kleinen losgelösten Bruchtheil unseres Volkes, nicht für eine Religionspartei unter anderen religiösen Parteien, sondern ein brüderliches Werk sollte es sein für alle Glaubensbrüder, für ganz Israel. Wir wollten keinen Feuerbrand in die jüdischen Gemeinden schleudern und die Bande der Zusammengehörigkeit und Brüderlichkeit zerstören, sondern ein gedämpftes, das Auge erfreuendes Licht leuchten lassen, dessen mildem Schimmer die Fernstehenden allmählich sich nähern."

Anlässlich der Hundertjahrfeier des Stadttempels 1926 brachte die Zeitschrift „Menorah. Jüdisches Familienblatt für Wissenschaft, Kunst und Literatur" ein Sonderheft heraus. Darin heißt es: „Dr. Güdemann, der nach dem Tode Jellineks die Kanzel des Stadttempels übernahm, war wohl kein zündender, hinreißender Prediger, aber, wenn es nottat, ein Redner von Wuchtigkeit und Zielsicherheit. Diese beiden Eigenschaften kamen auch in seinen Reden zum Ausdrucke, die er bei wichtigen Anlässen außerhalb des Tempels hielt. Wem noch in Erinnerung ist, wie in den schwersten Zeiten des russischen Beilis-Prozesses Dr. Güdemann in kühnen Worten das damals von Herrschern und Staaten gefürchtete Zarenregime auf die Anklagebank der Weltgeschichte zerrte, wird sich der Erkenntnis nicht verschließen, dass das Wiener und mit ihm das österreichische Judentum in den Worten seiner religiösen Führer ein gutes Teil seines inneren Haltes zu verdanken hatte."

Unvergleichlich erfolgreich war Dr. Güdemann auf dem bis dahin von den modernen jüdischen Theologen zumeist geringschätzig behandelten rituell rabbinischen Gebiet. Er fühlte sich, sei es vermöge des ihm vorschwebenden Ideals seines großen Lehrers Dr. Zacharias Frankel, des Rektors des Jüdisch-theologischen Seminars in Breslau, sei es zufolge seiner inneren Überzeugung als orthodoxer Rabbiner, der nicht nur sein Äußeres – er brach mit dem eingerissenen Usus, hinten langes Kopfhaar und vorne keinen Bart zu tragen –, sondern auch sein ganzes Verhalten danach gestaltete.

Er strebte auch den Titel „Oberrabbiner" an und war stolz, diesen zu tragen, als er schließlich zugelassen wurde. Jellinek hingegen, der in hohem Alter stand, als dieser neue Titel verliehen wurde, zog es vor, weiterhin als „Prediger" bezeichnet zu werden. Wir sehen hier einen konservativen Trend, der auch durch Güdemanns Nachfolger Zwi Perez Chajes fortgesetzt wurde.

In der Einführung erinnerte der damalige Oberrabbiner Chajes, der dieses hohe Amt seit 1918 innehatte, an seine

Vorgänger und deren gesegnete Tätigkeit mit den Worten: „Die Synagoge, die vor hundert Jahren in der Seitenstettengasse eingeweiht wurde, bedeutet mehr als eine Episode im Leben einer jüdischen Gemeinde. Sie wurde zu einem epochalen Ereignisse in der Geschichte des mitteleuropäischen Judentums und darüber hinaus. Bedenkt man, dass es die Zeit der beginnenden destruktiven Reformbestrebungen der deutschen Judenheit war kurz nach der Errichtung des Hamburger Tempels, und bedenkt man, mit welcher Vor- und Einsicht Mannheimer und sein Weggenosse Sulzer die Neuordnung des synagogalen Dienstes besorgten, so wird man verstehen, warum die Synagoge in der Seitenstettengasse und nicht der Tempel in Hamburg so vielen Synagogen in Europa und darüber hinaus ein Vorbild geworden ist. Es ist nicht ohne Interesse, dass vier voneinander in ihrer religiösen und nationalen Einstellung so durchaus verschiedene Menschen, wie die Rabbiner, die im Laufe dieses Jahrhunderts in der Seitenstettengasse amtiert haben und amtieren, sich gewissermaßen ohne anzustoßen in diesen Rahmen hinein fügen konnten. Als glühender Anhänger des Zionismus strich Chajes die bedeutende Rolle der Stadt Wien in der Entwicklung dieser Bewegung hervor: „Sagten wir, das letzte Jahrhundert habe für das Judentum mehr bedeutet als eine Anzahl von früheren, so denken wir daran, dass in diesem Jahrhundert die Ghettopflanze sich in die aufstrebende Zeder Palästinas zu wandeln begann und dass in Wien Männer lebten und wirkten, die der geistigen, politischen und nationalen Erneuerung des Judentums die Wege ebneten (Herzl, Smolenskin)."

Chajes wurde 1876 in Brody, einer Stadt des Ostjudentums, geboren. Brody war gleichzeitig ein traditionelles Torahzentrum von Galizien, aber auch eine Stadt, in der die „Haskala" (Jüdische Aufklärung) schon früh an Einfluss gewann. Von diesem zweifachen Kulturgut war auch Zwi Perez Chajes geprägt, sodass seine Studien eine Bandbreite von der Jeschiwa über das Wiener Rabbinerseminar bis zur Hochschulausbildung hatten. Er war Professor in Florenz und Rabbiner in Triest, bevor er im Jahre 1918 die Stellung des Oberrabbiners in Wien übernahm. Die Festrede zur Hundertjahrfeier der Synagoge Seitenstettengasse, gehalten am 16. März 1926, wies Chajes als einen ganz anderen Rednertypus als seine hier erwähnten Vorgänger aus. Es fehlte ihm die blumige Sprache. Er sprach seine Zuhörer nicht als „Andächtige", sondern als „meine Freunde" an, sprach kürzer und gleich zur Sache, wie Moritz Rosenfeld in seinem Buch über Chajes schrieb: „Sein Wort war Wirklichkeit. Es sollte, es musste Tat werden. Er redete nicht, weil es sein Beruf erforderte. Er redete, um zu schaffen und andere zur Mitarbeit an seinem Schaffen zu verhalten. Darum wäre nichts eine ärgere Verkennung von Chajes' rednerischem Wirken, als von seiner Rhetorik zu sprechen. Er sprach, um zur Tat, zur jüdischen Arbeit anzuregen und aufzufordern, um Probleme vor seinen Hörern zu entwickeln und an ihrer Lösung zu arbeiten, um richtiges Denken, Fühlen und Wollen zu erzielen. Das Wort, so hervorragend er es meisterte, musste immer nur Mittel bleiben. Und so hat es niemals auch nur den Anschein gehabt, als wäre es ihm Zweck, am allerwenigsten etwa ein Weg zum persönlichen Erfolg. Er wollte nicht schön und wollte nicht gut gesprochen haben. Er wollte überzeugen und für die Notwendigkeiten der Erhaltung und Stärkung des Judentums in dessen Gedankenwelt und in Tathandlungen die Kräfte anwerben und sie dann leiten und führen."

Wenn wir seinen Stil weiter skizzieren wollen, so ging es ihm immer um Aktualität. Und in keiner seiner Reden, auch nicht in der Jubiläumspredigt, fehlte eine klare positive Stellungnahme zum Zionismus: „Vor wenigen Jahrzehnten nahm von hier die Bewegung ihren Ausgang, die den größten und entscheidendsten Einfluss auf das Judentum und seine Zukunft hat." Chajes ließ immer wieder seine Neigung zur Entwicklung des Judentums in der Geschichte anklingen und kam so von der Betrachtung einer Vergangenheitsentwicklung auch oft in sehr konkreter Weise zu einer daraus erwachsenden Zukunftshoffnung: „Viele von Ihnen werden denken, dass ich in diesem Augenblick, in dem ich hier spreche, wo vor hundert Jahren die Synagoge eingeweiht wurde, irgendwie die Flügel der Geschichte über mir schlagen höre. Ich stehe hier als Vertreter des Judentums und ein Jahrhundert der Geschichte kann mich nicht erdrücken. Wenn mich heute besondere Gefühle erfüllen, so ist es nicht deswegen, weil die Geschehnisse eines Jahrhunderts an mir vorüberziehen, sondern weil ich drei Jahrtausende Geschichte in mir und um mich sehe. Das historische Ereignis, das vor einem Jahrhundert Wirklichkeit wurde, besteht darin, dass die geistigen Väter dieser Synagoge es ermöglicht haben, hier die Geschichte von drei Jahrtausenden fühlen zu können, dass man hier den Zusammenhang erhalten fühlt mit allen Juden der Welt, die mit uns leben." Und mit Blick auf die Zukunft sagte er: „Es ist schwer, ein Prophet zu sein, aber träumen, hoffen und wünschen dürfen wir alle. Wir können träumen, wie es nach hundert Jahren sein wird. Wir hoffen und wünschen, dass nach hundert Jahren das Zentrum des Judentums in Palästina sein werde und dass Juden aus der ganzen Welt treu ergeben ihrem Judentum dort zusammenkommen." Diese Prophezeiung hat sich nach schweren Zeiten 22 Jahre später bewahrheitet. Auch Theodor Herzl hat 1897 in Basel davon gesprochen, dass in fünfzig Jahren der Staat Israel entstehen werde.

Chajes war aber nicht nur in bezug auf den Zionismus ein politisch denkender Jude. So kommentiert er die Errungenschaften der Gemeinde von 1826, die ja noch keine bürgerliche Gleichstellung mit sich brachten, folgendermaßen: „Man könnte davon erzählen, dass wir vor hundert Jahren Sklaven waren und heute doch freie Menschen sind. Gewiss, wir sind auch heute bedrückt, aber wir können auch angreifen. Vor hundert Jahren durften wir uns nicht verteidigen; denn was man uns gewährte, war Gnade und nicht unser Recht."

Und wieder finden wir im Zentrum seiner Rede das Problem, das schon Mannheimer und Jellinek beschäftigt hatte, nämlich die Frage der „Modernisierung" und der Reformen. Chajes fühlte sich durchaus als traditioneller Rabbiner, und es schmerzte ihn, wenn dies von Seiten der strengen Orthodoxie nicht anerkannt wurde. Die im Stadttempel eingeführten Bräuche ließ Chajes im wesentlichen unangetastet. Nur trug er wieder dem früheren Brauch entsprechend den Talit (Gebetsschal) offen, was er in folgender Weise begründete: „So wie es mit der Orgel im jüdischen G'ttesdienst ist, ebenso fremd und aus Nachahmung übernommen ist die Art, den Talit […] ähnlich einem Ornatstück des christlichen Geistlichen zu tragen. Als ich hierher berufen wurde, bestand ich darauf, […] in unserer Synagoge den Talit offen tragen zu dürfen, […] deshalb, weil ich wusste, dass der am Halse zusammengefaltete Talit der Tendenz entsprach, die Stola des christlichen Geistlichen nachzuahmen. Und weil wir Juden es nicht nötig haben, Fremdes nachzuahmen, beharrte ich darauf, den Talit offen tragen zu dürfen."

Er betonte auch die Bedeutung der hebräischen Sprache im G'ttesdienst und die Behutsamkeit, mit der Altes erhalten bleiben und Neues eingeführt werden soll: „Man sagt, die Juden unserer Zeit verstehen die hebräischen Gebete nicht mehr und sie haben ganz andere Gefühle und Gedanken als die waren, die sich in unseren Gebeten spiegeln. Hätte man diesem Geiste Rechnung getragen, so gäbe es nicht nur ein modernes Siddur (Gebetbuch), sondern es müsste genau so viele geben wie es jüdische Menschen gibt. Was hier gebetet wurde, waren nicht Gebete einzelner Juden, es waren Gebete und Stimmungen des ganzen jüdischen Volkes. Jeder, der in dieses Haus kommt, muss sich hier heimisch fühlen, woher auch immer er komme. Hier in der Synagoge darf man nichts Neues schaffen, hier muss man nur abstauben. Sonst wird das Band zerrissen, das uns mit den Jahrtausenden verknüpft und uns mit den Millionen Juden von heute verbindet, die in allen Teilen der Welt leben. Wir können auffrischen, das Chaos lichten, aber das Wesentliche muss bestehen bleiben. Vor hundert Jahren bestand die Gefahr, dass dieses Band, das uns mit den Juden der ganzen Welt und mit den Jahrtausenden unserer Geschichte verbindet, zerrissen wird. In gewissen Teilen des jüdischen Volkes ist es zerrissen worden. Hier in dieser Synagoge aber hat man es verstanden, nichts zu unternehmen, was irgendwie den Zusammenhang mit der jüdischen Geschichte oder mit der jüdischen Gesamtheit unterbricht."

Moritz Rosenfeld erwähnte, wie Chajes selbst nach der Feier ihm die Tendenz dieser Rede erklärte: Deren Ziel war „darauf hinzuweisen, dass im Ritus dieser Synagoge nichts enthalten ist, was es dem konservativen Juden unmöglich machen würde, hier seine Andacht zu verrichten. Veranlassung zur Hervorhebung dieser Tendenz bot ihm folgender

Umstand: Unmittelbar vor der Synagogen Feier hatte sich der gesamte Vorstand zu einem Festakt versammelt. Während sich nun der Vorstand von dieser Feier zur Synagogenfeier in die Synagoge begab, entfernten sich die drei orthodoxen Vorstandsmitglieder." Und so beendete er seine Worte auch mit einem dankbaren Hinweis auf die Gründer des Tempels: „Am Eingang dieser Synagoge steht der Psalmvers: Tretet ein durch dieses Tor mit Dankbarkeit, kommet in diese Hallen voll des Lobes. Wir empfehlen diese Dankbarkeit für die Menschen, die vor hundert Jahren diese Synagoge mit dem Geiste des Judentums erfüllt haben, der hier heute noch herrscht. Wir sind ihnen dankbar dafür, dass sie diese Brücke zwar nicht geschaffen, aber aufgefrischt haben, die von der Vergangenheit zur Zukunft führt. Auch spätere Geschlechter werden diese Brücke tragfähig finden und ruhigen und sicheren Schrittes darüber gehen."

Es waren nicht nur freudige Tage und Jubiläen, welche die Amtszeit der Nachfolger von Zwi Perez Chajes charakterisierten.

Dr. David Feuchtwang (geboren 1864 in Nikolsburg als Sohn des dortigen Landesrabbiners Dr. Meir Feuchtwang) war geprägt von der religiösen Atmosphäre dieser berühmten Kehilla (Gemeinde) und seinen theologischen Studien in Berlin und Wien und wurde so zu einem beliebten und würdigen Nachfolger der ihm vorangegangenen Oberrabbiner Wiens. Er wurde 1932 zum Oberrabbiner ernannt und hatte dieses Amt bis zu seinem Tod 1936 inne. Wenn er auch die schweren Zeiten der frühen dreißiger Jahre miterleben musste, so blieb ihm doch erspart, das Novemberpogrom und die totale Zerstörung des österreichischen und europäischen Judentums mit ansehen zu müssen.

Weniger Glück hatte sein Nachfolger Dr. Israel Taglicht, der im November 1938 mit anderen Juden gezwungen wurde, das Straßenpflaster der Seitenstettengasse vor seiner Synagoge zu waschen und im zweiten Bezirk vor einem Kaffeehaus mit einem antijüdischen Boykottschild zu stehen. Er hatte schließlich das Glück, aus Österreich fliehen zu können, lebte die letzten Jahre seines Lebens in Cambridge und verstarb dort 1943 im Alter von 82 Jahren.

1948 übernahm mein Vater Akiba Eisenberg das Amt des Oberrabbiners von Wien. Geboren 1908 in Nemessur (Ungarn), wuchs er in einem streng orthodoxen Haus auf und besuchte die Jeschiwot von Papa und Weizen, wo er schon im Alter von 18 Jahren vom berühmten „Weizener Rov" Jeschaja Silberstein die Hatarat Horaa (Rabbiner Diplom) erlangte. Es folgten Studien am Rabbinerseminar und an der Universität in Budapest, die Eisenberg mit dem Doktorat in Philosophie und dem Rabbinerdiplom abschloss. In den schweren Jahren der Shoah war mein Vater versteckt und zeitweise im Untergrund tätig. Nach dem Krieg war er zunächst Rabbiner in Györ (Raab) und folgte schließlich im Jahr 1948 dem Ruf der Israelitischen Kultusgemeinde nach Wien.

Wenn er auch allen seinen Vorgängern hohe Ehre erwies, so war doch insbesondere Zwi Peres Chajes sein großes Vorbild, dem er nachzustreben suchte. Dies galt vor allem in seiner Begeisterung für den Zionismus, für den er wie Chajes nicht nur in seinen Predigten eintrat, sondern auch durch unermüdliche Aktivitäten für die zionistischen Organisationen in Wien und für den Staat Israel. Zahlreiche Auszeichnungen von höchsten israelischen Stellen bezeugen diese segensreiche Tätigkeit. Es erfüllte ihn mit Stolz, dass er der Rabbiner war, der bei der Überführung der Gebeine Herzls aus Wien nach Israel im Jahre 1949 predigte und die religiöse Zeremonie versah.

Wenn Zwi Peres Chajes anlässlich der 100-Jahr-Feier des Stadttempels Oberrabbiner einer Gemeinde von fast 200.000 Juden war, so sprach Akiba Eisenberg als Oberrabbiner zu einer auf kaum 10.000 Seelen geschrumpften Gemeinde zur 150-Jahr-Feier des Stadttempels.

Allein die Tatsache, dass der Stadttempel als einziges der jüdischen Bethäuser das Novemberpogrom von 1938 und die Shoah überstanden hatte – nicht unversehrt, aber immerhin nicht vollends zerstört und in seiner Struktur erhalten –, war bemerkenswert. Und so ist es nicht verwunderlich, wenn Eisenberg gleich nach der Einleitung auf diesen Umstand hinwies: „Festlich versammelte Gemeinde! Vor eineinhalb Jahrhunderten sind die heiligen Torahrollen hier zum erstenmal feierlich eingezogen und wurde hier das ewige Licht erstmals entzündet. Die ungeheure Kraft der heiligen Torah hat auch in den trübsten Tagen dieser 150 Jahre nicht aufgehört zu wirken und ihr Licht auszustrahlen. Vorurteil, Hass, Neid und Vandalismus, Mord und verheerendes Feuer vermochten nicht, diese heilige Stätte ganz zu zerstören. Es wurden einige Torahrollen aus der heiligen Lade gerettet, und in demselben Haus, wo diese unsere Synagoge steht, wurden bis zum letzten Tag des nationalsozialistischen Regimes regelmäßig G'ttesdienste abgehalten und G'tt gepriesen, der letzten Endes Wahrheit und Recht über Unwahrheit und Unrecht siegen ließ. Wir verbeugen uns in Ehrfurcht vor dem rettenden G'tt und gedenken in dieser Stunde der Opfer, die in diesem Haus ihr Leben ‚Al Kiddusch Haschem' für die Heiligung des göttlichen Namens ließen. Ihr Angedenken sei gesegnet! Amen!"

Eisenberg, der wie sein Vorbild Chajes ein überaus politischer Mensch war, richtete sich mit diesen Worten sicher auch an die zahlreich versammelten Ehrengäste. (Bundeskanzler Kreisky und mehrere Minister waren bei der Feier anwesend). Dies veranlasste ihn auch zu seiner Beschreibung des Gebetes des Königs Salomon bei der Einweihung des von ihm erbauten Tempels: „Das markanteste Wort über diesen Tempel hat König Salamon selbst gesprochen. In seinem Einweihungsgebet sagte er (1 Könige 8, 38-4): ‚Jegliches Gebet, und jegliches Flehen, das irgendein Mensch vorbringt von deinem ganzen Volke Israel, wenn sie inne werden, jeder die Plage seines Herzens, und er breitet seine Hände aus zu diesem Hause: So höre du im Himmel, der Stätte deines Sitzes, und vergib und gewähre, und gib einem jeden nach all seinen Wegen, wie du sein Herz kennst, denn du allein kennst das Herz aller Menschenkinder. Damit sie dich fürchten alle Tage, die sie leben auf dem Erdboden, den du unseren Vätern gegeben. Und auch auf den Fremden, der nicht von deinem Volke Israel ist, und er kommt aus fernem Lande um deines Namens willen. Denn sie werden hören von deinem großen Namen, und deiner starken Hand, und deinem ausgestreckten Arme – und er kommt und betet in diesem Hause; Höre du im Himmel, der Stätte deines Sitzes, und tue alles, um was der Fremde zu dir ruft; damit alle Völker der Erde deinen Namen erkennen, dich zu fürchten wie dein Volk Israel, und dass sie erkennen, dass dein Name genannt wird über diesem Hause, das ich gebaut.‘"

Mit dieser Einbeziehung aller Völker in sein Gebet hat König Salomon der Idee der Zusammengehörigkeit der ganzen Menschheit prägnanten Ausdruck gegeben. Die Juden waren das einzige Volk der Antike, das einen richtigen, allumfassenden historischen Blick für das Leben der Menschen und die menschliche Gesellschaft besaßen.

Die Lehre von der Einheit des Menschengeschlechtes beherrscht schon das erste Buch der Torah. Darum konnte und sollte auch das jüdische G'tteshaus ein Bethaus für alle Völker sein, damit – wie Salomon es selbst begründet – „alle Völker Deinen Namen erkennen und Dir in Ehrfurcht dienen sollen! Da, wo der Mensch das G'tteshaus als Bethaus betrachtet, da schwinden alle Unterschiede der Volksabstammung und der Religion, der Mensch betet als Mensch! So lehren es G'tt und unser heiliger Glaube!"

In kurzen, aber eindringlichen Worten schilderte er danach das Leben und die Verdienste seiner Vorgänger und kam bei der Beschreibung Isaak Noa Mannheimers wieder auf das Thema der Einheit in der Gemeinde zu sprechen: „Noch heute beten wir hier nach dem Ritus, den Isaak Noa Mannheimer eingeführt hat. Er wird fälschlich als großer Reformator bezeichnet. Doch dem ist nicht so. Wahr ist vielmehr, dass er für die Beibehaltung des Hebräischen in der Liturgie erfolgreich eingetreten ist und hat dadurch die Spaltung unserer Gemeinde verhindert. Ihm haben wir zu verdanken, dass wir in Wien heute noch eine einheitliche Kultusgemeinde haben. Er hat die Wichtigkeit der hebräischen Sprache im Religionsunterricht festgelegt, wie wir es heute noch halten. Zum Unterschied von der damaligen Gepflogenheit in manchen modernen Synagogen, in Deutschland und in Amerika, behielt Mannheimer in seinem Gebetbuch die Gebete um die Wiederherstellung Zions bei."

Seit der Gründung des Staates Israel hatte Oberrabbiner Akiba Eisenberg das Gebet um das Wohl des jüdischen Landes, von dem Chajes nur träumen konnte, neben jenes um das Wohl um die Republik Österreich gestellt. Und so ließ er sich auch nicht von der Anwesenheit der höchsten politischen Persönlichkeiten Österreichs bei der Feier von diesem Brauch abbringen, wenn er abschließend das folgende Einweihungsgebet sprach: „Himmlischer Vater! Du hast in Deiner heiligen Lehre das Wort gesprochen: Sie sollen meinen Namen über die Kinder Israel sprechen, und Ich will sie segnen. Darum beten wir zu Dir, unser Vater im Himmel, dass Deine Augen in Gnade diesem Hause zugewandt bleiben, auf dass es seine erhabene Bestimmung allezeit erfülle. Segne unsere Gemeinde, ihre Lehrer und Leiter, segne das ganze jüdische Volk! Segne die Republik Österreich, dass Eintracht und Friede ihre Bürger einige, Tugend und G'tteserkenntnis die innere Lebenskraft im Staate bilde. Segne den Staat Israel. Gib Frieden für Israel und für die ganze Menschheit! Segne alle, die durch ihre Anwesenheit die heutige Feier gehoben haben und lasse den Segen der Heiligen Schrift in Erfüllung gehen: ‚G'tt segne und behüte euch. Er lasse Sein Antlitz euch leuchten und sei euch gnädig. Er wende Sein Angesicht euch zu und gebe euch und der ganzen Menschheit den Frieden!' Amen!"

Durch die Jubiläumsreden der Oberrabbiner von Wien im Stadttempel zieht sich die Suche und das Bemühen um Frieden und Eintracht in unserer Gemeinde wie ein roter Faden.

Fasziniert von ihren großen Persönlichkeiten haben wir aber auch andere Einblicke in deren Charakter, Leben und Leistungen erwähnt.

Auch heute sehe ich die Aufgabe des Oberrabbiners in Wien vor allem darin, verstärkt in die Richtung zu wirken, dass Religion und Kultus in unserer Gemeinde auch im

Stadttempel bei aller notwendigen Aufgeschlossenheit jenen traditionellen Zug beibehalten, der für die weitere Einheit unserer Gemeinde notwendig ist.

Nicht nur das Nebeneinander erstreben wir, sondern die Suche nach einem Modus, um aus dem Stadttempel die zentrale Synagoge für alle Juden Wiens zu machen, im Sinne dessen, was Moses Rosenmann 1926 in einer Arbeit über die drei ersten Oberrabbiner schrieb, was aber auch für alle nachfolgenden nicht weniger gültig ist: „Alle drei Männer: Mannheimer, Jellinek und Güdemann, so verschieden sie in ihren Anlagen, Anschauungen und Antrieben waren, von einem Gedanken waren sie beseelt, einem Ziele strebten sie mit aller Kraft ihrer Persönlichkeit in Worten und Werken zu: die Einheit der Gemeinde – im Gegensatz zu den Verhältnissen in Deutschland und Ungarn – zu wahren. Diese Geschlossenheit, im Stadttempel sowie in der im selben Gebäude befindlichen gemeinsamen Ratsstube festgehalten, ist dem Wiener Judentum trotz mancher Stürme unversehrt erhalten geblieben."

Die orthodoxen Gruppierungen in Wien blieben und bleiben, wie erwähnt, weiterhin innerhalb der Kultusgemeinde, auch wenn sie eigene Synagogen und Schulen gründeten und unterhalten. Sie beteiligen sich auch an den Kultuswahlen und sind im Kultusvorstand entsprechend den Wahlergebnissen vertreten. Sie würden aber, wenn man ihnen Grund oder Anlass gibt, dies zu tun, nicht zögern, eine zweite Kultusgemeinde zu gründen.

In diesem Zusammenhang möchte ich auf einen wichtigen Beschluss meines Vaters zurückkommen, der kurz nach seiner Bestellung zum Oberrabbiner den Frieden in der Gemeinde wiederherstellte. Das Beaufsichtigen des Schächtens war und ist nach den Statuten in den Händen des jeweiligen Oberrabbiners. Da es in Wien immer auch Gruppierungen und Rabbiner gab, die von ihrem Selbstverständnis her die orthodoxesten waren, strebten diese die Aufsicht über das Koscherwesen an. Ohne in die Details zu gehen, endete dieses Problem mit dem Beschluss meines Vaters, den jeweils bei der Orthodoxie anerkannten und führenden Rabbiner mit der Beaufsichtigung des Koscherwesens zu betrauen. De jure war das Schächten weiter in den Händen des Oberrabbinats, de facto in den Händen dieser Rabbiner.

Da es jedoch unter diesen Rabbinern und Gruppierungen selbst zu Konflikten gekommen war, wurden noch zu Zeiten meines Vaters gleich zwei Rabbiner mit der Beaufsichtigung des Schächtens beauftragt, was zwar angesichts der Kleinheit der Gemeinde sehr kostspielig war, aber gleichzeitig wieder Frieden einkehren ließ.

Es gab ein prominentes Mitglied der Kultusgemeinde, Benjamin Schreiber, der Präsident der orthodoxen Organisation Agudat Israel in Wien, der später beinahe eine Spaltung erwirkt hätte. Er stand in der Tradition der berühmten Rabbinerfamilie Schreiber/Sofer, die in Ungarn seit dem berühmten Chatam Sofer und seinen Nachfolgern mit größtem Nachdruck für die so genannte Trennungsorthodoxie eintrat. Benjamin Schreiber wandte sich 1981 an den Verfassungsgerichtshof und nahm die Tatsache, dass er gezwungen war, mit nichtorthodoxen Juden in einer Gemeinde zu verharren, zum Anlass, um das Israelitengesetz, das die Einheitsgemeinde regelte, juridisch anzufechten.

In Gesprächen mit Vertretern dieser orthodoxen Gruppierung, die damals eine neue Gemeinde gründen wollte, wurde klar, dass die Kultusgemeinde wohl nicht so orthodox war, wie sie es gerne sähen, dass sie aber sicher auch keine Reformgemeinde war, wie von Schreiber behauptet wurde. Hiezu kommt, dass wir keineswegs Einfluss auf die orthodoxen Synagogen und Schulen nehmen wollten, außer Subventionen zu geben.

Ein Argument der so genannten Trennungsorthodoxie, das aus den Schriften von Rabbiner Samson Rafael Hirsch hervorging und von Herrn Schreiber verwendet wurde, war, dass ein orthodoxer Jude, der für die allgemeine Gemeinde Kultussteuer zahlt, dadurch mit seinem Geld zum Teil nichtorthodoxe Institutionen (Schulen und Synagogen) unterstützt. Dies war nach der Meinung von Hirsch und anderen Rabbinern strikt verboten.

Zu diesem Thema habe ich, für den die Einheit unserer Gemeinde immer ein Anliegen war, erklärt, dass die Kultusgemeinde die orthodoxen Gruppierungen und deren Schulen und Institutionen in einem Ausmaß unterstützen, das weit über deren Steuerleistung hinausgeht. Trotzdem ließ sich Benjamin Schreiber damals nicht davon abbringen, die zumindest theoretische Möglichkeit einer Abspaltung zu betreiben. Es kam zu einer juridischen Auseinandersetzung, es wurde ihm vom Verfassungsgerichtshof rechtgegeben und das Israelitengesetz wurde 1981 geändert. Bei einem gravierenden Unterschied im Ritus darf es von nun an mehr als eine Kultusgemeinde in einem geographischen Raum geben.

Interessant und aufschlussreich ist allerdings, dass die orthodoxen Gruppen von der Möglichkeit der Gründung einer eigenen Gemeinde bis heute keinen Gebrauch machten.

Da ich selbst ein gemäßigt orthodoxer Rabbiner bin, verliefen die Gespräche mit mir auch immer amikal. Bei einem dieser Gespräche mit einem Vertreter der Gruppe, die die

Abspaltung betrieb, wies ich auf die Möglichkeit hin, dass, wenn nach einem neuen Gesetz neben der Kultusgemeinde auch die Gründung einer anderen jüdischen Gemeinde erlaubt wäre, diese auch eine Reformgemeinde sein könnte, was sicher nicht im Interesse der Orthodoxie sein könnte. Daraufhin sagte mir mein Gesprächspartner: „Nein, wir meinen ja nur nach oben den Ritusunterschied."

Im österreichischen Gesetzestext ist aber klarerweise weder von oben noch von unten die Rede, sondern als Begründung für die Spaltungstendenz werden „Ritusunterschiede" dargelegt. So könnte auch eine Reformgruppe, bei deren Gebeten Männer und Frauen zusammensitzen, eine eigene Gemeinde fordern, weil dies einen Ritusunterschied zum Stadttempel darstellt, in dem während des Gebetes Männer und Frauen auf verschiedenen Stockwerken, aber im gleichen Raum getrennt beten.

Tatsächlich war dann die Gründung einer kleinen Reformgemeinde namens Or Chadasch (neues Licht) 1990 in Wien ein weiterer Prüfstein für die Einheit der Gemeinde. Or Chadasch hatte damals die Aufnahme in die Kultusgemeinde als Einheitsgemeinde verlangt. Hätte die IKG dies erlaubt, wäre es zu einer Abspaltung der Orthodoxie gekommen, die wir jedoch verhindern wollten. Wieder einmal war es ein kluger Oberrabbiner, der eine pragmatische Lösung für dieses Problem gefunden hat. Die Wiener Israelitische Kultusgemeinde ist nämlich nicht ein Zusammenschluss von Gruppen oder Parteien, sondern eine Gemeinschaft von Einzelpersonen. Sogar in Familien ist es möglich, dass ein Teil Mitglied der Gemeinde ist und ein anderer nicht, zum Beispiel bei Mischehen. Ebenso ist es möglich, dass der Vater Mitglied in einer Synagoge ist und die Mutter in einer anderen.

Und so wurde eigentlich nur bestätigt, was bis jetzt auch der Fall war, dass jeder Jude Mitglied der Kultusgemeinde sein kann, egal ob er gleichzeitig Mitglied von Or Chadasch oder jedes anderen Tempelvereins ist, dass aber Or Chadasch nicht aufgenommen werden kann, weil wir eine Gemeinde von Individuen und nicht von Gruppierungen sind. So blieben die Mitglieder der Orthodoxie bis heute in der Kultusgemeinde. Ein kleiner Beweis für mich, dass die Israelitische Kultusgemeinde in den Augen der Orthodoxie doch nicht wirklich eine Reformgemeinde ist.

Ein weiteres Mal gab es Abspaltungsversuche, diesmal von der Gruppe der Lubawitscher Chassidim.

Die Lubawitscher nehmen unter den chassidischen Gruppen eine besondere Stellung ein. Während die meisten chassidischen Gruppen sich um ihren charismatischen Rabbiner scharen und sich nicht sehr viel um nichtreligiöse Juden kümmern, bemühen sich die Lubawitscher Chassidim ausdrücklich darum, Juden, die vom religiösen Weg abgewichen sind, wieder auf den richtigen Weg zurückzuführen. Sie haben auf diesem Gebiet auch viele Erfolge, worauf wir im Kapitel über Juden aus der Sowjetunion bereits hingewiesen haben.

Der 1994 verstorbene Lubawitscher Rebbe hat viele Abgesandte (so genannte Shlichim) in die Welt geschickt, wo sie Zentren und Synagogen eröffnet haben, manchmal auch Kindergärten, Schulen oder andere Institutionen. Deren Leitung in Wien liegt in den Händen von Rabbiner Jakov Bidermann. Da sie, wie gesagt, einen besonderen Weg einschlagen, kooperieren sie nicht immer gut mit der eingesessenen jüdischen Gemeinde. Manchmal wurden ihre Aktivitäten als Konkurrenz zu bereits existierenden Institutionen gesehen. So geschah es auch in Wien, wo die Meinungsverschiedenheiten soweit eskalierten, dass kurzfristig sogar die Gründung einer zweiten jüdischen Gemeinde durch die Lubawitscher Chassidim drohte. G'tt sei Dank konnte dieses Problem vor kurzem gelöst werden, so dass die Wiener Kultusgemeinde bei aller Vielfalt ihrer Mitglieder und Gruppen auch weiterhin eine Einheitsgemeinde bleibt.

Im allgemeinen sind rabbinische Positionen nicht erblich. Es kommt trotzdem nicht selten vor, dass der Sohn eines Rabbiners, wenn er selbst auch Rabbiner ist, seinem Vater auf diese Position folgt. In Wien folgten zum Beispiel die Rabbiner David Grünfeld, Chaim Stern und Paul Chaim Eisenberg auf ihre Väter, die Rabbiner Chaim Grünfeld, Bezalel Stern und Akiba Eisenberg.

Die Frage stellt sich, ob Söhne automatisch die Stelle des Vaters erben. Einerseits hat sich auch in diesen Fällen als Gewohnheitsrecht durchgesetzt, dass Söhne von Rabbinern den Vorrang haben, wenn es um die Nachfolge geht. Voraussetzung ist allerdings, dass der Sohn auch die notwendigen Studien absolviert und über entsprechende Fähigkeiten verfügt. Da man aber über Eignung diskutieren kann, kam es nicht selten vor, dass es in bezug auf die Nachfolge von Rabbinern zu Konflikten kam…

In den chassidischen Dynastien ist es hingegen festgelegt, dass der älteste Sohn oder manchmal mehrere Söhne die Position des Vaters erben. Sind es mehrere, so entschlossen sie sich oft, „Filialen" in verschiedenen Städten zu öffnen. So gibt es zum Beispiel bei den Wischnitzer Chassidim eigene Rebbes in Bnei Brak, Jerusalem, Ashdod und Monsey in den USA.

In orthodoxen, insbesondere chassidischen Kreisen war es auch immer schon üblich, den Rabbiner einer Stadt nicht mit seinem Namen anzusprechen, sondern ihn zum Beispiel

Wiener Rabbiner, Satmarer Rebbe und dergleichen zu nennen. Bei den chassidischen Rebbes erhielt der Sohn den Titel des Vaters – zum Beispiel Belzer Rebbe. Es handelte sich bei ihnen um Dynastien, bei denen im Normalfall einer der Söhne das Amt des Vaters übernahm, wodurch der nachfolgende Sohn das Recht hatte, sich Belzer Rebbe zu nennen. Er nannte sich auch dann noch so, wenn er längst nicht mehr Rabbiner in der entsprechenden Stadt war. Besonders häufig war es nach der Shoah, als die meisten Rebbes, die ursprünglich aus Osteuropa stammten, nach Israel oder in die USA auswanderten. Der Satmarer und der Lubawitscher Rebbe lebten in New York, der Belzer und Gerer Rebbe leben in Israel.

In diesem Zusammenhang fallen mir folgende Geschichten ein. Als ich einmal durch Jerusalem spazierte, fiel mir auf einer Synagoge ein Schild auf, das ich nicht glauben konnte. Dort stand, dass dies die Synagoge des Bad Ischler Raw sei. Nun glaubte ich, dass es so etwas nicht geben könnte, da es sogar vor der Shoah in Bad Ischl keinen Bad Ischler Stadtrabbiner gab. Aus Interesse verrichtete ich dort mein Nachmittagsgebet und fragte nach dem G'ttesdienst den Rabbiner, was es damit auf sich habe, dass er sich so nannte. Er erwiderte, dass er einige Zeit nach dem Krieg in einem DP-Lager in Bad Ischl verbracht, dort auch rabbinische Tätigkeiten wie Eheschließungen und Torahunterricht vorgenommen hatte und dass er damit sicher das Recht in Anspruch nahmen könnte, sich Bad Ischler Raw zu nennen. Dem konnte ich mit einem Augenzwinkern nur zustimmen.

Dazu ist zu ergänzen, dass die Rabbiner in den DP-Lagern nach 1945 die Juden, die dort auf die Weiterreise warteten, sofort nach der Befreiung wieder zu unterrichten begannen, um so mehr und umso intensiver, da die Juden Jahre ihrer religiösen Erziehung verloren hatten.

Auch der Oberrabbiner der berühmten Schiffschul Jesaia Fürst nannte sich in England, wohin er 1939 auswanderte und wo er 1943 starb, Wiener Raw. Vor einem Jahr fragte man mich in Jerusalem im orthodoxen Stadtteil Mea Shearim in einem Geschäft, wer und woher ich sei. Ich habe daraufhin – ein wenig auf die in diesem Jerusalemer Stadtteil übliche jiddische Sprache anspielend – nicht gesagt, dass ich der Oberrabbiner von Wien sei, sondern habe mich als „Wiener Raw" vorgestellt. Wütend drehte sich ein Chassid um und fand diese Bezeichnung anmaßend, weil er doch den „Wiener Raw" genau kenne und wisse, dass ich es nicht sei. Es stellte sich heraus, dass er tatsächlich den Rabbiner der „Wiener Kehilla" in New York meinte, den er kannte und der nach der beschriebenen chassidischen Tradition den Titel „Wiener Raw" führte. Daher konnte er nicht verstehen, dass ich mir diesen Titel anmaßte. Mit dem „Wiener Raw" meinte er Rabbiner Ascher Anschel Katz, der aus Mackow stammte, den Rabbiner der New Yorker Synagogengemeinde „Adas Yereim". Die „Wiener Kehilla" wird so genannt, weil sie von Mitgliedern der ehemaligen Wiener Schiffschul nach deren Zerstörung 1938 gegründet wurde, und ihr Rabbiner, selbst wenn er nie in Wien war, bekommt den Titel „Wiener Raw". Nachher sagte ich aber diesem Chassid doch, dass ich der Wiener Oberrabbiner sei und ich mir daher nicht ohne Grund den Titel „Wiener Raw" angemaßt habe.

Der Chassidismus entstand in der Mitte des 18. Jahrhunderts in Osteuropa. Sein Begründer war der berühmte Baal Schem Tow. Charakteristisch für den Chassidismus ist die besonders freudige und emotionelle religiöse Grundhaltung

– mit viel Tanz und Gesang – im Gegensatz zum rein intellektuellen Torahstudium, das vor allem von litauischen Talmudschulen gefördert wurde.

Während die Konflikte zwischen den strengen Rabbinern und der neuen chassidischen Bewegung am Beginn des 18. Jahrhunderts sehr heftig ausgefochten wurden, zum Teil mit Bann und Gegenbann, haben sich später die Wogen längst geglättet, aber es gibt noch immer Unterschiede zwischen diesen Gruppen.

Die Chassidim scharen sich um ihre charismatischen Rabbiner, die anderen scharen sich um die Leiter der Jeschiwot. Die Gegner der Chassidim wurden als Mitnaggdim bezeichnet, was im Hebräischen ganz einfach Gegner bedeutet. Weil das kein schöner Name war, werden sie heute auch Rabbiner der so genannten „Jeschiwaworld" genannt. Besonders extrem war im 20. Jahrhundert der Konflikt zwischen den Lubawitscher Chassidim, von denen viele ihren Rabbi als Messias sahen, und Rabbiner Eliezer Schach, der Leiter der berühmten Jeschiwa Ponevecz in Bnei Brak, der von seinen Anhängern fast vergöttert wurde und der die Lubawitscher schärfstens verurteilte. Nachdem beide dieser Rabbiner in höchstem Alter gestorben sind, erzählte der Volksmund, dass die beiden Herren im Himmel aufeinander trafen. Rabbiner Schach stellte den Lubawitscher Rebbe zur Rede, weil dieser sich als Messias bezeichnen ließ: „Woher nimmst du die Chuzpe, dich als Messias zu bezeichnen?" Daraufhin sagte der Lubawitscher: „Der liebe G'tt hat mir das selbst gesagt." Daraufhin Raw Schach: „Ich kann mich nicht erinnern, jemals so etwas gesagt zu haben …"

Zur chassidischen Wesensart gehört auch ein wenig Aberglaube, zum Beispiel der Glaube an die Kraft des Segens oder des Fluches. So sagte einer der Gegner, dass für Chassidim das Leben des Menschen nur übernatürliche Quellen habe. So wird ein Mensch geboren, weil ein Rabbi einen Segen gesprochen hat. Dann lebt er glücklich, weil er ein Amulett trägt, und stirbt schließlich, weil ihn jemand mit dem bösen Blick angeschaut hat.

Chassidim und Mitnagdim beten (fast) den gleichen Text und doch gibt es große Unterschiede. Bei den Chassidim ist es üblich, nach dem Morgeng'ttesdienst ein Gläschen Schnaps zu trinken. Bei den Mitnaggdim wird meist ein Kapitel aus der Mischnah studiert – ein Teil des Talmuds, der auch bei Trauerg'ttesdiensten gelernt wird. Dazu erklären die Chassidim: Das Gebet der Chassidim ist so lebendig – körperbetont und mit ekstatischen Bewegungen – dass man nach dem G'ttesdienst etwas für den Körper tun muss. So trinkt man nachher ein Gläschen Schnaps. Das Gebet der Mitnaggdim hingegen ist so langweilig und leblos, dass man nachher fast ein Totengebet sprechen muss.

Die Mussarbewegung wiederum, die im 19. Jahrhundert in Litauen von Israel Lipkin Salanter gegründet wurde, ist eine Bewegung, die sich um einen Ausgleich zwischen der intellektuellen Torahlehre und dem emotionellen Chassidismus bemühte. Die Mussarbewegung will den Menschen moralisch vervollkommnen, selbstverständlich im Kontext des Glaubens an G'tt.

Es gab in der Mussarbewegung zwei verschiedene Schulen, die einander vollkommen entgegengesetzt waren. Die eine Schule besagte, dass der Mensch, wenn er sich mit dem Ewigen vergleicht, ein Gefühl der Kleinheit und Nichtswürdigkeit bekommt. Er sollte verstehen, dass seine Aufgabe nur die ist, den Geboten des Ewigen zu folgen und sich moralisch zu verhalten. Die Gegenschule aber besagte, dass der Mensch das höchste Geschöpf aller Wesen sei. Diese Meinung führt aber zum gleichen Ergebnis, weil ein Mensch, der so hohen Ansprüchen genügen will, sich auch moralisch auf einem sehr hohen Niveau bewegen soll. Dies wird auch aus der Schöpfungsgeschichte geschlossen. In der Schöpfungsgeschichte wird bekanntlich erzählt, wie zuerst Pflanzen und Tiere geschaffen wurden und zuletzt erst der Mensch. Nun sagt eine berühmte rabbinische Lehre, dass dies auch den Menschen lehren soll, wie verantwortungsvoll seine Aufgabe sei. Wenn er sich moralisch verhält, dann kann er von sich behaupten: „Ich bin die Krone der Schöpfung und alles wurde schon vor mir geschaffen, damit ich davon genießen kann." Ist er aber umgekehrt auf einer niedrigen Stufe, benimmt er sich wie ein Tier, dann wiederum kann sogar die kleinste Mücke sagen: „Bist du wie ein Tier, dann bist du weniger wert als ich, denn als Tier war ich schon vor dir geschaffen."

Ich habe es an sich gar nicht gern, dass man menschliches Fehlverhalten als tierisch bezeichnet, denn Tiere benehmen sich ausschließlich nach ihrem Instinkt und können daher im menschlichen Sinn nicht als gut oder böse gelten.

Zurück zur Mussarbewegung, die dem Menschen seine nichtswürdige Position lehren wollte. In solch einem Lehrhaus ging der Rabbiner einmal in Gedanken versunken auf und ab und sprach immer wieder zu sich selbst: „Ich bin ein Nichts." Auch sein wichtigster Schüler ging auf und ab und machte es dem Rabbiner nach. Da stand ein neuer Schüler auf und begann auch von sich zu sagen: „Ich bin ein Nichts." Daraufhin sagte der Rabbi zu seinem altbewährten Schüler: „Er ist erst eine Woche bei uns und behauptet schon, ein Nichts zu sein!"

Der Chassidismus wurde berühmt für die Geschichten der Rabbiner, die im 20. Jahrhundert von Martin Buber, Elie Wiesel und anderen Autoren literarisch bearbeitet wurden und als Teil der Weltliteratur weite Verbreitung fanden.

Drei Geschichten als Beispiele (ich habe immer viele Geschichten und Anekdoten auf Lager, mit denen ich meine Vorträge bei passenden Gelegenheiten würze).

Wir finden in diesen Geschichten einen Wesenszug, der besonders bei chassidischen Rabbinern ausgeprägt ist, aber auch sonst das Benehmen oder die Einstellung eines Rabbiners beschreibt. Denn der Rabbiner ist nicht nur dazu da, die Gemeinde auf den rechten Weg zu führen und manchmal sogar zurecht zu weisen, sondern er soll sich auch gegenüber dem lieben G'tt für seine Gemeinde einsetzen und nur Gutes von ihr reden auch dann, wenn diese es nicht ganz verdient.

Auch der Berditschewer sprach immer nur gut über die Menschen. Einmal wurde er von einer Person angesprochen, die ihm sagte: „Schau mal durch's Fenster, da ist der Kutscher draußen und obwohl er gerade seinen Gebetsschal an hat und betet, schmiert er während des Gebetes die Räder seines Wagens." Der Rabbi antwortete: „Das musst du umgekehrt sehen. Dieser Mann betet, sogar wenn er die Räder seines Wagens schmiert!"

Dann gibt es noch die Geschichte vom Rabbi, der einen reichen Mann dazu bewegen wollte, etwas zu spenden. Als dieser Mann noch nicht so wohlhabend war, pflegte er Spenden zu geben. Jetzt aber ließ er sich nicht erweichen. Daraufhin sagte ihm der Rabbiner: „Schau mal durch's Fenster raus!" Und der Mann schaute und der Rabbiner fragte ihn: „Was siehst du?" Der Mann antwortete: „Ich sehe andere Leute." Dann sagte der Rabbiner: „Und jetzt schau in den

Spiegel, was siehst du?" Und der Mann sagte: „Wenn ich in den Spiegel schau, dann sehe ich nur mich." Darauf sagte der Rabbiner: „Weißt Du, warum das Glas durchsichtig ist und der Spiegel nicht? Weil der Spiegel ein Glas ist auf dessen Rückseite eine Schichte Silber aufgetragen ist. Wenn jemand nur wenig Silber (Geld) hat, dann kann er durch's Fenster schauen und sieht dann auch die anderen und ihre Nöte. Wenn jemand aber zu viel Silber hat und es aufs Glas schmiert, dann wird das durchsichtige Glas zum Spiegel und er sieht nur mehr sich selbst."

Hiezu noch eine Geschichte von der Frau des Rabbiners:

Es gab einmal ein Rabbinatsgericht. Der Rabbiner hörte beide Parteien an und seine Frau hörte aus einer Ecke des Zimmers mit. Zuerst erklärte die eine Partei ihren Fall, und der Rabbiner sagte sofort: „Du hast Recht", und dann erklärte die zweite Partei ihre Seite und der Rabbiner sagte auch der zweiten Partei: „Du hast Recht", worauf die Frau des Rabbiners sagte: „Mein lieber Mann, das geht ja nicht! Die sagen ja das Gegenteil, das kann ja nicht sein, dass der eine Recht hat und der andere auch Recht hat". Darauf antwortete der Rabbiner seiner Frau: „Du hast auch Recht".

Oberrabbiner Akiba Eisenberg entzündet Chanukkakerzen

*Der junge Paul Eisenberg als Leiter des Kinderchores
der Jugendgruppe, Bnei Akiva, ca. 1966*

*... und einige Jahre später als Sänger bei
einem jüdischen Fest in London*

Einführung einer neuen Torahrolle

Unter einem Hochzeitsbaldachin

Gedenkg'ttesdienst im Stadttempel
– 50 Jahre nach der Shoah, 1995

Mit Friedensnobelpreisträger Elie Wiesel

Kaffeepause nach dem G'ttesdienst

Mit Israels Ministerpräsident Jitzhak Rabin; im Hintergrund Bundespräsident Dr. Thomas Klestil

Mit Kardinal Franz König

Mit einer moslemischen Frauenrechtlerin in Sevilla, 2006

Friedensfest 2002 in Graz. Neben Oberrabbiner Eisenberg der Dalai Lama; ganz links Yusuf Islam alias Cat Stevens

Internationale Rabbinerkonferenz 1993 in Wien – Empfang bei Bundespräsident Dr. Klestil

Im Kreis der Familie

Rabbiner und ihre Tätigkeit

Rabbiner arbeiten nicht nur isoliert, und so entstand schon kurz nach der Shoah die europäische Rabbinerkonferenz.

Der Europäische Rabbinerverband rühmt sich zurecht, die älteste europäische Vereinigung zu sein – schon lange bevor es die EU gab. Er wurde 1956 von den damaligen Oberrabbinern von Großbritannien, Frankreich und Holland ins Leben gerufen. Auch mein Vater gehörte zu seinen Gründungsmitgliedern.

In den ersten Jahren gehörten nur Rabbiner aus Westeuropa dem Rabbinerverband an. Als einziger Osteuropäer durfte bis zum Fall des Eisernen Vorhangs der Oberrabbiner von Rumänien, Moses Rosen, der in seiner Jugend an der Wiener Israelitisch theologischen Lehranstalt studiert hatte, teilnehmen. Wir hätten auch gerne andere Rabbiner aus dem Ostblock eingeladen, aber es gab entweder keine oder aber sie erhielten von ihren Regierungen keine Erlaubnis, an internationalen Rabbinerkonferenzen teilzunehmen. Im Laufe der Zeit erweiterte sich der Rabbinerverband auf bis zu 200 Mitglieder. So wurde es üblich, dass alle zwei Jahre eine große Konferenz in einer der europäischen Hauptstädte veranstaltet wird. Da diese Treffen aber kein kontinuierliches Arbeiten ermöglichten, gibt es auch ein Exekutivkomitee, das sich jedes halbe Jahr trifft. Mitglieder des Exekutivkomitees sind zwar weniger, dafür aber bedeutendere Rabbiner.

Im Jahr 1993, nach der Wahl Thomas Klestils zum österreichischen Bundespräsidenten, war es soweit, dass sich das Exekutivkomitee in Wien treffen wollte. In jedem Fall musste die Gastgemeinde den Aufenthalt und die Verpflegung übernehmen.

Unter den Teilnehmern dieser Konferenz waren: Die Oberrabbiner von Großbritannien und dem Commonwealth Lord Immanuel Jakobovits und von Frankreich (sowohl der amtierende Joseph Sitruk, als auch der ehemalige Rene Samuel Sirat), die Gemeinderabbiner von Zürich (Zalman Kossowsky), Basel (Israel Meir Levinger), München (Jizchak Ehrenberg), Brüssel (Albert Guigui), Paris (Alain Goldmann) sowie Moskau (Pinchas Goldschmidt) und Kiew (Yaakov Bleich). Die Themen der Beratungen waren: die Probleme der Juden in den Ländern der ehemaligen UdSSR, die Vereinigung von Europa und die Vereinheitlichung des Kaschrut-Standards, Übertritte zum Judentum, Bewahrung der Möglichkeiten der Schechita, Fragen der Erziehung und der Familie.

Bürgermeister Helmut Zilk lud zu einem Empfang im Wiener Rathaus, zu dem alle Rabbiner Wiens, die Kultus- und Tempelvorstände sowie andere Gemeindemitglieder geladen wurden. Der Präsident des Rabbinerverbandes Lord Immanuel Jakobovits dankte mit einer Rede, in der er an die allen Menschen, seien sie Juden oder Christen, gemeinsamen moralischen Pflichten erinnerte. Ein zweiter Empfang fand bei Bundespräsident Thomas Klestil statt, und die Gäste hatten auch die Möglichkeit, die jüdischen Institutionen und Sehenswürdigkeiten Wiens kennenzulernen.

Mit Lord Jakobovits fuhr ich auch nach Lackenbach, wo sein Vater Julius geboren wurde. Auf dem alten jüdischen Friedhof von Lackenbach fanden wir den Grabstein seines Großvaters Shlomo Jakobovits.

Acht Jahre später war ich als Oberrabbiner schon so gefestigt, dass ich mir zutraute, Sponsoren inner- und außerhalb der jüdischen Gemeinde aufzutreiben, um eine große Rabbinerkonferenz in Wien auf die Beine zu stellen. Neben der Stadt Wien, deren Bürgermeister damals schon Michael Häupl war, hat auch der frühere Wiener Bürgermeister Helmut Zilk uns in seiner Eigenschaft als Vorstandsvorsitzender der Wiener Städtischen Versicherung einen sehr namhaften Betrag zur Finanzierung der Konferenz zugesagt.

Im Herbst davor, nach den Nationalratswahlen, wurde ich von Kollegen gefragt, ob es möglich oder wahrscheinlich sei, dass Jörg Haider in eine Koalitionsregierung aufgenommen werde. In der Öffentlichkeit war damals nicht bekannt, dass die ÖVP neben den Verhandlungen mit der SPÖ wahrscheinlich schon fast handelseins mit der FPÖ gewesen ist. So sagte ich meinen Kollegen, dass ich eine Koalition mit der FPÖ für sehr unwahrscheinlich erachtete. Etwa einen Monat vor der geplanten Rabbinerkonferenz passierte doch das Unwahrscheinliche und die ÖVP gin mit der FPÖ in eine Koalition. Damals kam es zu den Sanktionen der EU gegen Österreich, und Israel stufte die diplomatischen Beziehungen mit Österreich herunter. So kam es dazu, dass auch die Europäische Rabbinerkonferenz reagieren musste. Sie beschloss, die Rabbinerkonferenz von Wien nach Bratislava zu verlegen. Allerdings hatten wir mit einem großen Wiener Hotel bereits einen Vertrag abgeschlossen, den wir mit einer Pönale stornieren mussten. Die Pönale war deshalb sehr hoch, weil wir erst einen Monat vor der Konferenz absagten. Wiederum war es damals Helmut Zilk, der uns half. Die Rabbinerkonferenz fand, wie gesagt, in Bratislava statt. Für einen Abend allerdings reisten die Rabbiner nach Wien, um einen Abend mit der Wiener Gemeinde, als eine Geste für uns, aber ohne österreichische Politiker, zu verbringen.

In meiner Diskussion mit dem Hotel, das ich bat, uns finanziell entgegenzukommen, argumentierte ich mit der

Tatsache, dass eine Rabbinerkonferenz in Wien kaum möglich wäre, wenn sogar die EU Sanktionen gegen Österreich verhängt hatte. Zu meiner Überraschung wurde mir ein Bild vorgehalten, auf dem einige orthodoxe Religionslehrer mit Bundespräsident Thomas Klestil abgebildet waren, als Beweis dafür, dass es doch auch Rabbiner gäbe, die eine Konferenz in Wien abhalten würden…

Was ein Rabbiner sonst noch tut, war einmal Inhalt eines interessanten Gespräches. Der Präsident einer Gemeinde kam mit seinem Sohn zu seinem Rabbiner und sagte: „Ich habe eine freudige Nachricht für Sie! Mein Sohn möchte in Ihre Fußstapfen treten und auch Rabbiner werden. Ich habe gemeint, dass wir zunächst zu Ihnen kommen sollten, damit wir von Ihnen Erkundigungen über das Amt des Rabbinats einholen können." Der Rabbiner sagte: „Sehr gerne werde ich Ihrem Sohn seine Fragen beantworten." Der Sohn sagte darauf: „Herr Rabbiner, können Sie mir sagen, was Sie den den ganzen Tag tun, außer dass Sie beim täglichen Gebet erscheinen?!" Darauf antwortete der Rabbiner lächelnd: „Wenn Du solche Fragen hast, dann solltest Du lieber Gemeindepräsident werden und nicht Rabbiner, denn solche Fragen werden meist von denen gestellt."

Was das tägliche Gebet betrifft, so sollten alle gläubigen Juden sich bemühen, nicht nur täglich die drei festgesetzten Gebete – am Morgen, am Nachmittag und am Abend – zu verrichten, sondern sie sollten diese nach Möglichkeit in der Synagoge mit einem Minjan verrichten.

So geschah es auch einmal, als ein Vertrag mit einem neuen Rabbiner verhandelt wurde, dass die Gemeinde vorschlug, in den Vertrag zu schreiben, der Rabbiner müsse bei den täglichen G'ttesdiensten erscheinen. Daraufhin antwortete der Rabbiner, dass dieser Passus keinen Platz im Vertrag habe, weil er schon länger einen gleichlautenden Vertrag mit dem Ewigen habe.

Es sei aber doch hinzugefügt, dass man nicht drei Mal täglich in die Synagoge gehen muss. Das Nachmittagsgebet wird knapp vor Sonnenuntergang gesprochen und das Abendgebet, wenn es finster wird. Man muss daher zwischen dem Nachmittags- und dem Abendg'ttesdienst nicht nachhause gehen, sondern kann die Gebete in einem Zug verrichten. In vielen Synagogen wird zwischen diesen beiden G'ttesdiensten, um die kurze Pause nicht mit profanen Dingen zu verschwenden, ein wenig Torah gelernt.

Man muss aber kein Rabbiner sein, um das Gemeinschaftsgebet zu leiten. Jeder erwachsene Jude, der die Texte und auch den Nussach (die Melodie) beherrscht, kann an sich vorbeten. So leitet zum Beispiel mein gerade Bar Mizwa gewordener Sohn Akiba derzeit häufig die G'ttesdienste in seiner Schule.

Der Tag des Rabbiners beginnt mit dem Morgeng'ttesdienst. Dieser ist im Stadttempel schon um 7 Uhr angesetzt, weil die Menschen danach zur Arbeit gehen wollen. Am Sonntag und an arbeitsfreien Tagen beginnt der G'ttesdienst um 8 Uhr. Am Schabbat und an jüdischen Feiertagen beginnt der Morgeng'ttesdienst um 9 Uhr. Da kann man ein wenig länger schlafen.

An einigen Wochentagen schaffe ich es nach dem G'ttesdienst nicht mehr nach Hause zu einem Frühstück und habe daher eingeführt, dass die Besucher des G'ttesdienstes, die nicht sofort zur Arbeit eilen müssen, gemeinsam ein kleines Frühstück zu sich nehmen. Bei dieser Gelegenheit kann man ein wenig plaudern und persönliche oder Gemeindeangelegenheiten besprechen und so eine gute Verbindung zwischen dem Gebet, den praktischen Verpflichtungen und dem sozialen Kontakt schaffen.

Vor dem G'ttesdienst sollte man nicht essen, denn man soll sich als erstes am Tage an G'tt wenden und sich erst danach den leiblichen Genüssen hingeben. Die Ausnahme ist ein guter starker Kaffee, den man schon vor dem G'ttesdienst trinken darf, weil man dadurch besser beten kann.

Während am Schabbat viele Menschen zum Beten kommen, sind es natürlich an Wochentagen weniger. Dennoch braucht man einen Minjan, und manchmal sind es Trauernde, die im Trauerjahr oder zum Jahrestag das Kaddischgebet nach ihren Eltern sprechen, welche die Anzahl der Betenden komplettieren. Diese kommen ein ganzes Jahr nach dem Tod der Eltern täglich zum Gemeindeg'ttesdienst, um das Kaddischgebet – ein Gedenkgebet an die Toten – zu sprechen. Ebenso geht man am Jahrestag des Todes – der so genannten „Jahrzeit" – in die Synagoge. Insbesondere den trauernden Gemeindemitgliedern tut es gut, wenn sie nach dem G'ttesdienst nicht sofort weglaufen, sondern bei einem Getränk ein paar Worte mit dem Rabbiner und mit den anderen Gläubigen wechseln können.

Die G'ttesdienste dauern am Wochentag zwischen 40 und 60 Minuten und so kann ich danach fast täglich schon ab 8 Uhr 30 Menschen in meinen Sprechstunden empfangen. Interessanterweise handelt es sich hierbei nicht nur um Gemeindemitglieder, sondern auch – wenn auch nicht sehr häufig – um Menschen anderen Glaubens. Ich versuche durch meine Sekretärin vorher herauszufinden, worüber die Menschen mit mir sprechen wollen, aber nicht immer wollen sie es verraten, und so gibt es immer wieder Überraschungen.

Einmal kam ein Mann zu mir und wollte mir von den Problemen in seiner Ehe berichten. (Im weiteren Sinne ist auch das Stiften von Ehen und Schlichten von Ehekonflikten eine der Aufgaben des Rabbiners). Da ich glaube, fast alle Mitglieder meiner Gemeinde zu kennen und dieser Mann mir nicht bekannt war, fragte ich ihn, ob er Mitglied der Kultusgemeinde wäre. Er antwortete mir daraufhin, dass er Katholik sei. Als ich ihn fragte, warum er denn nicht zu einem katholischen Priester gehe, antwortete er mir: „Der ist ja nicht verheiratet und kennt sich deshalb mit Eheproblemen nicht so gut aus wie Sie, Herr Rabbiner…"

Die Besucher in diesen Sprechstunden sind Menschen, die ein Problem haben, von dem sie erwarten, dass der Rabbiner es lösen kann. Manchmal gelingt mir dies auch, und es ist für mich sehr erfreulich, wenn ich jemandem helfen kann. Leider kommt es aber auch oft vor, dass ich nicht imstande bin, die Probleme anderer Menschen zu lösen, und das ist dann für beide Seiten frustrierend.

Oft handelt es sich bei den Anliegen der Menschen um Hilfe bei der Arbeitssuche, beim Erlangen eines Visums und bei ähnlichen Zorres (jiddisch: Sorgen). Diese Menschen haben zumeist vorher bereits alle anderen Möglichkeiten ausprobiert. Sie kommen erst dann zu mir, wenn sie schon überall abgewiesen wurden, und setzen dann ihre volle Hoffnung auf mich. Vor allem einfache Menschen glauben oft, dass der Rabbiner (fast) übernatürliche Fähigkeiten hat und erwarten sich allzu viel von ihm.

Zwei chassidische Juden sprachen einmal darüber, was sie unternehmen, wenn sie G'tt behüte krank werden. Der eine meinte, wenn er krank ist, gehe er zu seinem chassidischen Rebbe und bitte ihn um einen Segen. Der andere meinte, er gehe, wenn er krank sei, zum Arzt, worauf der erste den zweiten fragte: „Wieso? Glaubst Du an Wunder?"

(Der jüdische Humor ist übrigens ein ganz wichtiger Bestandteil der jüdischen Kultur. Damit meine ich nicht die antisemitischen Witze oder grobe Späße, die sich über die Juden lustig machen, sondern jüdische Weisheiten und den authentischen jüdischen Humor, der oft auch jüdisches Wissen voraussetzt.) Auch von mir glauben, wie gesagt, manche Menschen, ich könne Wunder bewirken. Ich sage dann: „Ich bin zwar Oberrabbiner, aber kein Wunderrebbe".

Wenn ich im Rabbinat bin, empfange ich auch Menschen, wenn sie vorher keinen Termin ausgemacht haben. Aus Sicherheitsgründen ist es allerdings besser, wenn die Ratsuchenden einen Termin bekommen, der dann von meiner Sekretärin an die leider notwendigen Sicherheitsbeamten weitergeleitet wird.

Zum besseren Verständnis, wer die Menschen sind, die Einlass begehren, fragen mich die Sicherheitsbeamten oft, worüber sie mit mir sprechen möchten. Leider muss ich ihnen manchmal sagen, dass selbst ich das erst nachher weiß.

Sprechstunden bei mir können auch am Abend sein, weil viele Menschen arbeiten und während des Tages nicht kommen können. Allerdings muss ich auch Rücksicht auf meine Familie nehmen, und daher sage ich oft, wenn jemand unbedingt am Sonntag mit mir eine Sprechstunde machen möchte, dass der Sonntag mein „Feiertag" ist.

Natürlich kommen viele Menschen auch mit religiösen Fragen zu mir. Es werden zum Beispiel die Termine für die Bar Mizwa Feiern und Hochzeiten fixiert. Der 13. Geburtstag wird nach jüdischem Datum festgelegt und die Eltern und der Knabe erfahren von mir, welche Bibelstelle der junge Mann zu lernen hat. Sie bekommen manchmal auch den Rat, mit welchem Lehrer er sich auf die Bar Mizwa vorbereiten solle.

Bei einer Bar Mizwa ist es üblich, dass der Knabe einen Teil der Lesung aus der Torah und den Propheten vorträgt. Dies kann man nicht im allgemeinen Religionsunterricht lernen, weil jeder Junge einen anderen Wochenabschnitt hat, und das kann daher nur in einem privaten Unterricht erlernt werden. Der Knabe hat ab diesem Zeitpunkt in Eigenverantwortung alle Gebote der Torah zu erfüllen.

Auch Mädchen werden mit 12 Jahren erwachsen, was jedoch in (einer orthodoxen) Synagoge nicht in der gleichen Weise gefeiert werden kann, weil Frauen nicht die Torahlesung vornehmen können. Anschließend gibt es sowohl für Knaben als auch für Mädchen ein Fest, einen Kiddusch.

In Reformgemeinden werden Frauen ebenso wie Männer zur Torah aufgerufen und können daher das Fest ganz ähnlich wie die Knaben abhalten. Im Unterschied zu den orthodoxen Synagogen sitzen in Reformsynagogen Männer und Frauen auch zusammen.

Nun ist auch in modern orthodoxen Kreisen der Wunsch geäußert worden, dass die Feiern für die Bat Mizwa in der Synagoge stattfinden sollten – wie es bereits vor der Shoah in einigen Wiener Synaogen der Brauch war.

Nach Beratung mit anderen Rabbinern habe ich beschlossen, auch den Mädchen die Möglichkeit zu geben, ihre Bat Mizwa in der Synagoge zu feiern. Dies allerdings nicht in Form eines Aufrufes zur Torah, sondern in der Form, dass das Mädchen am Ende des G'ttesdienstes ein Gebet spricht und dass der Rabbiner es nach einer Predigt segnet (wie er es auch bei den Knaben macht). Beide bekommen dann von der Synagoge als Geschenk ein Gebetbuch.

Jugendarbeit ist natürlich sehr wichtig, und als ich aus Israel zurück nach Wien kam, war mein Vater der Oberrabbiner und ich selbst sein Vertreter. Vor allem aber arbeitete ich als Jugendrabbiner. Ich habe damals viele Jugendg'ttesdienste organisiert und beim Aufbau der jüdischen Schule geholfen. Bevor ich Oberrabbiner wurde, konnte ich auch noch Lehrer für einige Bar Mizwa Jungen sein. Danach habe ich diesen Unterricht nur mehr den Lehrern und Kantoren der Kultusgemeinde überlassen.

Eheanbahnungen können zu einem Nebenjob des Rabbiners und oft auch der Frau Rabbiner werden. In einem Midrasch wird gefragt, womit beschäftigt sich der Ewige, nachdem er die Welt geschaffen hat? Er stiftet Ehen. Menschen, die sich vom Rabbiner erwarten, dass er g'ttähnliche Fähigkeiten hat, erwarten sich auch, dass er Ehen stiften kann.

An dieser Stelle sollte man über die Praxis des Schidduch (der Eheanbahnung) bei den orthodoxen Juden sprechen. Auch in manchen jüdischen Kreisen geht die Erzählung um, dass bei streng orthodoxen Juden die Eltern allein entscheiden, wen ihre Söhne oder Töchter heiraten sollen und dass diese keine eigene Meinung dazu äußern dürfen. Das stimmt natürlich nicht. Wahr ist allerdings, dass es in orthodoxen Kreisen üblich ist, dass beide Familien diskrete Erkundigungen über die andere Seite vornehmen, weil sie zum Beispiel sicher stellen wollen, dass ihr sehr frommer Sohn eine ebenso religiöse Frau erhält oder umgekehrt.

In christlichen Kreisen wurde ich manchmal vorwurfsvoll gefragt, warum jüdische Eltern so sehr danach streben, dass ihre Kinder jüdische und nicht christliche Partner finden. Ich antworte darauf, dass zum Beispiel einem orthodoxen Juden auch nicht jeder Jude als ein erwünschter Ehepartner für das

Kind gilt, sondern dass nur ein/e orthodoxe/r Jude/Jüdin in Frage kommt. Es ist sogar üblich, dass Anhänger eines bestimmten chassidischen Rebbes sich bemühen, für ihr Kind einen Ehepartner unter den Anhängern des gleichen Rebbes zu finden.

Aus meiner Erfahrung empfiehlt es sich aber, nicht nur orthodoxen Juden ein wenig nachzuhelfen. Die Shoah hat es mit sich gebracht, dass es in vielen europäischen Ländern und so auch in Wien in jedem Jahrgang nur wenige jüdische Jugendliche gibt, die oft zusammen einer jüdischen Schule oder der gleichen Jugendorganisation angehören und die einander, wenn sie ins heiratsfähige Alter kommen, schon 15 Jahre kennen. Sie sind dann miteinander gut befreundet, so dass eine Liebe, die dann zu einer Ehe führt, die doch auch etwas Neues an sich haben sollte, selten entsteht. Trotzdem kommt es mitunter auch zu Ehen unter solchen Personen.

So ist es nicht unüblich, dass Rabbiner aus verschiedenen Städten einander über mögliche Ehekandidaten berichten und es dann zu Treffen zwischen einzelnen Paaren kommt.

Etwas mehr Breitenwirkung haben Singletreffen und jüdische Bälle, die allerdings nicht von Rabbinern und nicht ausschließlich für das Stiften von Ehen organisiert werden, die aber zum Kennenlernen von Gleichaltrigen und Gleichgesinnten dienen. Sogar im Internet gibt es inzwischen verschiedene jüdische Websites zum Kennenlernen von möglichen (jüdischen) Partnern.

Zu diesem Thema sei noch eine besondere Entwicklung erwähnt, die eine interessante Verbindung zwischen modernster Gentechnologie und der alten Tradition von vorher gestifteten Ehen zeigt. Weil es gerade unter Juden aus Osteuropa manchmal Erbkrankheiten gibt, wurde eine Organisation gegründet, in der heiratsfähige und -willige junge Männer und Frauen auf genetische Krankheiten geprüft werden. Das Ergebnis wird in der Organisation unter einem Nummerncode gespeichert und nur den betroffenen Familien mitgeteilt. Wenn zwei Familien planen, ihre Kinder einander vorzustellen, ist es üblich, dass die Testergebnisse im Institut schon vor dem ersten Treffen miteinander verglichen werden. Damit wird von vornherein ausgeschlossen, dass Menschen, deren Kinder die gleiche Erbkrankheit haben, einander heiraten. Die Krankheiten treten nur bei einem Teil der Kinder auf, wenn beide Elternteile das Gen haben. Man kann allerdings auch dann ein Träger dieser Krankheit sein, ohne dass man es weiß. Deshalb sind ja diese Tests hilfreich.

Zu den Aufgaben eines Rabbiners gehören auch Beerdigungen und der Besuch von jüdischen Häftlingen. Einmal erzählte ich beim Frühstück meiner Frau, dass ich heute zuerst jemanden im Gefängnis besuchen müsse und danach ein Begräbnis habe und eines meiner kleinen Kinder hatte mitgehört. Als kurz danach jemand anrief und nach mir fragte, antwortete mein Kind am Telefon: „Mein Vater ist entweder noch im Gefängnis oder schon am Friedhof…"

Die jüdischen Häftlinge werden insbesondere an zwei Festen aus Gefängnissen in ganz Österreich nach Wien gebracht. Gerade zu Pessach, wo auch weniger religiöse Juden kein Brot essen, werden die Häftlinge in einem Wiener Gefängnis versammelt, wo sie unter anderem G'ttesdienste besuchen können und von der Kultusgemeinde mit koscherem Essen versorgt werden.

Für mich war es immer wichtig, mit diesen Menschen nicht nur die Feiertage zu feiern, sondern auch ein Gespräch zu führen, eine persönliche Beziehung aufzubauen und ihnen Beistand zu leisten. Zuerst bete ich mit ihnen gemeinsam und dann führe ich mit ihnen Einzelgespräche. Dennoch war ich am Anfang etwas gehemmt, ein Gespräch zu beginnen, und so fragte ich zu Beginn einige von ihnen, was sie eigentlich getan haben, um hinter Schloss und Riegel zu kommen. Die stereotype Antwort war: „Man wirft mir vor, ich hätte dies oder das getan … Aber das war ganz anders." Es ist eben schwer zuzugeben, dass man etwas falsch gemacht hat. Bei meinem nächsten Besuch wusste ich schon, wie ich diese Frage besser stellen muss. Meine Frage lautete von da an: „Was wird Dir vorgeworfen…?"

Die jüdischen Familienfeiern reichen von Beschneidung bei Knaben (mit Namensgebung), Namensgebung bei Mädchen, Bat beziehungsweise Bar Mizwa, Verlobung, Eheschließung, Scheidung sowie letzten Endes Tod und Begräbnis. Es kann nicht die Aufgabe dieses Buches sein, diese Zeremonien im Detail zu beschreiben. Ich möchte daher nur die Aufgaben des Rabbiners und einige Besonderheiten bei diesen Familienereignissen schildern. Als Rabbiner sollte man eigentlich nicht verraten, dass viele dieser Ereignisse auch ohne Rabbiner stattfinden könnten.

Bei der Beschneidung zum Beispiel braucht man vor allem einen Mohel (Beschneider), der mit dem Gesetz und der Technik des Beschneidens vertraut ist, das heißt jemanden, der sowohl über religiöse als auch über medizinische Kenntnisse verfügt. Bei einer Bar Mizwa ist es wichtig, dass der Knabe von einem guten Lehrer vorbereitet wird, und einen Torahabschnitt lernte, den er anlässlich der Bar Mizwa vorträgt.

Selbst bei der Hochzeit könnte man im Notfall auf die Teilnahme eines Rabbiners verzichten, wenn zwei Zeugen anwesend sind und weitere Voraussetzungen gegeben sind.

Trotzdem ist es fester Brauch, einen Rabbiner diese Familien-feiern abhalten zu lassen. Bei der Hochzeit hat der Rabbiner die Aufsicht darüber, dass alles den jüdischen Gesetzen gemäß abläuft. Bei der Beschneidung und bei Geburten von Mäd-chen beehrt man den Rabbiner meistens mit der Namensge-bung und dann hält er auch eine Predigt oder Ansprache.

Bis zum Mittelalter wurden Ehen sehr früh geschlossen. So-wohl Bar Mizwa Jungen als auch Bräutigame haben das Recht darauf, im G'ttesdienst zu einer besonders ehrenden Stelle in der wöchentlichen Torahlesung aufgerufen zu werden. Ein-mal geschah es, dass ein Rabbiner gefragt wurde: „Was macht man, wenn am selben Schabbat sowohl eine Bar Mizwa als auch ein Bräutigam geehrt werden? Wer hätte dann den Vor-rang?" Der Rabbiner antwortete: „Immer der ältere…"

Zu den Aufgaben des Rabbiners gehört es auch, bei Be-gräbnissen anwesend zu sein, wobei aber auch eine ganze An-zahl anderer Mitarbeiter der Gemeinde mit diesem Bereich befasst sind. Sie sorgen für die Abholung der Leiche, die ritu-elle Waschung und die Vorbereitung zum Begräbnis. Dieses wird von der Friedhofsverwaltung und die Chewra Kadischa organisiert. Beim Begräbnis kann auch ein Kantor anwesend sein, der die Gebete spricht, sodass dem Rabbiner „nur" die Aufgabe bleibt, den Nachruf auf den Verstorbenen oder auf die Verstorbene zu halten. Dies wird dann besonders knifflig, wenn der Rabbiner, den Verstorbenen oder die Verstorbene gar nicht gekannt hat.

Besonders in diesem Fall, aber auch bei Peronen, die ich ge-kannt habe, spreche ich vorher mit den Hinterbliebenen, um ein wenig über das Leben und Wirken des oder der Verstor-benen zu erfahren, was dann in dem Nachruf mit Bibelstellen und anderen homiletischen Erklärungen ergänzt wird.

Das jüdische Gesetz sieht vor, dass es bei Toten keinen Unterschied geben darf. Alle, Männer und Frauen, werden in weißen Totengewändern aus Leinen begraben und auch bei den Särgen gibt es keine Vor- oder Nachteile. Diese ergeben sich nur dadurch, dass die Hinterbliebenen mehr oder weniger Geld für Grabsteine ausgeben können oder wollen.

Aber vonseiten der Gemeinde bleiben Sarg, die Vorbereitung der Toten und das Totengewand immer das gleiche.

Was den Nachruf des Rabbiners betrifft, halte ich mich immer an die Vorgaben der Familie, die manchmal keinen Nachruf wünscht, manchmal aber auch einen ganz ausführlichen. Das jüdische Ritualgesetz sagt, dass man einen Menschen auch bei einem Nachruf nicht mehr loben soll, als er es verdient. Denn – so die religiöse Vorstellung – man hört im Himmel den Nachruf des Rabbiners und wundert sich dann vielleicht, wenn in der „Bilanz im Himmel", wo über den Verstorbenen Buch geführt wird, viel weniger gute Taten ersichtlich sind als im Nachruf.

Andererseits heißt es im Schulchan Aruch (das im 16. Jahrhundert von Josef Karo kodifizierte jüdische Gesetzbuch), dass man einen Toten doch ein wenig mehr loben darf, als er es verdient. Um den Widerspruch dieser beiden Aussagen aufzuheben, könnte man sagen, dass es in der Tendenz der Menschen liegt, andere nicht immer ganz fair zu beurteilen und ihre Verdienste zu schmälern. Wenn man dann den Verstorbenen beim Begräbnis ein wenig mehr lobt, als er es in unseren Augen verdient, dann hat man ihn wahrscheinlich richtig beschrieben.

Im Zusammenhang mit den Wanderungen der Juden durch die Zeiten, die Jahrhunderte und die Geschichte steht ein Begräbnisbrauch, der schon von unserem Stammvater Jakob initiiert wurde. Er verlangte nämlich, nicht in Ägypten begraben, sondern zurück ins Heilige Land geführt zu werden, wo er wie seine Eltern und Großeltern in einer Grabstätte in Hebron bestattet wurde. So wünschen sich viele Juden auch heute, nach ihrem Tod in Israel begraben zu werden.

Es ist bei Juden nicht üblich, die Gräber mit Blumen oder Pflanzen zu schmücken. Allerdings ist es Brauch, Steine auf die Gräber zu legen. Die Begründung hierfür könnte sein, dass Juden bei ihren Wanderungen, wenn jemand verstarb, keine Grabsteine setzen konnten, sondern dass sie Steine über das Grab aufhäuften. Wenn dann jemand dieses Grab besuchte und die Steine wegen der Schwerkraft schon verrutscht waren, stellte man sie wieder auf einen Haufen. Ein anderer Grund ist, dass ein Stein symbolisiert, dass jemand zu Besuch gekommen war. Blumen verwelken und werden nach kurzer Zeit weggeworfen. Steine aber bleiben am Ort.

Es ist weiters üblich, dass Trauernde sieben Tage nach dem Begräbnis zu Hause oder im Haus des Verstorbenen bleiben, dass dort G'ttesdienste für den Verstorbenen abgehalten werden und die Hinterbliebenen von Bekannten und Freunden besucht und getröstet werden. So setzt sich die Zeremonie vom Friedhof im Haus fort und das Mitleid erzeugt viel Trost.

Im jüdischen Jahr wird an vier Feiertagen in der Synagoge der Toten gedacht. Es sind dies: Jom Kippur, an den letzten Tagen des Pessachfestes, des Schawuotfestes und des Sukkotfestes. Es ist überraschend – oder auch nicht –, dass gerade zu diesen G'ttesdiensten sehr viele Juden in die Synagoge kommen, die sonst nicht so fleißige „Tempelgeher" sind. Bei Gesprächen mit diesen Besuchern bin ich daraufgekommen, dass es oft nicht religiöse Gefühle sind, die diese Menschen in die Synagoge führen, sondern dass der Grund vielmehr das pietätvolle Gedenken an die verstorbenen Eltern oder andere Verwandte ist. Insbesondere nach der Shoah, in der viele Juden einen Großteil ihrer Verwandten verloren haben, die nicht nur auf grausame Weise ermordet wurden und auch oft über kein Grab verfügen, ist dieser Jiskor genannte G'ttesdienst eine Möglichkeit, sich in Gedenken mit den verstorbenen Vorfahren und Familienmitgliedern zu vereinen.

Eigentlich sollte ich als Rabbiner erfreut darüber sein, wenn viele Juden die Synagoge besuchen. Allerdings haben die Besucher, die nur zu den Trauerg'ttesdiensten kommen, den Eindruck, dass das Judentum eine traurige Religion ist, was keineswegs der Fall ist.

Es gibt auch viele frohe Feste. So folgt auf das Sukkotfest das berühmte Simcha Torah Fest (Torahfreudenfest), bei dem die Juden freudige Umzüge mit der Torah abhalten.

Zu den Festen der Juden ist an dieser Stelle eine Anmerkung zu machen, die auch mit den Wanderungen zu tun hatte. Der jüdische Monat richtet sich nach dem Mond, das heißt der Monat beginnt mit dem Neumond. Ein Mondmonat ist etwa 29 1/2 Tage lang. Ursprünglich gab es keinen fixen Kalender, sondern der Neumond wurde vom großen Gerichtshof in Jerusalem ausgerufen, wenn zwei Zeugen berichteten, dass sie eine kleine Sichel des neuen Monats gesehen haben. Jene Juden allerdings, die in weiter Ferne wohnten (es gab noch kein Telefon, kein Fax, kein E-Mail und kein Internet) wussten nicht, ob der Neumond am 30. Tag des Vormonats gesehen wurde oder erst einen Tag später und so wurde eingeführt, dass die Feiertage bis heute in der Diaspora einen Tag länger gefeiert werden als in Israel.

Who is a Jew?

Bevor man über die Konversion von Nichtjuden zum jüdischen Glauben sprechen kann, muss erklärt werden, dass es den Begriff des Halbjuden im jüdischen Gesetz nicht gibt. Als Jude gilt, wer das Kind einer jüdischen Mutter ist, auch wenn zum Beispiel der Vater kein Jude ist. Umgekehrt ist das Kind einer Ehe, in der nur der Vater Jude ist, kein jüdisches Kind. Daher gibt es nach unserem Verständnis keine Halbjuden.

Wenn man fragt, warum geht dies nach der Mutter und nicht nach dem Vater, so argumentieren manche, dass die Mutter immer sicher zu bestimmen ist, andere sagen, dass es die Mutter ist, die mehr Zeit mit dem heranwachsenden Kind verbringt und daher das Kind stärker prägen kann. Wie dem auch sei, gilt diese Regelung seit Tausenden Jahren und wird auch allgemein anerkannt.

Das Judentum betreibt keine Mission, ermöglicht es aber, dass Menschen zum Judentum konvertieren. Die wichtigste Voraussetzung für die Möglichkeit einer Konversion ist, dass der Kandidat zu der Überzeugung kommt, dass das Judentum die richtige Religion ist. Zum Judentum überzutreten bedeutet, dass man sich mit den Bräuchen, den Geboten und der Geschichte des Judentums sehr intensiv auseinandersetzen und darüber auch eine Prüfung ablegen muss. Es geht aber nicht nur um Wissen, sondern anlässlich des Übertrittes muss der Konvertit deklarieren, dass er die Gesetze auch einhalten wird. Dies alles wird vor einem aus drei Rabbinern bestehenden Beth Din (Rabbinatsgericht) bestätigt. Bei Männern ist es zusätzlich noch notwendig, dass sie sich beschneiden lassen. Sowohl Männer als auch Frauen gehen dann in eine Mikwe (Tauchbad). Der Prozess des Übertritts kann oft jahrelang dauern, und nach seinem erfolgreichen Abschluss ist man ein gleichberechtigtes Mitglied der jüdischen Gemeinschaft.

Ein Problem ist es, wenn ein Kandidat einen jüdischen Partner hat. Denn dann ist wahrscheinlich der Grund, zum Judentum überzutreten, die Liebe zu einem Juden/einer Jüdin und nicht die zum Judentum.

Aus meiner Erfahrung gibt es drei Beweggründe von Menschen, die zum Judentum konvertieren wollen und die verschiedene Vor- und Nachteile haben.

Die erste Gruppe sind Menschen, die, wie erwähnt, einen jüdischen Partner liebgewonnen haben, mit ihm die gleiche Religion ausüben und ihre Kinder in dieser Religion aufziehen wollen. Wenn man statistisch gemischte Paare betrachtet, dann ist die Bereitschaft des nichtjüdischen Partners, zum Judentum zu konvertieren, viel häufiger als die Bereitschaft des jüdischen Partners, eine andere Religion anzunehmen. Dies mag aus der historischen Tatsache resultieren, dass Juden im Mittelalter oft gezwungen wurden, ihren Glauben zu verleugnen und manche sogar den Märtyrertod (Kiddusch Haschem) der Zwangstaufe vorzogen, wie etwas 1420/21 in Wien.

Wie erwähnt ist ein jüdischer Partner für die Rabbiner kein ausreichendes Motiv. Die Rabbiner haben sich dann aber doch darauf geeinigt, dass die Tatsache, dass der erste Anstoß, zum Judentum zu konvertieren, durch einen Partner gegeben wurde, den Kandidaten nicht vom Übertritt disqualifiziert. Wenn er nämlich bereit ist, zu lernen und die ihm auferlegten Pflichten einzuhalten, wird er trotz der ursprünglichen Motivation nicht abgelehnt.

Es gibt da manchmal interessante Entwicklungen. Es wird verlangt, dass der jüdische Partner, wenn sich der nichtjüdische auf den Übertritt vorbereitet, mit ihm gemeinsam zum Studium kommt. Denn oft wissen die jüdischen Partner selbst sehr wenig über das Judentum und sind nicht religiös. Wenn wir wollen, dass der neue Konvertit ein Haus führt, in dem das religiöse Judentum gelebt wird, dann ist es wichtig, dass auch der jüdische Partner mitmacht. So ist es nicht selten der Fall, dass durch den Übertritt eines nichtjüdischen Partners der jüdisch geborene Teil sogar religiöser wird als er es früher war.

Die zweite Gruppe der Konvertiten sind Kinder aus Ehen, in denen nur der Vater Jude ist oder bei denen eine frühere jüdische Abstammung vorliegt, die nicht von der Mutter herrührt. Das Kind ist zwar nichtjüdisch, aber es wächst in einem Haus auf, in dem der Vater Jude ist und in dem oft die wichtigeren Festtage gefeiert werden. So lebt da ein junger Mensch, der hin und hergerissen ist zwischen der Tatsache, dass er nach dem jüdischen Gesetz zwar kein Jude ist, und der Realität, dass er durch den Vater eine Nähe zum und eine Identifikation mit dem Judentum hat. Solche Menschen sind die zweite Gruppe, die zum Judentum tendieren, weil ihnen aufgrund der familiären Vorgaben das Judentum etwas bedeutet.

Die Motive der dritten Gruppe sind komplexer und zunächst schwer nachzuvollziehen. Das sind Menschen, die weder jüdische Partner haben noch jüdischer Abstammung sind, die aber aufgrund ihres Lebens beschlossen haben, dass sie die jüdische Religion annehmen wollen. Bei diesen Menschen ist oft die Motivation die reinste, weil kein äußerer oder familiärer Grund für ihren Wunsch vorhanden ist. Trotzdem müssen auch diese Personen in das Judentum eingeführt und geprüft werden. Wir haben solche Menschen in unserer Gemeinde, sogar in leitenden Funktionen, und bei ihnen ist sehr oft ein intensives und lebendiges Judentum das Ergebnis.

Es kommt auch vor, dass ganze Familien zum Judentum konvertieren, weil ein Ehepaar gemeinsam diesen Weg beschreiten und dann natürlich auch ihre Kinder mitnehmen möchte.

Weiters gibt es in dieser Gruppe auch oft Menschen, die gläubige Christen waren und aufgrund von theologischen Überlegungen das Christentum verlassen haben. Manchmal haben sie als reine Monotheisten Probleme mit der Trinität und für sie ist die erste logische Alternative oft das Judentum. Allerdings genügt es nicht, ein frustrierter Christ zu sein, um zu konvertieren, sondern man muss vom Judentum überzeugt sein.

Wenn der Übertritt vollzogen ist, dann ist der Konvertit ein gleichberechtigtes Mitglied der jüdischen Gemeinde. Er darf weder Nachteile erleiden und nicht einmal verbal daran erinnert werden, dass er nicht als Jude geboren wurde.

Der Talmud schreibt vor, dass ein Konvertit deklarieren muss, dass er alle Gebote einhalten wird. Die Strenge des Rabbinatsgerichts in Bezug auf das Einhalten der Gebote ist nicht überall gleich. Manche Rabbinatsgerichte überwachen dies ganz strikt, andere meinen, dass man den Kandidaten ein wenig Vertrauensvorschuss gewähren kann.

Dafür gab es in Wien ein Beispiel, das internationales Aufsehen erregt hat. In den 70er Jahren öffneten sich die Tore für die Juden aus der Sowjetunion und es wurde ihnen die Ausreise erlaubt. Allerdings hatte die Sowjetunion mit Israel keine diplomatischen Beziehungen und so war es nicht möglich, dass die Juden aus Moskau direkt nach Tel Aviv fliegen konnten, sondern sie mussten vorher durch ein anderes Land reisen. Die Sowjetunion hat sie zwar ausreisen lassen, aber sie mussten ihre Staatsbürgerschaft zurücklegen, es war de facto eine Ausreiseerlaubnis in Schimpf und Schande.

Hier hat sich Österreich dadurch Verdienste erworben, dass es der Jewish Agency (der israelischen Einwanderungsbehörde) ermöglichte, in der Nähe von Wien in einem alten Schloss in Schönau für diese Menschen ein Auffanglager zu errichten, wo sie ankamen, erfasst und interviewt wurden und von wo sie nach einigen Tagen nach Israel weiterreisen konnten. Auf diese Weise sind hunderttausend Juden aus der früheren Sowjetunion nach Israel gekommen und einige von ihnen waren auch die ersten Rückkehrer, die den Grundstock der bucharischen und georgischen jüdischen Gemeinde in Wien bildeten.

Nun gab es damals in Israel ein Gesetz, das inzwischen etwas geändert wurde, das so genannte Rückkehrergesetz. In jedem Land können Menschen, die sich einbürgern lassen wollen, erst nach langer Zeit die Staatsbürgerschaft erlangen. Das Rückkehrergesetz basiert auf der Grundintention des Zionismus, dass Israel ein Zufluchtsort für alle Juden sein soll, die anderswo nicht mehr leben wollen oder können. Daher war und ist es für Juden möglich, nach Israel zu kommen, die Staatsbürgerschaft sofort zu beantragen und auch in kürzester Zeit zu bekommen. Nun stellte sich aber heraus, dass viele sowjetische Juden nach so vielen Jahren kommunistischer Herrschaft mit nichtjüdischen Partnern verheiratet waren, und wenn ihre Frauen nichtjüdisch waren, dann waren auch die Kinder keine Juden. Nach dem damaligen

Gesetz hätten diese Familien Probleme bekommen, in Israel einzuwandern, oder hätten zumindest nicht sofort die Staatsbürgerschaft erlangen können.

Nun wurde die Idee geboren, diesen nichtjüdischen Familienmitgliedern zu ermöglichen, zum Judentum zu konvertieren, und dies musste geschehen, bevor sie in Israel ankamen. Daher wurde mit dem Einverständnis des Rabbinats in Israel in Wien ein Rabbinatsgericht eingerichtet. Die Menschen blieben einige Monate hier, lernten die Grundbegriffe des Judentums und konvertierten danach. Es gab dann gegen diese Übertritte Proteste von extrem orthodoxen Gruppen, die vermuteten, dass diese Konversionen möglicherweise nicht immer mit dem geforderten tiefen Glauben verbunden gewesen waren. Mein Vater hat damals klargestellt, dass israelische Behörden sogar Rabbiner nach Wien geschickt hätten, um ein Rabbinatsgericht zu bilden.

Er gab damals in einem Rundfunkinterview in Israel eine sehr plausible Erklärung für das Vertrauen, das man den sowjetischen Juden entgegenbrachte: Bei den in Wien Konvertierten handelte es sich immerhin um Menschen, die bereit waren, ihre Heimat zu verlassen, um mit ihrer jüdischen Familie in eine neue Heimat zu gehen. Es war so wie im Buche Ruth in der Bibel: Das Buch Ruth schildert, dass eine Familie aus Israel wegen einer Hungersnot in das Land Moab gezogen war, wo die beiden Söhne moabitische Frauen geheiratet haben. Eine dieser Frauen hieß Ruth. Als nun der Vater und die beiden Söhne starben, blieb die Witwe Naomi mit ihren beiden Schwiegertöchtern zurück. Sie wollte zurück ins heilige Land, wollte aber Ruth und die zweite Schwiegertochter Orpa zurück zu ihrer moabitischen Familie zurückschicken. Während die eine Schwiegertochter

151

tatsächlich in Moab blieb sagte Ruth ganz dramatisch zu ihrer Schwiegermutter: „Schick mich nicht weg, dort, wo Du hinziehst, will ich hinziehen, dort, wo Du Dich niederlassen willst, werde ich mich niederlassen. Dein Volk ist mein Volk und Dein G'tt ist mein G'tt".

Diese Deklaration der Ruth wurde dann später von den Rabbinern im Talmud als die Bedingung dargestellt, die Menschen erfüllen müssen, wenn sie das Judentum annehmen wollen, nämlich konkret, dass sie bereit sind, das Schicksal des jüdischen Volkes zu teilen.

So sind diese nichtjüdischen Ehegatten ihren jüdischen Partnern nach Israel gefolgt, genauso wie die Ruth ihrer Schwiegermutter Naomi, und haben ihr Schicksal mit dem des jüdischen Partners verbunden. So haben sie verdient, dass sie ins Judentum aufgenommen würden.

Über Kantoren

Dass Rabbiner ungeheim wichtig sind, ist inzwischen hoffentlich klar geworden. Dennoch muss ein jüdischer G'ttesdienst nicht von einem Rabbiner geleitet werden, dies geschieht meist durch einen Vorbeter. Ein Vorbeter und ein Kantor sind nicht ganz das Gleiche, und das wollen wir hier ein wenig erklären. Ein Gemeindeg'ttesdienst im Judentum kann dann stattfinden, wenn zehn erwachsene Männer – das sind Männer über dreizehn Jahre – anwesend sind. (Dies nennt man ein Minjan). In erster Linie geschieht dies in Synagogen. Aber sollten bei einem Ausflug oder bei anderen Gelegenheiten, zum Beispiel auf Flughäfen, Schipisten oder sogar im Flugzeug, zehn Männer zusammen sein, und es bricht gerade die Zeit des Nachmittagsgebets an, so kann man manchmal zehn Juden sehen, die gemeinsam einen G'ttesdienst abhalten. Weiter zu erklären ist in diesem Zusammenhang aber noch, dass natürlich auch ein Jude beten kann. Wenn es sich allerdings um einen gemeinschaftlichen G'ttesdienst handelt, dann sind eben zehn Männer notwendig. Dabei gibt es einen Vorbeter; manche Teile des Gebets werden von allen gesprochen, andere vom Vorbeter und manche als Responsen, das heißt, die Gemeinde antwortet dem Vorbeter. Welche Qualifikation muss ein Vorbeter haben? Ein Vorbeter muss natürlich die Gebete kennen und verstehen und auch die passende Melodie, denn bei den Juden wird kaum ein Gebet nur gesprochen, es wird fast immer gesungen.

Das übliche Singen beim Beten an einem Wochentag ist kein dramatischer kantoraler Auftritt wie an Festtagen, wie auch eine Messe bei den Christen an normalen Sonntagen nicht unbedingt einer Schubertmesse ähnlich ist. Allerdings muss der Vorbeter nicht nur die Texte kennen, sondern auch eine spezielle Melodie, die man Nussach nennt. Nussach ist manchmal nur ein Singsang – auf englisch heißt das „mode" – eine Tradition, in der die Gebete rezitiert werden. Es gibt einen unterschiedlichen Nussach für den Wochentag, für den Schabbat, für die drei Wallfahrtsfeste Pessach, Schawuot und Sukkot und für die hohen Feiertage, Rosch Haschana (das jüdische Neujahr) und Jom Kippur (der Versöhnungstag). Eigentlich genügt auch zu Rosch Haschana und Jom Kippur ein Vorbeter. Er muss keine stimmliche Ausbildung haben wie ein Kantor. Aber jeder Vorbeter, Profi oder Amateur, muss den Nussach kennen. Zusätzlich ist es natürlich von Vorteil, wenn er musikalisch ist, wenn er eine halbwegs akzeptable Stimme hat, und so verrichten auch heute noch in vielen G'tteshäusern in Wien, in denen keine bezahlten Kantoren angestellt sind, einfache Mitglieder diese G'ttesdienste. Man wählt dann aber als Vorbeter für den Schabbat und die Feiertage doch diejenigen, die etwas schöner singen können.

Weiters ist es üblich, dass manche Synagogen, die im Laufe des Jahres keinen Kantor beschäftigen, gerade für die hohen Feiertage speziell einen Kantor aufnehmen, weil an diesen G'ttesdiensten mehr Menschen teilnehmen, diese länger dauern und ihnen doch ein etwas anspruchsvolleres Programm des Betens, der Texte und der Melodien geboten werden soll.

Ich selbst habe schon seit meiner Bar Mizwa G'ttesdienste, zum Beispiel in der Jugendbewegung Bnei Akiva, geleitet. Später erlernte ich dann durch das häufige Anhören der kantoralen Schallplattensammlung meines Vaters auch einige Stücke Chasanut (kantorale Gustostückerln). Eigentlich hielt ich mich schon für einen ganz guten Vorbeter.

Nachdem ich dann in der Jeschiwa in Jerusalem öfter zum Vorbeten eingeladen worden war, wurde ich in dieser Meinung noch mehr bestärkt. Eines Tages hörte ich aber einen meiner Kollegen vorbeten und, obwohl dieser ähnlich wie ich nur ein Amateurkantor war, fand ich seinen Vortrag viel beeindruckender als meinen – so weh mir diese Feststellung auch tat. Als ich ihn fragte, ob er eine Kantorenausbildung habe, sagte er mir: Da gibt es einen alten Kantor, der ursprünglich aus Wien kommt und der ein anerkannter Spezialist auf dem Gebiet des Nussach, des Vorbetens, ist. Er erteilt einem auserlesene Kreis von Schülern Privatstunden und ist sehr zu empfehlen. Diese Stunden fanden in einer kleinen Synagoge von Jerusalem statt, und so meldete ich mich an und kam zu Kantor Salman Pollak.

Als ich das erste Mal mit ihm sprach, war ich gleichzeitig erschüttert und belustigt. Kantor Pollak hatte nämlich zumindest 80 Prozent seiner Stimme verloren, konnte kaum mehr verständlich reden, geschweige denn singen. Er ließ mich etwas vorsingen. Ohne Stimme erklärte er mir, was ich alles falsch mache und krächzte – anders kann man sein Singen nicht bezeichnen – eine Passage. Sofort sah ich, dass er sicher ein ganz ausgezeichneter Kantor gewesen sein muss und trotz seines Handikaps der richtige Lehrer für mich sein würde. Ich kaufte auch seine Kassetten, die er einige Jahre vorher, als noch ein bisschen von seiner Stimme übrig war, aufgenommen hatte, und verbrachte etwa ein Jahr des Unterrichts bei ihm. Die Stunde begann damit, das er mir einen heißen, viel zu süßen Tee gab, der meine Stimme ölen sollte. Auch er trank einen solchen Tee, aber auf seine Stimme machte er keine Wirkung mehr. Später nahm er noch einmal mit einem seiner Lieblingsschüler eine Serie von Kassetten mit dem Nussach von den Wochentagen und allen Feiertagen auf, die er dann statt seiner eigenen für den Unterricht verwendete. Angesprochen auf meine Frage, woher er den Nussach so gut kannte, antwortete er geheimnisvoll: „Diese Melodien stammen noch vom Berge Sinai…"

Wie unterscheidet sich also ein Kantor von einem Vorbeter? Man kann sagen, nicht jeder Vorbeter ist ein Kantor, aber jeder Kantor muss auch ein Vorbeter sein. Es wäre falsch zu glauben, dass jemand Kantor sein kann, nur weil er eine schöne Stimme hat. Er muss vielmehr die Basis des Nussach, das heißt alle Basismelodien, kennen. Er kann diese entweder in Kantorenschulen, die es in Amerika oder in Israel gibt, studieren, oder er kann bei einem anderen Kantor lernen. Ein Kantor hat oft ein angeborenes Talent, aber er muss trotzdem viel dazulernen. Wenn er nur eine schöne Stimme hat, dann wäre es vielleicht ratsam, dass er im Synagogenchor mitsingt, aber nicht vorbetet. Der Kantor ist also zunächst ein Vorbeter, hat aber dann an manchen Stellen des G'ttesdienstes die Möglichkeit, neben dem normalen Nussach so genannte Chasanut vorzutragen. Aber auch hier sollte der Kantor, selbst wenn er sehr gut ist, nicht vergessen, dass er vorbetet, dass er für die Gemeinde beim Ewigen betet und dass er kein Opernstar ist. Daher ist es in traditionellen Synagogen auch so, dass die Kantoren nicht mit dem Gesicht zur Gemeinde beten, sondern mit dem Gesicht Richtung Jerusalem, wie die Gemeinde, weil er auch für sie zum Ewigen betet.

Wenn eine Synagoge darauf Wert legt und dafür ein Budget hat, dann stellt sie einen vollberuflichen Kantor an, wie es im Stadttempel der Fall ist. Wir haben zwar nicht so viel Geld, versuchen aber, diese von Salomon Sulzer begonnene Tradition weiter zu bewahren.

Beim Vorbeten und in den Schabbatliedern, in den chassidischen Liedern und in den Liedern der sefardischen Juden hatte auch immer die Kultur der Umgebung einen Einfluss. Oft ähneln Gebete von Juden, die aus arabischen Ländern stammen, anderer arabischer Musik. In Osteuropa hört man ein wenig den osteuropäischen Flair, und in Westeuropa wurde der westeuropäische Stil zwar nicht inkorporiert, das hätte zu weit geführt, aber es kam doch zu einer Annäherung. Nun stellt sich heraus, dass das kantorale Gebet gerade in Mitteleuropa eigentlich sehr stark von Osteuropa beeinflusst worden ist. Das jüdische Gebet, welches sehr inbrünstig ist, wurde besonders gut von Kantoren aus Osteuropa, aus Polen, Russland oder aus Ungarn interpretiert.

Schon in früheren Zeiten geschah es, dass Kantoren wie zum Beispiel Moshe Kussewitzki oder Jossele Rosenblatt zu Stars wurden, zum Teil auch durch die Erfindung der Schallplatte. Dadurch stiegen auch ihre Gehälter und die Synagogen in Osteuropa konnten sich diese Kantoren zum Teil nicht mehr leisten. So gingen sie in Richtung Westen. Budapest und Wien lagen auf ihrem Weg, aber schon in den dreißiger Jahren gingen sie zum Teil weiter nach England und nach Amerika. Dort traten die wirklich großen Kantoren, die wunderbare Stimmen hatten und die Gebete herrlich interpretierten, nicht nur in G'tteshäusern auf, sondern begannen auch Konzerte zu geben. Dieses Konzertsingen von Kantoren ist sicherlich eine Errungenschaft des 20. Jahrhunderts, das gab es früher nicht. Bei den Konzerten werden natürlich nur besondere Gustostückerln vorgetragen, und dabei haben sich eine Art Liebhabertum und richtige Fangemeinden entwickelt.

Mein seliger Großvater, der Vater meiner Mutter – Markus Kalisch – hat mir erzählt, dass es zur Zeit, als die Schallplatte am Beginn des 20. Jahrhunderts erfunden wurde, Kantoren gab, die nicht bereit waren, auf Schallplatten oder Konzerten zu singen. Einer sagte: „Wenn mich jemand hören will, dann muss er schon in die Synagoge kommen!"

Trotzdem war dann später die Versuchung groß, Plattenaufnahmen zu machen, und die Kantoren haben in den zwanziger, dreißiger, vierziger und fünfziger Jahren wunderbare Aufnahmen gemacht, die noch heute gespielt, gehört und nachgeahmt werden. Gerade unter den sehr großen Kantoren gab es einige, die nicht mehr ganz so fromm waren wie in ihrer Jugend, weil Geld und Ruhm den Menschen ein wenig verderben. Dennoch wurden auch diese Kantoren als Vorbeter in vielen Synagogen angenommen. Über einen dieser Kantoren hieß es, dass er das ganze Jahre nicht sehr fromm war, aber wenn er zu Rosch Haschana und Jom Kippur gebetet hat, dann kehrte er zurück und war wieder der alte fromme Junge aus dem Stetl.

Salomon Sulzer, der aus Hohenems in Vorarlberg stammt, wurde nach Gründung des Wiener Stadttempels der erste Oberkantor dieses Tempels. Sulzer ließ sich von den traditionellen religiösen Melodien und kantoralen Grundlagen beeinflussen, hat sie aber verwestlicht, verfeinert und hat vor allem ein Werk für die chorale Begleitung, „Shir Zion" geschrieben, bei dem Kantor und Chor miteinander arbeiten. In Osteuropa war das bis zu Sulzer nicht üblich. Manchmal sang der Kantor zwar mit jemandem gemeinsam ein Duett, aber mit der Einführung der harmonischen Zusammenarbeit zwischen Chor und Kantor war Sulzer bahnbrechend. Er hat damit auch die weitere kantorale Entwicklung beeinflusst. Sulzers Kompositionen wurden im Lauf der Zeit von aschkenasischen Synagogen auf der ganzen Welt angenommen.

Der Wiener Stadttempel war also jene Synagoge, in der Sulzer der erste Kantor war und spielte damit in der Geschichte des Kantoralgesangs eine besondere Rolle. Sulzer war auch eng befreundet mit Franz Schubert, der manchmal in die Synagoge kam, um Sulzer zu hören. Schubert hat für ihn auch einen Psalm vertont. Man sieht also, dass es gerade in Wien nicht bei den ursprünglich osteuropäischen, jüdischen Melodien geblieben ist, sondern dass hier ein wenig auch der Einfluss der Musik von außen eingedrungen ist.

Nach der Shoah gab es in Wien einen Kantor namens David Harmelin. Er war aus Osteuropa, hat aber schon vor dem Krieg in Wien gelebt und war meistens der „zweite Kantor". Was ist der zweite Kantor? Der G'ttesdienst dauert am Schabbatvormittag über zwei Stunden, an den Feiertagen noch länger, und so werden verschiedene Teile des G'ttesdienstes aufgeteilt. Der zweite Kantor bekommt dann die weniger dramatischen Stellen, die Einleitung oder das Torahlesen, das in einem Singsang vor sich geht, das zu lang und anstrengend für den ersten Kantor ist, der Hauptgebete sprechen muss. Harmelin war also der zweite Kantor. Er war ein frommer Mann, er kannte den Nussach gut. Er war schon in Pension und weit über achtzig. Mein Vater war damals der Oberrabbiner und Harmelin sagte zu ihm, dass er nach Israel fahren werde, denn ein frommer Jude sollte in Israel sterben und begraben werden. Mein Vater wünschte ihm eine gute Reise und selbstverständlich auch, dass er wieder gesund zurückkommen möge. Harmelin fuhr damals noch mit dem Schiff nach Israel und ist zwei Tage später – wie er es wollte – gestorben.

Kantoren sind nämlich oft eigentümliche Menschen. Im Volksmunde gibt es den Begriff: Chasonim senen Narronim

(Kantoren sind Narren). Ein kluger Kantor sagte einmal, das stimmt überhaupt nicht, denn Kantoren beten nicht nur schön vor, sondern sie lieben es, vorzubeten, und die Gemeindemitglieder sind die Narren. Denn in Wirklichkeit sollte der Kantor dafür zahlen, dass man ihn vorbeten lässt, so viel Glück empfindet er dabei. Doch die Gemeinde macht es umgekehrt, und zahlt ihm dafür, dass er vorbetet. Einer der Kantoren in Wien war nicht nur ein Künstler auf musikalischem Gebiet, sondern auch ein Maler. Über ihn sagten die Maler, er sei der beste Kantor unter den Malern, und die Kantoren sagten, er sei der beste Maler unter den Kantoren. Daraus ersieht man auch, dass Kantoren – wie alle anderen Künstler – oft eifersüchtig sind und sich gerne überschätzen, während sie die anderen unterschätzen. Allerdings, solange ein Kantor in einer Synagoge betet, spielt das kaum eine Rolle.

Nicht nur Kantoren stehen in einem Konkurrenzverhältnis, sondern manchmal auch Kantor und Rabbiner. Oft glaubt der Rabbiner, dass der Kantor zu lange betet und der Kantor, dass der Rabbiner zu lange predigt.

Der Kantor ist ein Tenor oder ein hoher Bariton, aber manchmal versuchen Kantoren auch, Töne zu erreichen, die für sie zu hoch sind. Der Kantor sollte dann einen Ton tiefer beginnen und sich die spätere Plage ersparen, aber es ist ein spezielles kantorales Hobby, besonders hoch zu singen.

Eine besonders tragische Geschichte hatte Kantor Alexander Goldreich, der aus Ungarn stammte und nach dem Krieg in Wien lebte. Er hatte einen großen wunderschönen Bassbariton, und das war für Kantoren doch eher eine Ausnahme. Kantor Goldreich hatte das schreckliche Schicksal, dass ihm während der Shoah im Arbeitslager beide Beine unter dem Knie abgefroren waren. Nun hatte er auf beiden

Beinen Prothesen, und daher war für ihn nicht das Singen das Problem, sondern das Stehen beim Gebet. Verschiedene Teile des G'ttesdienstes, besonders an den hohen Feiertagen, müssen stehend verrichtet werden. Es wurde für ihn auch die Ausnahme gemacht, dass er nicht an allen Stellen stehen musste, damit sein Gebet, das sehr inbrünstig gewesen war, auch von den Menschen gehört werden konnte.

Spätere Oberkantoren in Wien waren lange Zeit Elias Gutmann, der ein Kantor osteuropäischer Prägung war, eine schöne Stimme hatte, eine schöne Interpretation und bis ins hohe Alter bei uns Kantor gewesen ist.

Sein Nachfolger war Oberkantor Abraham Adler. Er stammte aus der gleichen Stadt wie Gutmann, aus Munkacs. Adler war Kantor in Australien, hat einmal Wien besucht und Gutmann hat ihm angeboten, was sonst nicht sehr oft geschieht, einen Schabbat an seiner Stelle vorzubeten.

Als Gutmann später in Pension ging, wurde Adler, der ungefähr zehn Jahre jünger war, nach Wien berufen. Adler hatte keine Kinder, aber seine Frau hatte eine Schwester in Wien, und so war es für ihn von Interesse, nach Wien zu ziehen, um hier gemeinsam mit seiner Familie zu leben. Obwohl er nicht mehr der jüngste war, blieb er noch viele Jahre Oberkantor. Zu seiner Zeit gab es im Stadttempel einen größeren Chor, und 1980 gab Abraham Adler die Schallplatte „Schabbat in der Wiener Synagoge" mit Chor und Kompositionen von Sulzer und mit eigenen Kompositionen heraus.

Seit dreizehn Jahren wirkt als Adlers Nachfolger Oberkantor Shmuel Barzilai aus Israel. Er kam mit seiner Frau nach Wien und hat vier Kinder. Barzilai hat unseren G'ttesdienst mit einigen israelischen Nuancen bereichert, hat aber gleichzeitig auch das, was er von klein auf in Jerusalem bei verschiedenen Kantoren gehört hat, in den G'ttesdienst inkorporiert. Gleichzeitig hat er aber auch einen Teil des Sulzer Ritus weitergepflegt. Während die anderen Kantoren meiner Zeit älter waren als ich, ist Barzilai jünger und wir sind gut befreundet.

Nun hört eine Gemeinde jeden Schabbat den Kantor; der oft auch improvisiert, aber der Nussach, die Grundmelodie des G'ttesdienstes, bleibt immer die gleiche. Deshalb ist es für Menschen, die kantorale Liebhaber sind, auch üblich, dass sie zu Hause Schallplatten oder CDs haben, um andere Kantoren zu hören. Noch interessanter aber wird es natürlich, wenn man ein Kantorenkonzert veranstaltet, worüber wir später noch berichten werden.

Lernen und Lehren

Zu den wichtigsten Aufgaben – nicht nur des Rabbiners, sondern jedes Juden – gehört es, Torah zu lernen. Der Fachausdruck für einen jüdischen Gelehrten ist Talmid Chacham. Dies bedeutet wörtlich ein weiser Schüler. Damit will das Judentum betonen, dass niemand, auch nicht ein Rabbiner, für sich beanspruchen kann, dass er schon alles gelernt habe. So kann sich die Tätigkeit des Rabbiners niemals nur auf das Lehren beschränken, sondern auch er muss selbst immer weiter lernen. Ein berühmter Lehrer im Talmud sagte einmal: Viel habe ich von meinen Lehrern gelernt, mehr von meinen Kollegen, aber am meisten von meinen Schülern.

Auch ein Oberrabbiner ist nur ein Rabbiner. Das heißt, dass er, wenn er auch sehr viele öffentliche Verpflichtungen hat, trotzdem Torah lernen und lehren muss.

An dieser Stelle muss erklärt werden, dass das Wort Torah in zwei Bedeutungen vorkommt. Es gibt die fünf Bücher der Torah, das sind die fünf Bücher Mose (Genesis, Exodus, Levitikus, Numeri und Deuteronomium). Diese sind im engsten Sinne des Wortes die Torah – der Pentateuch. Die zweite Bedeutung des Wortes Torah, hebräisch Chumasch, beinhaltet alle Werke des jüdisch religiösen Wissens, die Bibel und den Talmud und alle anderen jüdischen, historischen, halachischen (das jüdische Gesetz betreffende), moralischen und philosophischen Werke. Wenn jemand daher sagt, dass er regelmäßig Torah lernt, heißt das nicht, dass er nur den Pentateuch, sondern dass er eines dieser religiösen jüdischen Bücher studiert.

Nach jedem Morgeng'ttesdienst gibt der Rabbiner nur eine kurze Belehrung, denn die Menschen müssen danach zur Arbeit gehen. Diese Kurzinformation bezieht sich meist auf Gebete und Bräuche, die am selben oder in den nächsten Tagen aktuell sind.

Im Vortragssaal der Kultusgemeinde halte ich wöchentliche Vorträge zu verschiedenen jüdischen Themen. Um meinen Vorträgen einen etwas lockeren Namen zu geben, habe ich sie „Talk im Tempel" (in Anlehnung an eine damals bekannte Fernsehsendung „Talk im Turm") genannt. Eine andere Serie heißt in Anlehnung an das Worldwideweb (www): „WasWirWissenWollen". Möglichweise auch in Anlehnung an einen Film von Woody Allen: „Was Sie schon immer … wissen wollten und sich nicht zu fragen getrauten".

Ich halte allerdings auch Kurse für einen belesenen Kreis, die bei mir zu Hause stattfinden und für die hebräische Sprachkenntnisse eine Voraussetzung sind. Diese finden zwei Mal pro Woche statt.

Als Rabbiner unterrichte ich auch in vielen verschiedenen Institutionen. Im Jüdischen Institut für Erwachsenenbildung sehe ich immer wieder, wie sehr sich auch Nichtjuden für das Judentum interessieren.

Einige Semester lang habe ich auch an zwei Fakultäten der Wiener Universität Vorlesungen über verschiedene Aspekte des Judentums gehalten. An der evangelisch-theologischen Fakultät hielt ich zuerst im Wintersemester 1994/95 eine Vorlesung zum Thema „Das Judentum. Glaube und Praxis". Im Institut für Judaistik hielt ich später, nämlich im Wintersemester 1996/97 eine Vorlesung zum Thema „Das jüdische Gebet. Texte und Struktur".

Im Rabbinatsstudium in Israel wurden Bibel, Talmud und jüdisches Recht stärker betont als jüdische Geschichte, Kultur und interreligiöser Dialog. Deshalb besuchte ich nach meiner Rückkehr nach Wien auch einige Kurse am Institut für Judaistik der Wiener Universität. Besonders beeindruckt war ich von dem großen Engagement des Ordinarius und Gründers des Instituts Kurt Schubert, der sich weit über seine wissenschaftliche Tätigkeit hinaus für jüdische Angelegenheiten und für Israel engagierte und an zahlreichen jüdischen Veranstaltungen leitend teilnahm.

Dies war umso überraschender, als Professor Schubert ein streng gläubiger Katholik ist und sich gleichzeitig sehr bei christlichen Organisationen engagiert. Die Selbstverständlichkeit, mit der Professor Schubert diese beiden Aspekte gleichwertig und im jüdisch-christlichen Gespräch sogar synergetisch gelten ließ, war für mich beeindruckend.

Nicht nur Professor Schubert, sondern auch viele andere Professoren und Dozenten der Judaistik sind Nichtjuden, verfügen aber über ein erstaunliches jüdisches Wissen.

Dennoch ist es wichtig, dass auch jüdische Vortragende an diesem Institut lehrten und lehren, weil das gelebte Judentum authentisch von ihnen zu erfahren ist. Zunächst war es ab den sechziger Jahren Leon Slutzky, der hebräisch unterrichtete. Er stammt aus einem Stetl in der Nähe von Pinsk und hat dort noch ein Tarbuth (hebräisch: Kultur) Gymnasium besucht. Durch die Shoah verlor er seine gesamte Familie; er selbst überlebte bei den Partisanen. Slutzky leitete in den fünfziger Jahren die Hebräische Schule in Wien und veröffentlichte auch einige jiddische Gedichtbände.

Später war es Professor Jacob Allerhand, der ebenfalls aus Osteuropa, aus der Ukraine, stammt und der von Kurt Schubert aus Berlin nach Wien geholt wurde. Er unterrichtete vor allem osteuropäische Geschichte und jiddisch. Seit den achtziger Jahren unterrichten am Institut für Judaistik auch noch Klaus S. Davidowicz, und die orthodoxe Jüdin Tirza Lemberger. Allerhand und sein Nachfolger Davidowicz unterrichten zusätzlich am Chajesgymnasium. Allerhand veröffentlichte dafür auch ein dreibändiges Lehrbuch über die Geschichte des Judentums.

Kurt Schubert war ein Organisationstalent und hatte immer blitzgescheite Ideen. Als er in Eisenstadt in den siebziger Jahren ein jüdisches Museum initiierte, nannte er es nicht Jüdisches Museum Eisenstadt oder Jüdisches Museum des Burgenlands. Sondern er nannte es Österreichisches Jüdisches Museum, um ihm damit eine überregionale Bedeutung zu geben und Subventionen auch aus anderen Bundesländern zu bekommen. In dieses Museum inkorporierte Schubert auch die kleine „Wertheimsteinsynagoge", die er restaurieren ließ. Diese war die Privatsynagoge Samson Wertheimers in seinem Haus. 1979 wurde sie von meinem Vater neu eingeweiht. Die viel größere Hauptsynagoge von Eisenstadt wurde im Novemberpogrom innen zerstört. Danach wurde sie als Lagerraum benutzt und 1951 abgetragen.

Regelmäßige G'ttesdienste wurden auch nach der Wiedereinweihung der Wertheimersynagoge kaum mehr abgehalten, aber einige der verbleibenden Eisenstädter Juden, zum Beispiel Kommerzialrat Oskar Schiller, gingen oft allein in das G'tteshaus. Als das österreichische Fernsehen in den frühen achtziger Jahren zum ersten Mal eine öffentliche christlich-jüdische Begegnung in einer Synagoge filmen wollte, wurde dafür die Synagoge in Eisenstadt gewählt. Es kam damals zu einem nicht öffentlichen, aber filmisch dokumentierten und später gesendeten Gespräch zwischen einem katholischen Priester, einem evangelischen Geistlichen und mir. Die beiden Geistlichen kannte ich bereits aus dem ORF aus der ökumenischen Runde, aber zumindest für einen von ihnen war dies der erste Besuch in einer Synagoge.

Neben den regelmäßigen (meist wöchentlichen) Lehrstunden und Vorlesungen halte ich aber auch viele Vorträge. Es gibt einen Unterschied zwischen der regelmäßigen Lehrtätigkeit des Rabbiners und den Vorträgen. Die regelmäßige Lehrtätigkeit ist in Inhalt und Ausmaß für Menschen bestimmt, die entweder häufig in die Synagoge kommen, oder die regelmäßig Torah lernen wollen. Der Rabbiner sollte, wie bereits beschrieben, regelmäßig solche Torahvorträge (auch Shiurim, Lehrstunden genannt) halten, im kleineren Kreis, in größeren Kreisen, in der Synagoge oder bei sich zu Hause. Dazu kommen dann Vorträge über ein bestimmtes Thema, zu denen ich von verschiedenen Organisationen eingeladen werde. Diese Vorträgen halte und hielt ich zum Teil in jüdischen Institutionen, aber auch in den verschiedenen Organisationen und in verschiedenen Ländern. Die Themen dieser Vorträge beziehen sich oft auf aktuelle Ereignisse.

In den letzten zwei Jahrzehnten, besonders seit der so genannten „Waldheim Affäre", ist bei vielen Österreichern ein Interesse am Judentum entstanden. Daher wurde ich von vielen Gruppen eingeladen, die zum Beispiel den Schabbat, die jüdischen Feiertage oder die Gebete näher kennen lernen wollten. So habe ich oft über diese Themen gesprochen. Nach einigen dieser Vorträge wurden sie mir aber zu langweilig, ich konnte mich nicht mehr hören. Ich habe dann versucht, einfache Themen an Lehrer und belesene Mitglieder meiner Gemeinde zu delegieren, und mich selbst mit komplizierteren und interessanteren Themen zu beschäftigen.

In den neunziger Jahren hielten die Einladungen zu den Vorträgen an, oft auch zu politischen Themen: So hielt ich im Jahr 1996, um ein Jahr als Beispiel herauszugreifen, einen Vortrag vor dem Alten Ritterorden von St. Georg über „Religion und Moderne, Religion und das Elend der Welt." Vor Mitgliedern der Landesgruppe Österreich der „Universellen Freimaurer-Liga" sprach ich zum Thema „Judentum in Europa. Integration und Ausgrenzung". In Linz hielt ich 1996 einen Vortrag mit dem Titel „Jude sein in Österreich".

Im Mai des selben Jahres fand in Melk ein Religionsgespräch zum Thema „Drei monotheistische Religionen. Judentum – Christentum – Islam" statt. Mit mir diskutierten Weihbischof Helmut Krätzl und Präsident Ahmad Abdul Rahim-Sai von der Islamischen Glaubensgemeinschaft in Österreich. Vor dem Lionsclub sprach ich über „Strömungen im Judentum: Geschichte, Gegenwart und Ausblick." Im Rahmen der achten österreichischen christlich-jüdischen Bibelwoche zum Thema „…und schuf sie als Mann und Frau" (Genesis 1,27) gestaltete ich zusammen mit Oberkantor Shmuel Barzilai einen Abend über „Mischpoche – die jüdische Familie. Tradition in Gesang und Erzählungen".

Es ist heute ganz üblich, über den moslemischen Fundamentalismus zu sprechen. Im Laufe der Zeit habe ich mich aber auch damit beschäftigt, ob es nicht ebenfalls im Judentum einen Fundamentalismus gibt.

Die Ermordung Jitzhak Rabins hat mich bewogen, den jüdischen Fundamentalismus zu studieren. Daher sprach ich vor dem Arbeitskreis für christlich-jüdische Verständigung der Katholischen Aktion zum Thema „Fundamentalismus im Judentum". Hiezu einige Gedanken. Erstens kann ein Rabbiner nichts dagegen haben, wenn Juden (oder Christen oder Moslems) ganz fromm sind, weil sie damit keinem Menschen schaden. Der Schaden entsteht dort, wo Menschen den Anspruch stellen, dass sie bestimmen können, dass auch alle andern sich so wie sie zu verhalten haben – und dort beginnt der Fundamentalismus.

Zweitens: Solange sie dieses Anliegen nur mit erzieherischer Überzeugungsarbeit verfolgen, kann man dies tolerieren. Wenn sie sich aber politischer Mittel bedienen und versuchen, ihre Ziele mit Gewalt zu erreichen, dann beginnt eine an sich positive Auslegung der Religion fundamentalistisch zu werden, weil die Fundamentalisten den anderen das demokratische Recht absprechen, so zu leben, wie diese es wollen.

Es gibt ein biblisches Gebot, das uns Juden – wenn wir jemanden sehen, der das Gesetz übertritt – verpflichtet, ihn darauf aufmerksam zu machen. Wir haben hier ein gutes Beispiel, wie im Talmud ein biblisches Gebot so interpretiert wird, dass es entschärft wird. Der Bibelvers lautet wörtlich: „Hasse nicht Deinen Bruder im Herzen, vielmehr weise ihn zurecht!" (Wenn er denn etwas Falsches tut – Anmerkung von mir.)

Zunächst kann dies meinen, dass ein Jude aus Unwissen ein Gebot missachtet und ich ihn daher durch meine „Aufklärung" auf den richtigen Weg weise. Wenn er aber wissentlich zum Beispiel ein Verbot übertritt, soll ich auch versuchen, ihn zu bewegen, dies nicht zu tun. Voraussetzung allerdings ist, dass ich, wie es der Vers selbst sagt, „dies nicht aus Hass tue, sondern aus Liebe und Sorge um den anderen. Dies darf auch nicht in der Öffentlichkeit geschehen, denn sonst beschäme ich ihn und dann würde ich ein Gebot übertreten. Aber auch unter vier Augen, darf ich die belehrende Zurechtweisung nur dann wiederholen, wenn eine Aussicht auf Erfolg besteht und er dies nicht als Beleidigung oder Anmaßung empfindet.

Ein ganz wichtiges Thema in allen Religionen ist natürlich das Thema des Friedens – dazu hier später noch mehr. Wir sind natürlich alle interessiert, dass es Frieden gibt, andererseits muss man aber realistisch sein und wissen, dass es auch Auseinandersetzungen geben kann, die bis zu einem Krieg führen können. In einem Vortrag habe ich erklärt, dass es im Judentum verschiedene biblische Vorschriften über den Krieg gibt, die uns sogar während der Kriegsführung eine menschliche Behandlung des Gegners, vor allem der Gefangenen auferlegen.

Nicht selten werde ich auch zu Vorträgen in Deutschland oder in die Schweiz eingeladen. So sprach ich zum Beispiel vor einigen Jahren in München in der „Woche der Brüderlichkeit", der offiziellen jüdisch-christlichen Begegnungswoche. Diese hatte zum Motto: „Räumt die Steine aus dem Weg". (Nach Jesaia 62,10: „Ziehet durch die Tore ein und aus, / und bahnt dem Volk einen Weg! Baut, ja baut eine Straße, / und räumt die Steine beiseite! / Stellt ein Zeichen auf für die Völker!")

Dort habe ich gesagt, dass Steine an sich etwas Neutrales sind, nicht notwendig etwas Böses, die man aus dem Weg räumen muss. Wenn Steine auf dem Weg liegen, vor allem auch auf dem Weg zum Frieden, dann muss man sie wegräumen. Wenn Steine dazu verwendet werden, sie anderen an den Kopf zu werfen, dann wird mit den Steinen etwas Böses getan, aber die eigentlichen Bösen sind nicht die Steine, sondern die Menschen, die die Steine werfen.

In diesem Zusammenhang habe ich mich an eine biblische Geschichte erinnert: „Als Jakob aus der Heimat fliehen musste, weil sein Bruder Esau ihn verfolgt hatte, schlug er auf einem Platz auf dem Weg sein Nachtlager auf und legte einige Steine um seinen Kopf, um in der Nacht vor wilden Tieren sicher zu sein." Am nächsten Tag in der Früh, berichtet die Bibel, mit einer etwas veränderten Beschreibung, dass Jakob den Stein, der unter seinem Haupt gewesen ist, zu einem Altar und einem Gedenkstein machte.

Nun gibt es eine Deutung im Midrasch, der exegetischen Literatur des rabbinischen Judentums. Dort wird die Bibel sehr genau und wörtlich gelesen und dazu bemerkt, dass es am Abend mehrere Steine waren und in der Früh nur ein Stein. Dazu entwickelt der Midrasch den originellen Gedanken, dass die Steine miteinander stritten, auf welchen von ihnen der gerechte Jakob sein Haupt lege. Der liebe G'tt machte ein Wunder und machte aus diesen Steinen einen Stein, sodass sie als ein Stein gemeinsam die Ehre hatten, dass Jakob sein Haupt auf ihnen ruhen ließ.

Soweit ein Midrasch und in einer späteren Geschichte gibt es folgende etwas ironische Abwandlung dieses Themas: Einmal war ein Rabbiner nicht sehr beliebt in seiner Gemeinde. Er saß mit seiner Familie zu Hause; plötzlich zerbarst das Fenster und ein riesengroßer Steinbrocken kam durchs Fenster und traf beinah den Rabbiner. Wenn er ihn getroffen hätte, wäre dieser sicher schwer verletzt worden. Die Frau Rabbiner war ganz entrüstet und sagte zu ihrem Mann: „Du musst jetzt etwas unternehmen und die Leute zur Rede stellen und herausfinden, wer ein so gefährliches Attentat gegen Dich ausführte." Darauf sagt der Rabbiner, der ein sehr milder Mann war: „Nein, nein, das war ja ganz anders, das war so wie bei Jakob. Es waren einige Lausbuben, die kleine Steine reingeworfen haben, so dass mich nur ein ganz kleiner Stein treffen sollte. Dann aber haben die Steine in der Luft gestritten, welcher Stein die Ehre haben sollte, den Rabbiner zu treffen und so hat der liebe G'tt ein Wunder gemacht, so wie bei Jakob und hat aus diesen vielen kleinen Steinen einen großen Stein gemacht…"

Im Lauf der Jahre habe ich verschiedene Vorträge im Ausland gehalten. In Bratislava hat mich zum Beispiel die Komenius Universität 2001 eingeladen, um einen Vortrag über die jüdische Kultur in Europa zu halten, und in die USA wurde ich vier Mal von den österreichischen Konsuln eingeladen. Zwei Mal war ich in Los Angeles, ein Mal in New York und ein Mal in Chicago.

Das Ganze begann damit, dass zu meiner Überraschung österreichische Diplomaten, die als Konsuln in ein anderes Land gingen, sich davor bei mir einen Termin ausmachten, um mit mir etwas zu besprechen. Natürlich haben sie auch mit anderen Persönlichkeiten vorbereitende Gespräche geführt, aber ich habe mir gedacht: Was hat der Wiener Rabbiner mit einem Konsul in New York, Chicago oder Los Angeles zu tun? Bei den Besuchen wurde mir klar, dass es für österreichische Diplomaten und überhaupt für Österreich in Ländern, in denen es größere jüdische Gemeinden gibt, auch sehr wichtig ist, mit diesen Kontakt zu knüpfen, und das verstärkt nach der Waldheim Affäre. Daher kamen sie zu mir und erkundigten sich bei mir, welche jüdischen Gemeinden und Institutionen es in den USA gäbe, mit denen sie Kontakt aufnehmen oder vertiefen sollten. Ich habe mich meistens bemüht, soweit ich konnte, Auskunft zu geben und so kam es dann, dass man mich zum ersten Mal zu einem Vortrag nach Los Angeles eingeladen hat. Ich habe dort auch jüdische Schulen und andere jüdische Institutionen besucht und Vorträge gehalten.

Dies war zu der Zeit, als die FPÖ in die Regierung kam, als es gegen Österreich Sanktionen gab und Österreich bemüht war, in einem besseren Licht zu erscheinen, wie es in der amerikanischen Presse und vor allem in der amerikanischen jüdischen Presse der Fall war. Nun habe ich aber gleich klargestellt, dass ich keineswegs in die USA fahre, um in eine übertriebene Lobhudelei zu verfallen und dass man von mir nicht erwarten könnte, zu sagen, dass wir Juden darüber glücklich sind, dass die FPÖ unter Jörg Haider in der Regierung ist. Andererseits habe ich durch meine doch etwas gemessenere und aus der Nähe etwas detailliertere Beschreibung der Situation den Emotionen ein wenig die Spitze nehmen und etwas differenzieren können. Denn in amerikanischen Medien sah es manchmal so aus, als ob in Österreich wieder die Nazis einmarschiert wären und Juden wieder auf der Straße verprügelt würden. In diesem Zusammenhang erinnere ich mich noch aus der Zeit der Waldheim Affäre an ein Gespräch mit einem amerikanischem Juden, dem ich zu vermitteln versuchte, dass Waldheim kein Hitler und kein Eichmann war, sondern ein Wehrmachtsoffizier, der sicher nicht so viel Macht hatte. Man konnte ihm eigentlich nur nachweisen, dass er seine Zeit am Balkan in seinen Autobiographien verheimlicht oder verschleiert habe, was dann dazu führte, dass er verdächtig wurde, Schlimmeres getan zu haben. Ich habe ihm gesagt: „Man kann Waldheim nicht einen Schlächter nennen – wie es in einer ausländischen Zeitung stand –, wenn man dies nicht beweisen kann." Mein Gesprächspartner antwortete: „Man kann nicht ein bisserl schwanger sein." Meine Besuche in den USA hatten aber nicht das Ziel, Österreich als Paradies für Juden auszurufen. Doch habe ich dadurch etwas für Österreich getan, indem ich die Lage der Juden in Österreich realistisch und differenziert beschrieben habe.

Arbeit in den Bundesländern

In den ersten Jahren meines Rabbinats (1983 bis 1988) war ich „nur" Oberrabbiner von Wien. Im Gegensatz zu der Zeit vor der Shoah, als es in Österreich in fast allen größeren Städten jüdische Gemeinden gab, befanden sich nach 1945 außerhalb Wiens nur mehr in Baden bei Wien und in den Landeshauptstädten Linz, Salzburg, Graz und Innsbruck kleine jüdische Gemeinden.

Schon als ich nur Oberrabbiner von Wien war, habe ich manchmal diese Gemeinden besucht. Die österreichischen jüdischen Gemeinden waren und sind im Bundesverband der israelitischen Kultusgemeinden zusammengefasst (der sich seit einiger Zeit Israelitische Religionsgesellschaft nennt) und beschlossen 1988, mich auch zum Oberrabbiner des Bundesverbandes zu ernennen.

Meine Einführung als Oberrabbiner des Bundesverbandes fand in Salzburg und nicht in Wien statt, um zu betonen, dass ich nun Oberrabbiner aller österreichischen jüdischen Gemeinden war.

Die Zahl der Juden in den vier Gemeinden beträgt zusammen derzeit leider nicht mehr als 500 Mitglieder. Trotzdem gibt es in allen vier Landeshauptstädten eine Synagoge mit G'ttesdiensten am Schabbat und an den Feiertagen und Religionsunterricht für die Kinder. Das alles wird von den Gemeinden mit meiner Hilfe organisiert.

Ich kann diese Gemeinden zwar nicht sehr oft besuchen, tue es aber doch, wann immer es aus besonderen Anlässen möglich und notwendig ist. Diese Anlässe sind Hochzeiten, Bar Mizwa Feiern, Begräbnisse, aber auch Vorträge und Veranstaltungen.

Interessant sind die jährlichen Begegnungen in der Synagoge Linz, die gemeinsam mit dem Forum St. Severin, dem katholischen Akademikerverband der Diözese Linz veranstaltet werden. Bei diesen Begegnungen habe ich in den ersten Jahren allein Vorträge gehalten, in späteren Jahren haben wir immer ein Thema gewählt und einen christlichen Theologen mit anschließender Diskussion dazu eingeladen. Bei diesen Anlässen war die Synagoge von Linz gerappelt voll, allerdings zu 80 Prozent mit nichtjüdischen Zuhörern und nur zu 20 Prozent mit Mitgliedern der jüdischen Gemeinde.

Unter den Themen dieser Vorträge waren: Fest und Alltag im Leben des Juden; Die Psalmen als gemeinsames Gebet der Juden und Christen; Chassidismus (zusammen mit dem Ensemble „10 saiten 1 bogen"); Die Träume Jakobs mit Musik von Darius Milhaud: Les rêves de Jacob; Sabbat und Sonntag. Ein christlich-jüdischer Dialog; „Bewahre die Liebe und das Recht" (Hosea 12,7). Zur Rolle von Recht und Gesetz in Judentum und Christentum; Wenn guten Menschen Böses widerfährt…Die Theodizeefrage in Judentum und Christentum; Warten auf den Messias? Was Juden und Christen trennt und eint; Apokalyptische Vorstellungen in der Hebräischen Bibel und im Neuen Testament; „Freude schöner Götterfunken…" Über Freude und Humor in Judentum und Christentum; Schalom – Friede; Du sollst dir kein Bildnis machen; Ehe und Familie – Formen, Bedeutung und Problemstellen in jüdischer und christlicher Tradition; Zinsverbot und Wirtschaftsethik; Heilige Zeiten – Heilige Orte.

Beim Vortrag „Rabbiner – Pfarrer. Die Rolle des Seelsorgers im Judentum und Christentum" war Bischof Maximilian Aichern mein Koreferent.

175

Die Synagogen von Linz und Salzburg wurden nach der Shoah vor meiner Amtszeit (beide im Jahr 1968) wieder errichtet und von meinem Vater eingeweiht. Bei der Eröffnung der Synagogen in Innsbruck 1993 und in Graz 2001 war ich dann der Rabbiner.

Die derzeitigen oder langjährigen Präsidenten dieser Gemeinden sind Kurt David Brühl in Graz (er übergab 2000 seine Amtsgeschäfte an seinen Nachfolger Gérard Sonnenschein), Esther Fritsch in Innsbruck, Marco M. Feingold in Salzburg und Georg Wozasek in Linz. Sie haben sehr viel für diese kleinen Gemeinden getan. Feingold, ein Überlebender des Konzentrationslagers Buchenwald, veröffentlichte 2000 seine Erinnerungen mit dem Titel „Wer einmal gestorben ist, dem tut nichts mehr weh. Eine Überlebensgeschichte".

Auch Baden bei Wien hatte immer eine kleine jüdische Gemeinde. Die Synagoge wurde 2005 sehr schön renoviert; Präsident der jüdischen Gemeinde Badens ist Mag. Thomas Schärf.

An Innsbruck ist das Besondere, dass dort seit 1989 eine Frau Präsidentin der Kultusgemeinde ist. Die Ärztin Esther Fritsch führt mit sehr viel Elan die wohl kleinste jüdische Gemeinde Österreichs. Innsbruck hatte vor der Shoah eine Synagoge in der Sillgasse, die im Novemberpogrom zerstört wurde. Zum Gedenken an diese kleine Synagoge wurde zunächst 1981 ein Gedenkstein errichtet. Die Juden beteten nach 1945 in einer als Bethaus adaptierten Wohnung. Anfang der neunziger Jahre wurde beschlossen, in der Sillgasse, wo vor der Shoah die Synagoge stand, wieder eine Synagoge zu errichten. Anders als in Graz und Linz hätte es aber keinen Sinn gehabt, eine eigenständig stehende Synagoge der Größe wie vor der Shoah wiederaufzubauen, sondern es wurde ein neues Haus gebaut und ein Teil des Erdgeschosses als eine sehr schmucke moderne Synagoge eingerichtet. Da die Synagoge nur etwa 30 Betenden Platz bietet, wurde die Eröffnungsfeier 1993 in zwei Teile geteilt. Die erste Feier fand in der Synagoge nur unter jüdischer Beteiligung statt, die zweite Feier wurde dann in einem größeren Saal mit dem damaligen Landeshauptmann, dem Bürgermeister von Innsbruck und mit dem katholischen Bischof Reinhold Stecher gefeiert.

Im Herbst 2005 nahm ich in Innsbruck im Rahmen eines großen Festaktes an der Feier von 60 Jahren Jüdische Gemeinde Tirol statt. Die Festrede hielt der nunmehrige Alt-Bischof Reinhold Stecher.

Als ich einmal anlässlich eines Vortrages über den Chassidismus mit Musik in Innsbruck auftrat, wurde ich vorher mit der Bitte konfrontiert, auch den Karmeliterinnen (einem christlichen Frauenorden) einen Besuch abzustatten. Da mein Programm recht gedrängt war, schlug ich vor, dass die Karmeliterinnen zu meinem Abend kommen mögen, so dass ich dort vor oder nach der Vorstellung ein Gespräch mit ihnen führen könnte. Erst da wurde mir erklärt, dass Karmeliterinnen ihr Kloster überhaupt nie verlassen außer in Notfällen. Innerhalb des Klosters gibt es zwar einen Hof oder Garten, so dass deren Bewohnerinnen auch frische Luft atmen können, aber aus dem Kloster hinausgehen dürfen sie nicht. Ich habe daraufhin selbstverständlich zugestimmt, die Karmeliterinnen in ihrem Kloster zu besuchen. Es war interessant, dass auch dieser Besuch in der Weise stattfand, dass wir in zwei verschiedenen Zimmern waren, von denen sich das eine sozusagen innerhalb des Klosters befand und das andere exterritorial war. Auch dort konnten wir nur durch ein großes Fenster, an dem ein Gitter angebracht war, miteinander kommunizieren.

Ähnlich wie in Wien, wo oft Kardinal König als Hauptredner auch bei jüdischen Veranstaltungen fungierte, hielt in Innsbruck ebenfalls Bischof Stecher die Hauptrede. Eigentlich sollte ich als Oberrabbiner neidig sein, da aber Bischof Stecher sich so viele Verdienste erworben hat – insbesondere im Kampf gegen Anderl von Rinn – habe ich gern zugestimmt.

Salzburg ist übrigens die einzige dieser kleinen Gemeinden, die bis vor kurzem einen eigenen Rabbiner hatte, so dass ich diese Gemeinde seltener besucht habe.

2001 wurde aufgrund der Bemühungen des Präsidenten der Grazer Kultusgemeinde David Kurt Brühl die Grazer Synagoge neu erbaut. Man hat für diesen Neubau die Ziegel der alten, im Novemberpogrom zerstörten Synagoge verwendet. Sie wurden von Jugendlichen gereinigt und reichten nur für einen Teil des Neubaus, und so symbolisiert die sichtbare Linie zwischen den alten und den neuen Ziegeln den durch die Shoah verursachten Bruch. Der Platz vor der Synagoge wurde schon vorher nach dem steirischen Landesrabbiner David Herzog benannt, der 1938 schwer gefoltert und danach ins Exil nach England vertrieben wurde.

Bei der Eröffnung der Synagoge in Graz erwähnte ich in meiner Predigt, dass schon König David in biblischen Zeiten dem Ewigen einen Tempel in Jerusalem bauen wollte. G'tt sagt aber dem König David, dass er den Tempel nicht bauen würde, weil er viele Kriege gekämpft hätte und der Tempel ein Ort des Friedens sein müsse. Nebenbei sei erwähnt, dass der Ewige David nicht für diese Kriege rügte, weil diese unvermeidlich gewesen sind. Dennoch sollte der Bau und die Einweihung eines Tempels von einer anderen Person vorgenommen werden. Tatsächlich war das auch Salomon oder Shlomo (die Wurzel seines Namens ist übrigens die gleiche wie Schalom, der Friede), der Sohn des König David, dem die Ehre zufiel, diesen Tempel zu errichten. Nachdem der Präsident der Kultusgemeinde in Graz auch den Vornamen David trägt, habe ich damals betont, dass zwar der biblische König David nicht die Ehre hatte, den Tempel zu bauen, dass aber Kurt David Brühl sehr wohl die Ehre hatte, diesen Tempel wiederzuerrichten.

Bei dieser Gelegenheit habe ich unter anderem versprochen, dass ich nicht nur bei der Eröffnung anwesend sein wollte, sondern gerne auch einen Schabbat G'ttesdienst in Graz abhalten würde, und danach ein Schabbatmahl. Dazu wollte ich auch meine Frau und meine Kinder mitnehmen, die dann gemeinsam mit der Grazer Gemeinde einen Schabbat feiern würden, wie es bei religiösen Familien üblich ist.

Meine Tätigkeit in Wien hat mich leider sehr lange daran gehindert, diesen Besuch in Graz zu machen. (Während alle anderen Juden am Schabbat nicht arbeiten dürfen, ist der Schabbat für den Rabbiner eigentlich der Haupttag seiner Aktivitäten, und es ist nicht leicht für mich, am Wochenende aus Wien wegzufahren). Im Herbst 2002 wurde ich dann aber zu einer Friedensfeier nach Graz eingeladen, die unter der Initiative des Dalai Lama auf den Kasematten stattfand. Diese Veranstaltung war für mich wichtig; an ihr nahmen Christen, Moslems – darunter Yusuf Islam (der frühere Popsänger Cat Stevens) –, Buddhisten und Hindus teil.

Es stellte sich aber heraus, dass sie an einem Freitag Nachmittag stattfinden sollte (und auch stattgefunden hat), was mir nicht ermöglicht hätte, noch vor Schabbat nach Wien zurückzukehren. (Wie erwähnt, fahre ich als orthodoxer

Jude am Schabbat nicht mit einem Verkehrsmittel und der Schabbat beginnt bereits am Freitag zu Sonnenuntergang).

So beschloss ich, den der Kultusgemeinde Graz versprochenen Schabbat an diesem Wochenende abzuhalten und ich brachte dafür neben meiner Familie auch koscheres Essen aus Wien mit. So hat es die jüdische Gemeinde Graz also dem Dalai Lama zu verdanken, dass der Wiener Oberrabbiner mit ihr einen Schabbat feierte.

Inzwischen habe ich aber anlässlich einer Bar Mizwa Feier schon ein zweites Mal den Schabbat in Graz verbracht.

Den Dalai Lama kannte ich schon von einem Treffen, das einige Jahre vorher in Wien stattfand. Damals wurden auf Einladung von Kardinal König führende Vertreter der großen Religionen zu einem Mittagessen ins Wiener Hotel Sacher gebeten. Obwohl das Essen im Hotel Sacher stattfand, ließ ich mir zur Verwunderung der Organisatoren und der Kellner ein Mittagessen aus dem koscheren Restaurant catern – etwas, das es im Hotel Sacher bisher noch nie gegeben hatte. Bei dieser Gelegenheit fiel mir allerdings auf, dass ich nicht der einzige Teilnehmer mit ausgefallenen Speisegebräuchen war. Der Dalai Lama selbst nahm nur vegetarisches Essen und warmes Wasser zu sich. Aber der Moslem aß und trank überhaupt nichts, denn es war gerade der Fastenmonat Ramadan, eine Zeit, während der religiöse Moslems untertags nichts essen.

Wenn ich in den Bundesländern einen Vortrag halte, habe ich immer auch sehr viele nichtjüdische Zuhörer. Der Grund dafür ist, dass es leider so wenige Juden in den österreichischen Provinzen gibt.

Der interreligiöse Dialog

Bekanntlich haben Antijudaismus und Judenverfolgungen nicht erst bei den Nazis begonnen, und schon vor der Shoah war ein stark religiös geprägter Antijudaismus gang und gäbe. Diejenigen, die sich anders verhalten haben, waren sicherlich in der Minderheit. Daher gab es auch vonseiten meines Vaters wegen der Erfahrungen seiner Jugend eher Skepsis oder zumindest Vorsicht im Zusammenhang mit den Kontakten zur Kirche. Trotzdem war er bereit, Kardinal Innitzer zu treffen und später auch dessen Nachfolger Kardinal König.

Mein Vater war im christlich-jüdischen Dialog nicht sehr aktiv, weil in seiner Zeit auch von der christlichen Seite nur wenige Initiativen kamen. Nach dem Zweiten Vatikanischen Konzil in der zweiten Hälfte der sechziger Jahre änderte sich das. Einem Mitglied unserer Gemeinde, Otto Herz, war der christlich-jüdische Dialog ein besonders großes Anliegen. Er reiste durch die Lande und sprach unermüdlich in Kirchen und bei christlichen Veranstaltungen. Mein Vater war froh, durch ihn auf diesem Gebiet entlastet worden zu sein.

Bei meinem Rabbinatsstudium in Israel ging es in erster Linie um innerjüdische Belange und erst in meiner rabbinischen Tätigkeit wurde der interreligiöse Dialog aktuell.

Als ich 1978 nach Wien zurückkehrte, begann der ORF, auch auf das Bestreben von Otto Herz, vier Mal im Jahr die kurze Sendung „Schalom" zu produzieren, in der ich sowohl die jüdischen Zuseher ansprechen als auch den anderen etwas über das Judentum erzählen konnte. Bis dahin hatten nur die katholische und die evangelische Kirche Sendungen im ORF gehabt. Jetzt sollten auch die Moslems und die Juden dazukommen. Mein Vater beauftragte mich, bei diesen Sendungen zu sprechen. Ich wurde dafür von Otto Herz in den ORF eingeführt. Herz war ein netter Mann, der mir sogar auf seine Kosten eine Brille mit Goldrand gekauft hat, weil er glaubte, dass das besonders intellektuell aussehen würde. Bei den ersten Sendungen wollte er mich auch coachen und ich brauchte ein wenig Zeit, mich von ihm zu emanzipieren.

Als damals die Sendung „Schalom" im ORF vorbereitet wurde, waren, wie gesagt, gleichzeitig die Moslems eingeladen, eine Sendung zu machen. So habe ich gemeinsam mit dem damaligen Vorsitzenden der moslemischen Gemeinde, Abdul Rahim-Sai, einen kleinen Rundgang durch den ORF gemacht, bei dem uns auch von Redakteuren erklärt wurde, wie man sich vor der Kamera zu bewegen und verhalten hat. Bei dieser Gelegenheit gingen wir von Tür zu Tür und immer öffnete sie Abdul Rahim-Sai und wollte, dass ich vorgehe. Er war um einige Jahre älter als ich und daher wollte ich ihm den Vortritt lassen. Bis er mir dann sagte: „Gehen Sie vor, sie waren schon früher da", womit er nicht mich persönlich meinte, sondern das Judentum. Das akzeptierte ich dann, und ab da bin ich vor ihm durch den ORF marschiert.

In den achtziger Jahren diskutierte ich auf Vermittlung von Otto Herz auch bei den Ökumenischen Morgenfeiern zusammen mit katholischen, evangelischen und altkatholischen Theologen.

Im Lauf der Zeit wurde ich auch manchmal eingeladen, zur Person Jesus aus jüdischer Sicht zu sprechen. Es war damals eine Modeerscheinung, Jesus als Rabbi Jesus zu bezeichnen. In 2000 Jahren christlicher Geschichte war das undenkbar, erst im 20. Jahrhundert geschah es. Für mich war es dabei ganz wichtig klarzustellen, dass Jesus für uns Juden nicht der Sohn G'ttes ist oder aber nur in dem Sinne, dass wir alle Kinder G'ttes sind. Jesus wird im Judentum auch nicht als Prophet anerkannt, und er war auch kein Rabbiner im klassischen Sinn. Rabbiner zu sein bedeutet, in einer Tradition zu stehen, in einer Tradition, die man hüten und nicht verlassen sollte. Jesus war ein religiöser Jude, doch hatte er mit einigen Traditionen des Judentums gebrochen und daher ist auch der Titel Rabbi Jesus für uns nicht denkbar.

Bei einem dieser Vorträge wurde ich einmal mit einer Feministin konfrontiert, die immer wieder darauf pochte, dass G'tt ja kein Mann sei und die fast von mir forderte, zuzugeben, dass G'tt wahrscheinlich eine Frau ist. Als mir das dann zu viel wurde, habe ich ihr gesagt: „Meine liebe Dame, ich habe eine gute und eine schlechte Nachricht für sie. Der liebe G'tt ist kein Mann, das ist die gute Nachricht. Die schlechte Nachricht ist, der liebe G'tt ist auch keine Frau." Das entspricht natürlich dem Glauben, dass G'tt keine Gestalt hat. Da es aber im Hebräischen kein Neutrum gibt und daher G'tt nicht als „Es" bezeichnet wird, wird in den Schriften die männliche Form für alles verwendet, das nicht ausdrücklich weiblich ist. Das hebräische Wort Banim zum Beispiel heißt Söhne, kann aber auch Kinder heißen. So heißt es zum Beispiel, dass die Kinder Israels – die B'nei Israel – aus Ägypten ausgezogen sind, und dass sowohl Männer als auch Frauen und Kinder dabei waren.

In den Jahren meiner Amtstätigkeit war es von den katholischen Geistlichen vor allem Kardinal König, den ich besonders hoch schätzte. Zu seinem 90. Geburtstag wurden mehrere Persönlichkeiten, darunter auch nicht katholische, gebeten, einige Gedanken über ihn zu formulieren. Mir sind damals folgende beide Aussagen eingefallen: Auf seinen Namen anspielend sagte ich, der Kardinal sei nicht nur ein „Kirchenfürst", sondern auch ein „Kirchenkönig". Ich sah das nicht nur als ein Wortspiel, sondern wollte seine Bedeutung, die weit über den katholischen Raum hinausging, betonen. Meine zweite Aussage, die ich mit einem lachenden und einem weinenden Auge formulierte, lautete, dass bei wichtigen jüdischen Veranstaltungen meist der Oberrabbiner eingeladen wird, um die Hauptrede zu halten. War diese Veranstaltung allerdings von höchster Bedeutung, dann rief man meist Kardinal König.

In späteren Jahren kam es zu mehreren hochoffiziellen christlich-jüdischen Begegnungen. Bei der „Christlich-jüdischen Stunde der Besinnung" am 12. Oktober 1986 im Prunksaal der Österreichischen Nationalbibliothek sprachen der Präsident der Katholischen Aktion Österreichs Paul Schulmeister, der Präsident der Israelitischen Kultusgemeinde Ivan Hacker, die Universitätsprofessoren Erika Weinzierl und Jacob Allerhand, der gerade neu ernannte Wiener Erzbischof Hans Hermann Groer, Pfarrer Alfred Jahn von der Evangelischen Kirche A.B., Anton Salesny, der Vorsitzende des Österreichischen Laienrats und ich als junger Oberrabbiner. (Ein Teil der Veranstalter wollte Kardinal König aufgrund seiner Verdienste um die christlich-jüdische Verständigung als Vertreter der Katholiken einladen. Aber sein Nachfolger, der neue Wiener Erzbischof Hans Hermann Groer, bestand aus formellen Gründen darauf, dort zu sprechen.)

Die Veranstaltung fand (nicht zufällig) am Vortag des Jom Kippur, des jüdischen Versöhnungstages statt.

Ich sagte damals: „Wir Juden beginnen in sechs Stunden unseren höchsten Feiertag, den Versöhnungstag Jom Kippur. Erlauben Sie mir, aus dem zentralen und wichtigsten Gebet dieses Tages zu zitieren: ,Uwchen ten Pachdecha... – So lasse kommen, Ewiger, unser G'tt, Ehrfurcht vor Dir über alle

Deine Geschöpfe, und Bangen vor Dir über alles, was Du erschaffen, auf dass Dich ehrfürchten alle Geschöpfe, und vor Dir sich neigen alle Wesen, und sie alle werden ein Bund, Deinen Willen zu tun mit ganzem Herzen, wie wir erkennen, Ewiger, unser G'tt, dass die Herrschaft ist bei Dir, die Macht in Deiner Hand und die Kraft in Deiner Rechten und Dein Name erhaben über alles, was Du geschaffen hast.'

In diesem und anderen teilweise Jahrtausende alten Gebeten zum Jom Kippur finden wir die authentische Auskunft über die Stellung des Judentums zur Menschheit im allgemeinen und über seinen Begriff vom Reich G'ttes. Alle Geschöpfe, also die ganze Menschheit, ist vor G'ttes Weltenthron berufen. Die Verwirklichung des Reiches G'ttes stellt sich dar in der Vereinigung aller Menschen zu einem Bund, der von der Absicht beseelt ist, den Willen G'ttes zu erfüllen. Oberrabbiner Güdemann, einer meiner Vorgänger, und Samson Rafael Hirsch betonen, dass das Bestreben, G'ttes Willen zu tun, hier nicht die Verpflichtung zu einer bestimmten Religion einschließt, das heißt im Klartext, dass weder heute noch in der messianischen Zeit es nur den Juden zugebilligt wird, dass sie allein es sind, die G'ttes Willen authentisch interpretieren und leben.

In noch größerer Deutlichkeit drückt dies der Talmud im Traktat Sanhedrin aus, dass die Gerechten der Völker Anteil haben an der künftigen Welt. Wir Juden begnügen uns aber nicht mit dem Gebet um G'ttes Gnade, die uns die Erlösung bescheren soll. Mit dem Wort ,Alenu' aus demselben Gebet ist ausgedrückt, dass es an uns selbst liegt, wie lange das G'ttesreich noch auf sich warten lässt.

Durch unser Verhalten, durch unsere Taten können, ja sollen wir an ,Tikun Olam', an der Errichtung der Weltordnung unter G'ttes Herrschaft, teilnehmen. Entsprechendes habe ich in Leitsätzen der Wiener Diözesansynode gefunden. Hier heißt es, dass Christen und Juden verbunden sind durch ,die Auffassung des Menschen als ein Ebenbild G'ttes und durch das Streben nach einer Weltbewältigung aus religiösem Geist'. Auf Grund dieser ähnlichen Aussagen könnte ein Treffen zwischen Christen und Juden eigentlich in Unbefangenheit in gemeinsamem Geist abgehalten werden. Dass dem nicht ganz so ist, liegt in erster Linie an der historischen Vergangenheit, die von Erika Weinzierl hier so offen und eindringlich geschildert wurde. Diese Geschichte lässt sich nicht ungeschehen machen. Aber auch hier möchte ich ein offenes Wort aus der Wiener Diözesansynode zitieren: ,Es widerspricht der Lehre der Kirche Christi, die den Juden durch Jahrhunderte von Christen und Nichtchristen zugefügten Leiden und Demütigungen als Folge einer Verstoßung durch G'tt zu deuten. Daher müssen sich alle Christen von antijüdischen Affekten freihalten und etwaigen antisemitischen Diskriminierungen seitens anderer entgegentreten. Die Kirche von Wien erwartet von den Katholiken, dass sie nichts unversucht lassen, um die zwischen ihnen und den Juden bestehende und durch traditionelle Missverständnisse genährte Entfremdung zu überwinden.'

Wenn ich aus diesen Stellungnahmen der Kirche, aber auch aus den zitierten Gebeten und Deutungen unserer Rabbiner für unser heutiges Treffen eine Lehre ziehen darf, so ist es die, dass es für ein ehrliches und freundschaftliches Gespräch zwischen Juden und Christen nicht mehr bedarf, als dass beide Partner den Grundsätzen ihres eigenen Glaubens treu bleiben, dass der christliche Partner auch wirklich christlich denkt und der jüdische den Lehren seiner Religion folgt. Ein besseres Fundament für das gegenseitige Verständnis kann es nicht geben, als dass unsere beiden Religionen die andere ohne besondere Anstrengungen und im Einklang mit ihren eigenen Werten verstehen und annehmen können, wie es die angeführten Zitate wohl bewiesen haben. Noch wichtiger aber als diese Erkenntnis an sich wird es sein, sie bis zu den einfachsten der Gläubigen, bis ins letzte Dörfchen zu tragen und ihr überall zum Durchbruch zu verhelfen. Um in der Tagesaktualität zu bleiben: Für ein politisches Gespräch mag ein ‚Gipfeltreffen‘ das höchste der Gefühle sein; für das Treffen zweier Bekenntnisse ist es wichtig, dass das heilbringende Wasser, das in den Höhen seine Quellen hat, auch bis ins Tal hinabfließen kann und rein in alle Häuser und Herzen gelangt!"

Dieses Gleichnis wurde später noch oft zitiert, da es unser Anliegen sein muss, dass nicht nur die Religionsführer, sondern auch die „kleinen Gläubigen" zu einem Friedensdialog gelangen. Das Wort Gipfeltreffen war eine Anspielung auf das damalige Treffen zwischen Ronald Reagan und Michael Gorbatschow.

Im Juni 1988 kam Papst Johannes Paul II. nach Wien. Bei dieser Gelegenheit war es sein ausdrücklicher Wunsch, auch mit Vertretern der jüdischen Gemeinde zusammenzutreffen. Wir haben damals mit sehr viel Gefühl und Hoffnung diesem Treffen entgegengesehen, und waren nicht so angetan von manchen diplomatischen Formulierungen, die wir hörten.

Wir haben uns Hoffnungen gemacht, dass die Tatsache allein, dass der Papst die Juden Österreichs treffen wollte und vor allem auch das Konzentrationslager Mauthausen auf seinem Besuchsplan hatte, bedeutet, dass hier ein wichtiger Fortschritt auf dem Gebiet des Dialogs zwischen Christen und Juden erreichbar wäre. Die Ansprache des Papstes war

187

freundlich, ja herzlich im Ton, verständnisvoll in der Reaktion, aber in ihren Aussagen nicht befriedigend. Dem Mitgefühl am Mord an den Juden folgte die Aussage, dass die Kirche daran unschuldig war. In derselben Rede verglich der Papst in Mauthausen das Leiden der KZ-Häftlinge mit dem Leiden Jesu. Über die Rolle vieler Österreicher hörten wir kein Wort. Wir hatten dies zwei Jahre nach der Waldheim Affäre erwartet. Groß war jedoch die Enttäuschung, als in Mauthausen das Wort „Jude" kein einziges Mal über die Lippen des Papstes kam.

Noch einige Anekdoten und Anmerkungen zum Thema jüdisch-christlicher Dialog:

Der Sohn eines alten Juden wollte zum Christentum konvertieren, was bei aller Offenheit und Toleranz sicher nicht der Wunschtraum eines jüdischen Vaters ist. Im Traum ist ihm der liebe G'tt erschienen und der Jude fragte ihn: „Lieber G'tt, eine gute Gelegenheit, dass ich dich jetzt treffe, ich möchte dich fragen, was soll ich mit meinem Sohn tun, der ist drauf und dran sich taufen zu lassen". Da antwortete der liebe G'tt im Traum: „Ich hab ja ein ähnliches Problem gehabt mit meinem Sohn". Da sagte der Jude: „Wunderbar, dann sag mir doch, was du gemacht hast". Der liebe G'tt antwortete: „Mach es so wie ich. Ich schlage dir vor, schreib ein neues Testament".

Diese Geschichte wird meistens problemlos aufgenommen, aber mit der folgenden habe ich konkrete Probleme gehabt:

Im Osten Europas waren die Menschen eher einfach, aber Ende des 19. und Anfang des 20. Jahrhunderts bemühten sie sich schon, ihre Kinder in bessere Schulen zu schicken, manchmal sogar ins Ausland oder in französische Schulen. So gab es einen ganz simplen jüdischen Vater, dessen Kinder schon sehr kultiviert waren und die ihn dazu bewegt haben, mit ihnen zum ersten Mal in seinem Leben in ein Museum zu gehen. Als sie im Museum waren, sahen sie das Bild eines berühmten Malers von dem Stall, in dem Maria und Josef nach Jesu Geburt ganz ärmlich gekleidet zu sehen waren. Daraufhin sagte der alte Jude: „No, typisch für die Christen, sie können sich nicht einmal eine ordentliche Wohnung leisten und schon lassen sie sich von einem teuren Künstler malen!"

Anschließend hat einer der Zuhörer in der Fragestunde gemeint, dass ich mich nicht über die Christen lustig machen soll. Aber in Wirklichkeit hat er den Witz nicht verstanden, denn dieser Witz macht sich keineswegs über die Christen lustig, sondern über den einfachen alten Juden.

Bekanntlich beginnen die jüdischen Feiertage am Vorabend. Der Schabbat beginnt zum Beispiel am Freitag Abend mit dem Sonnenuntergang, und so auch alle anderen Feste.

Eine Ausnahme ist das Purimfest, ein Fest, an dem daran erinnert wird, dass Juden von der Verfolgung eines nichtjüdischen Feindes errettet wurden. Hier findet die Hauptfeier am Tage statt. Bei den christlichen Feiertagen ist es so, dass die Hauptfeiertage am Tag beginnen, mit der Ausnahme von Weihnachten, weil Weihnachten nicht erst am 25. Dezember gefeiert wird, sondern sehr wohl und sehr ausgiebig bereits am Abend des 24. Dezember.

Darüber befragt, habe ich einmal in einem Vortrag erwähnt und später auch in einem Artikel geschrieben, dass das eigentlich ganz logisch sei, denn Weihnachten wird ja wegen der Geburt eines jüdischen Knabens gefeiert und daher sei es kein Wunder, dass nach dem jüdischen Brauch das Weihnachtsfest am Vorabend beginnt. Das Purimfest hingegen wird wegen des Sieges über einen nichtjüdischen Feind gefeiert und daher ist es richtig, dass die Hauptfeier am Tag ist, weil das ja der Zeitpunkt ist, an dem nichtjüdische Religionen ihre Feste feiern.

In diesem Zusammenhang wurde ich einmal von einem fundamentalistischen Christen schriftlich dafür angegriffen, „was es für eine Frechheit sei, dass der Wiener Oberrabbiner Jesus ein Judenknäblein nennt". Der Mann hat wahrscheinlich nicht mitgekriegt, dass die gesamte Kirche heute eindeutig bekennt, dass Jesus als Jude geboren wurde.

In vielen jüdisch-christlichen Versammlungen wurde ich auch gefragt, wie sich die Juden den Messias vorstellen. Bei oft älteren und eher einfachen Christen hörte ich manchmal den Jahrtausende alten Vorwurf heraus, warum die Juden Jesus nicht als ihren Messias anerkannt haben. Natürlich könnte das lange argumentiert werden, aber meistens habe ich den Wind aus den Segeln genommen, wenn ich folgende Erklärung gab: Eigentlich warten ja die Christen auf ein zweites Kommen des Messias, der in der Person Jesus schon einmal da war. Wir Juden hingegen warten noch immer auf sein erstes und einziges Kommen. So wird man wahrscheinlich erst zur Zeit, wenn der Messias kommen wird, herausfinden können, ob die Juden oder die Christen recht haben. Wir werden ihn fragen müssen: „Lieber Messias, bist du jetzt zum ersten Mal da oder warst du schon einmal da?"

Während ich bis in die späten achtziger Jahre meist nur mit Christen interreligiösen Dialog führte, kamen später oft auch Moslems hinzu. Im Juni 1996 diskutierte ich mit Mohammed El-Heliebi und Philipp Harnoncourt vor der Katholischen Hochschuljugend Graz über „Abrahams Erben. Absoluter Wahrheitsanspruch versus interreligiösen Dialog – die drei monotheistischen Weltreligionen im Gespräch".

Diskussionsleiter war der heutige Chefredakteur der „Presse"
Michael Fleischhacker. Als ich vor dem Vortrag in den Saal kam, sah ich einige
junge Moslems, die aufgrund ihrer weißen Kleidung und
Kopfbedeckung als moslemische Fundamentalisten erkennbar waren. Da im Anschluss an die Podiumsdiskussion auch
eine Diskussion mit dem Publikum geplant war, war ich zunächst ein wenig besorgt darüber, dass diese in der Diskussion
mir gegenüber aggressiv werden könnten. Zu meiner Überraschung passierte etwas ganz anderes. Sie warteten gar nicht
auf die Publikumsdiskussion, sondern unterbrachen häufig
nicht mich, sondern den moslemischen Sprecher, der die gemäßigte Linie des Islam vertreten hat. Sie unterbrachen ihn
besonders dann, wenn er Stellen aus dem Koran zitierte, die
liberal klangen. Bei dieser Gelegenheit zitierten sie aggressive-
re, gegen Nichtmoslems eher unfreundliche Koranstellen.

Ich habe daraus den Schluss gezogen, dass die gemäßigten
Vertreter verschiedener Religionen einander manchmal besser verstehen als Menschen gleicher Religion, wenn es sich
einerseits um gemäßigte und andererseits um fundamenta-
listische Vertreter dieses Glaubens handelt.

Man könnte noch schärfer formulieren: Die gemäßigten
Vertreter sind sich darin einig, dass sie an einem Tisch sitzen
könnten. Die extremen Kräfte sind sich einig darin, dass die
anderen zu bekämpfen seien.

1999 veranstalteten das niederösterreichische Donaufesti-
val und das Stift Melk ein Roundtablegespräch zum Thema
„G'tt im Bann der Zeitenwende? Das Wesen der Prophezei-
ungen in den Weltreligionen". Meine Mitdiskutanten waren
die Journalistin und Religionsphilosophin Ursula Baatz, der
Psychotherapeut und Theologe Richard Picker, Anas Schak-

feh, der Präsident der islamischen Glaubensgemeinschaft, Generalvikar Helmut Schüller von der Erzdiözese Wien und der Journalist Alfred Worm.

Das besondere war vielleicht, dass die Veranstalter als Abend- und Kulturprogramm „meine" Musikgruppe „10 saiten 1 bogen" einluden, wobei ich im Abendprogramm natürlich mitmachte.

Einige Male war ich Gast bei der überaus populären Veranstaltungsreihe „Wiener Vorlesungen". 2002 diskutierten mit mir zum Thema „Toleranz und Solidarität versus Terror: Die Verantwortung der Religionen" Anas Schakfeh, die ehemalige evangelische Superintendentin Gertraud Knoll und die Theologen Erich Zenger und Christoph Schwöbel.

1993 wurde bei einer Podiumsdiskussion zum Thema „Tod im Judentum – Ritus und Brauch im Wandel" das Buch „Hunderttausend Steine" von Patricia Steines präsentiert. Meine Mitdiskutanten waren Rabbiner Dr. Jozef Schweitzer aus Budapest, der Verhaltensphysiologe Wulf Schiefenhövel und Professor Kurt Schubert.

1992 diskutierten im Rahmen der Jüdischen Kulturwoche zum Thema: „Rabbinische Weisheit – Traditionen und Perspektiven" mit mir zwei orthodoxe Rabbiner (Oberrabbiner Joel Berger und Rabbiner David Bollag) und der aus Wien gebürtige amerikanische Reformrabbiner Joshua O. Haberman. Die Moderation übernahm Professor Jacob Allerhand.

Religionsunterricht und jüdische Schulen

Oft, aber nicht immer sind jüdische Schulen an Synagogen angeschlossen.

So wie es in Wien viele Synagogen gibt, gibt es auch mehrere Schulen. Die Gründe hierfür sind ähnlich, warum es mehrere Synagogen gibt. Man sagt: je länger der Anzug des Religionslehrers, beziehungsweise der Rock der Religionslehrerin, desto observanter ist die Schule. In Wirklichkeit geht es um die Länge, das heißt das Ausmaß der Religionsstunden. Der Religionsunterricht schwankt zwischen vier bis fünf Stunden pro Tag (in der Malzgasse und in der Tempelgasse) über zwei Stunden pro Tag (Lauder Chabad Schule) bis zu einer Stunde in der Zwi Perez Chajes Schule. Dazu kommt dort nämlich auch noch hebräisch und jüdische Geschichte. Ein weiterer Unterschied besteht darin, dass in den streng orthodoxen Schulen der Unterricht nach Geschlechtern getrennt stattfindet.

Viele Eltern sind der Meinung, dass die Integration ihrer Kinder in Österreich am besten gelingt, wenn man sie nicht in eine jüdische Schule schickt, sondern in öffentliche Schulen, in denen dann der Religions- und Hebräischunterricht am Nachmittag stattfindet.

Viele Kinder gehen daher in öffentlich rechtliche Schulen, manche ins Lycée Francais und andere internationale Schulen. Die Schüler der anderen Schulen erhalten zwei Wochenstunden Religionsunterricht, der von mir organisiert und mitfinanziert wird.

Die Schwäche dieses Religionsunterrichts im Vergleich zu den jüdischen Ganztagsschulen ist eine zweifache: Erstens beträgt der Religionsunterricht nur zwei Wochenstunden.

(Auch Christen und Moslems haben nur zwei Wochenstunden.) Zweitens ist er in unserer Gemeinde ein so genannter Sammelunterricht. Vor der Shoah gab es in vielen Schulen genügend jüdische Schüler, so dass die Religionslehrer in die Schulen kamen und die jüdischen Schüler zur gleichen Zeit wie die christlichen in der eigenen Schule Religionsunterricht hatten. Heute sind wir viel weniger.

Sammelunterricht bedeutet, dass Kinder jeder Schulstufe aus allen Schulen an einem Nachmittag an einem Ort versammelt werden müssen, um ihre zwei Stunden Religionsunterricht zu erhalten. Dies ist aber mit vielen Nachteilen verbunden. Für die einen ist der Weg zu lang, andere haben gerade Nachmittagsturnen, wenn dieser Sammelunterricht stattfindet, und sobald man den Termin auf Wunsch einiger Eltern auf eine andere Zeit verschoben hat ist er wieder ungünstig für andere. Hinzu kommt, dass gerade im Winter für die Volksschüler dieser Unterricht, der nicht vor 14 Uhr beginnen kann, sehr spät ist. Sie kommen dann erst nach Hause, wenn es schon finster ist. Schlechtes Wetter, Schularbeiten am nächsten Tag sowie faule Eltern führen oft dazu, dass nur ein Teil der Schüler anwesend ist. Dieser Unterricht erfordert also, dass Schüler von einer Schule in die andere gebracht werden und die Koordination der Stunden ist daher nicht immer leicht.

Ein wenig besser ist es im Lycée. Dort gibt es einen eigenen jüdischen Religionsunterricht, den man versucht, in den Ganztagsunterricht, wenn auch aus Zeitnot manchmal nur in den Mittagspausen, zu integrieren.

Die erste Ganztagsschule nach der Shoah war die Talmud Torah Schule der Machsike Hadass in der Malzgasse. Sie wurde Mitte des 19. Jahrhunderts von und für die streng

Gläubigen gegründet und besteht bis heute, unterbrochen nur in den Jahren der Shoah. Neben der Volksschule gibt es dort eine für Knaben und Mädchen getrennte Mittelsschule und einen Bürolehrgang für Mädchen. Allerdings gehen nur streng orthodoxe Kinder in diese Schule. Die Knaben werden meist mit 14 Jahren in verschiedene Talmudschulen im Ausland geschickt. Seit 1988 gibt es aber auch die Wiener Jeschiwa, eine Schule, in der einige der Wiener Jungen im Alter von 14 bis 18 Jahren weiterlernen können.

Andere religiöse Kinder besuchen die Talmud Torah Schulen an den Nachmittagen, so zum Beispiel die Talmud Torah Schule im Misrachi Haus am Judenplatz und früher die Talmud Torah Schule der Agudat Israel.

Vor rund 20 Jahren entstanden zwei große jüdische Schulen in Wien, in denen es ein integriertes Ganztagslernen gibt. Das heißt, dass die Schüler in der Früh einen G'ttesdienst haben und dann im Laufe des Tages die säkularen Fächer, Religion, Hebräisch und jüdische Geschichte lernen. Sie wurden von jener Generation gegründet, die nach der Shoah in Wien geboren wurde, die selbst keine jüdische Ganztagsschule besucht hatte und die für ihre Kinder etwas Besseres wollte als den Religionsunterricht am Nachmittag.

Die Gründung der Zwi Perez Chajes (ZPC) Schule fällt in die erste Zeit meines Rabbinats in Wien. Zu jener Zeit war noch mein Vater Oberrabbiner von Wien und ich konzentrierte meine damalige rabbinische Tätigkeit auf die Jugend und Erziehung. Einen jüdischen Kindergarten gab es schon seit 1973. In ihm lernten die Kinder auf spielende Weise die jüdischen Feiertage, Gebete, Gesänge und andere jüdischen Werte kennen. Viele Eltern waren und sind leider der Meinung, dass dies eine ausreichend jüdische Wissensbasis für die Kinder sei und sie hatten vor, die Kinder danach in öffentliche Schulen zu schicken, wo sie dann nur noch wenig Religionsunterricht erhielten.

Dieses Phänomen führte dann dazu, dass junge jüdische Erwachsene ihren Glauben als etwas Kindisches und Unreifes ansahen, weil sie mit diesem Thema nur auf dem Niveau des Kindergartens konfrontiert wurden. Es ist daher nicht verwunderlich, wenn diese Menschen, die in ihrer Allgemeinbildung zumindest Matura haben oder Akademiker sind, die Religion als etwas Kindisches betrachten.

Dies war auch eines der Argumente für die Gründung einer jüdischen Schule, in der die Fächer Religion, Hebräisch und jüdische Geschichte auf dem gleichen Niveau unterrichtet werden wie die säkularen Fächer. An die orthodoxen Juden stellte diese Vorstellung keine neuen Ansprüche, da diese immer von einem „lebenslangen" Lernen der Torah ausgehen. Für die anderen war dies fast revolutionär. Es war eines der schönsten Erlebnisse und Ergebnisse der Gründung der Zwi Perez Chajes Schule, wie weniger praktizierende Juden gemeinsam mit den frömmeren an dieses Projekt herangingen. Die Bahnbrecher kamen aus der Orthodoxie, später beteiligten sich aber auch andere Kreise, zum Beispiel der heutige Präsident der Kultusgemeinde Dr. Ariel Muzicant.

Das Zusammenwirken der verschiedenen Gruppen wurde auch dadurch ausgedrückt, dass bei der Eröffnung der Schule 1984 sowohl Oberrabbiner Akiba Eisenberg für die Gesamtgemeinde als auch Rabbiner Chaim Grünfeld von der orthodoxen Aguda anwesend waren, der damit die Unterstützung seiner Gruppe für die Schule unter Beweis stellte. Rabbiner Chaim Grünfeld war es auch, der die Mitglieder seiner Synagoge ermunterte, ihre Kinder in die Zwi Perez Chajes Schule zu schicken, obwohl es dabei blieb, dass die orthodoxen Kinder noch zusätzliche Stunden in den Räumlichkeiten der Aguda in der Tempelgasse erhielten.

Der unterschiedlichen Zusammensetzung der Schüler in der Zwi Perez Chajes Schule entspricht auch folgender Grundsatz über die Richtung der Schule: Jedes jüdische Kind, unabhängig von der religiösen Ausrichtung der Familie, kann in die Zwi Perez Chajes Schule gehen. In der Schule selbst werden die jüdischen Speisegesetze strikt eingehalten, zumeist dadurch, dass die Schule selbst für die Verpflegung der Kinder sorgt. Das Morgengebet wird von allen Schülern gesprochen und die Knaben tragen nach jüdischer Tradition Kippot (Käppchen). Diese gelten auch für alle diejenigen, die dies zu Hause nicht tun, was manchmal zu erzieherischen Konflikten zwischen Schule und Elternhaus führen kann.

Bereits vor der Shoah in Wien bestand in Wien eine nach Zwi Perez Chajes benannte Schule. Diese wurde 1919 vom zionistischen Jüdischen Nationalrat gegründet, von dem engagierten Zionisten Viktor Kellner geleitet und nach dem Tod meines großen Vorgängers Zwi Perez Chajes 1927 nach diesem benannt.

In der ersten Phase bestand die heutige Zwi Perez Chajes Schule nur aus zwei Volksschulklassen, von Jahr zu Jahr kam eine Klasse hinzu. Räumlichkeiten für die Schule wurden im Haus des Stadttempels in der Seitenstettengasse gefunden und adaptiert, was auch für eine sehr lebendige Interaktion zwischen Synagoge und jüdischer Schule sorgte. Viele Feste und Feiertage wurden hier gemeinsam gefeiert.

Nach kurzer Zeit wurde klar, dass diese Schule, wenn sie ihr Ziel, erwachsene und wissende Juden hervorzubringen, erreichen wollte, nicht mit der Volksschule enden könne. Die Gründerväter und -mütter machten sich daher auf die Suche nach einem passenden größeren Haus, in dem auch der Kindergarten Platz hätte. Sie fanden es in dem alten historischen Schulgebäude in der Castellezgasse im Wiener zweiten Bezirk. Im November 1984 wurde die Schule in Anwesenheit von Bundespräsident Rudolf Kirchschläger, dem israelischen Innenminister Josef Burg und dem damaligen Vizepräsidenten des World Jewish Congress Arthur Hertzberg feierlich eröffnet.

Allerdings begann damit auch eine erziehungsideologische Diskussion, nicht unähnlich jener, die wir nach dem Kindergarten beschrieben haben. Einige Eltern waren nämlich der Meinung, dass sie für die jüdische Erziehung ihrer Kinder nun doch schon genug geleistet und geopfert hätten und dass es an der Zeit wäre, die Kinder in allgemeine Mittelschulen zu schicken. Vom religiösen und pädagogischen Standpunkt hielt ich diese Position nicht für gut, aber wir leben in einer Demokratie.

Die Eltern, die für die Entstehung einer jüdischen Mittelschule waren, fürchteten sich vor einer Art Dominoeffekt. Wenn einige Eltern ihre Kinder aus der Schule nehmen und in ein anderes Wiener Gymnasium schicken würden, könnten sich andere denen anschließen. Und so wurden diese Diskussionen in den Kreisen der Eltern nicht nur akademisch und nicht immer freundschaftlich geführt.

Der aus Wien gebürtige amerikanische Nobelpreisträger für Physik Walter Kohn hat einmal in einer achten Klasse der Zwi Perez Chajes Schule eine Physikstunde gegeben. Er war von dem Wissen und der Klugheit einer der Schülerinnen so beeindruckt, dass er ihr ein Stipendium in den USA angeboten hatte. Dieses Mädchen stammte allerdings aus einer sehr orthodoxen Familie und ging nach der Matura trotz dieses Angebots, wie es bei diesen Familien üblich ist, in ein religiöses Mädchenseminar, heiratete kurz danach und hat heute schon einige Kinder.

Eine weitere Diskussion, ob die Zwi Perez Chajes Schule weitergeführt werden sollte, wurde nach dem Ende der vierten Gymnasialklasse geführt. Auch hier gab es einige Eltern, die meinten, dass es nun genug mit der „engen" jüdischen Schule sei und dass es endlich Zeit wäre, die Kinder in andere Schulen zu schicken. Insbesondere wurden jene Schüler aus der Schule genommen, die in Spezialschulen wie HTL etc. gehen wollten. Die Zwi Perez Chajes Schule wurde aber dennoch bis zur Matura erweitert. Sie ist die einzige jüdische Schule im deutschsprachigen Raum, in der jüdische Kinder vom Kindergarten bis zur Matura unterrichtet werden und sie ist so eines der Schmuckstücke der Wiener Kultusgemeinde.

Zu jenen Lehrstunden, die mir besonders am Herzen liegen, gehört der Religionsunterricht der letzten Gymnasialklasse. Obwohl es die jüdischen Schulen gibt, gibt es auch in anderen Mittelschulen und im Lycee viele jüdische Schüler. Der Sammelunterricht, in dem diese Schüler unterrichtet werden, wird bis zur 7. Klasse von anderen Lehren gegeben. Die letzte Klasse allerdings wird von mir unterrichtet. Erstens, weil es mir ein Anliegen ist, die Schüler persönlich näher kennen zu lernen, bevor sie die Schule verlassen und auf die Universität oder zum Teil auch ins Ausland gehen. Zweitens, weil ich so einen Überblick darüber gewinnen kann, was die Schüler in den elf Jahren bis dahin gelernt haben. Drittens, weil ich sie selbst zur Matura vorbereiten und auch die Prüfungen abnehmen möchte.

Diese Prüfungen finden in verschiedenen Schulen statt und sind am gleichen Tag, an dem die Schüler auch in den anderen Fächern maturieren. Das führt dazu, dass ich manchmal auch die Mathematik- oder Englischprüfungen meiner Religionsschüler mithöre und auch in der Kommission bin, die letztlich über die Note entscheidet. Gleichzeitig hören dann auch die anderen Professoren der Schule die Religionsmatura. Mir ist aufgefallen, dass bei einer jüdischen Religionsmatura immer ein gesteigertes Interesse bei den Professoren, Mitschülern und manchmal auch bei den Schülern von anderen Klassen herrscht. Normalerweise lauschen die Zuhörer nur andächtig der Matura, aber manchmal gibt es auch Fragen des Vorsitzenden.

Einmal geschah es, dass, nachdem ich einen Schüler über die Ursachen des Antisemitismus geprüft hatte und er meinte, dass der Antisemitismus nicht auf die Schuld der Juden, sondern auf die Vorurteile der Antisemiten zurückzuführen sei, ein Vorsitzender meinte, dass es den Antisemitismus doch manchmal auch wegen der Schuld der Juden gäbe. Dies war die einzige peinliche Situation bei bisher weit über 100 Maturaprüfungen, die ich abgenommen habe. Ansonsten verhielten sich die Vorsitzenden, Direktoren und Lehrer immer sehr wohlwollend.

Als Ergänzung des jüdischen Schulwesens wurde 1998 das Jüdische Berufliche Bildungszentrum (JBBZ) gegründet. Es ist das einzige Bildungszentrum seiner Art in Europa und bietet – wie wir einem Informationsblatt entnehmen – jüdischen Jugendlichen und Erwachsenen folgende Ausbildungen an: Bürokaufmann/-frau; Bankkaufmann/-frau, BuchhändlerIn; EDV-TechnikerIn; IT-ElektronikerIn; KommunikationstechnikerIn; OrthopädietechnikerIn. In

Tages- und Abendlehrgängen können die Matura oder der Europäische Computer Führerschein abgelegt werden. Weiters werden Sprachlehrgänge, EDV-Lehrgänge und kaufmännische Lehrgänge angeboten.

Bis zum September 2005 haben bereits rund 1500 AbsolventInnen die Angebote des JBBZ benutzt. Das JBBZ wird vom österreichischen Arbeitsmarktservice und von der Gemeinde Wien gefördert und ist daher für die AbsolventInnen kostenlos. Das Motto des JBBZ lautet: „Allen Menschen jüdischen Glaubens eine Ausbildungsstätte zur Verfügung zu stellen, die ihre religiösen Bedürfnisse erfüllt und gleichzeitig für ihre berufliche Karriere die notwendige Ausbildung zur Verfügung stellt." Eine Zeitlang hielt ich auch im JBBZ eine Religionsstunde.

In den jüdischen Tagesschulen findet auf natürliche Weise eine Integration der Kinder aus den zugewanderten jüdischen Familien statt. Seit den frühen siebziger Jahren sind nach Wien immer mehr Juden aus Usbekistan und aus Georgien gekommen. In der Sowjetunion lebten viele von ihnen unter sehr schlechten Bedingungen und wollten daher auswandern, vor allem nach Israel und in die USA, nur wenige nach Wien. Das auch unter Juden nicht immer voll ausgeprägte Verständnis für die Verschiedenheit der Traditionen hat zunächst dazu geführt, dass die in Wien schon früher bestehenden Gruppen und Synagogen diese Neueinwanderer am liebsten an sich gebunden hätten.

Dabei haben wir etwas übersehen. Zwar sind die Feiertage, die wir feiern, die gleichen und auch die Bibel, die wir studieren, ist die gleiche und ein Großteil der Gebetstexte sind die gleichen. Trotzdem gibt es in Melodie und anderen Details so große Unterschiede zwischen den europäischen und den asiatischen Juden, so dass ihr Wunsch nach einer eigenen Synagoge sehr verständlich war. Zuerst stellte die Kultusgemeinde ein Haus im zweiten Bezirk zur Verfügung, das allerdings in keinem sehr guten Zustand war. Später wurde dieses Haus abgerissen und mithilfe der österreichischen Regierung und der Stadt Wien das so genannte Sefardische Zentrum gebaut, in dem sich nicht nur Synagogen, sondern auch ein Veranstaltungssaal und sonstige Räumlichkeiten befinden.

Ich erinnere mich noch genau, dass die Vertreter der Kultusgemeinde in der Baubesprechung den sefardischen Juden nur eine Synagoge für dieses Gebäude vorgeschlagen haben. Die Vertreter der sefardischen Juden erklärten daraufhin entrüstet, dass sie in diesem Haus drei Bethäuser bräuchten, eine für die Bucharer, eine für die Georgier und eine für die kaukasischen Bergjuden. Diese Differenzierung war uns damals noch nicht geläufig. De facto gibt es heute im Sefardischen Zentrum eine bucharische und eine georgische Synagoge, die beide auch jeweils einen eigenen Rabbiner haben. Aber auch die Kaukasier bekamen etwas später eine kleine Betstube in einem anderen Gebäude.

Überhaupt bestand unter vielen Wiener Juden das Missverständnis, diese Einwanderer russische Juden zu nennen und nicht, was korrekt gewesen wäre, Juden aus der Sowjetunion. Die russischen Juden aus dem Nordwesten der ehemaligen Sowjetunion sind Europäer, Aschkenasim und unterscheiden sich in den Bräuchen kaum von denen anderer Juden aus Osteuropa. Die anderen sind Sefarden und stammen aus dem Südosten der ehemaligen Sowjetunion.

Es wird immer wieder gefragt, ob solche landsmannschaftliche Bethäuser oder Synagogen nicht hinderlich für die Integration der Zuwanderer sind. Meine Erfahrung ist, dass das genau umgekehrt ist. Eine Integration der Menschen, die in ein neues Land kommen, wird dadurch erleichtert, wenn man ihnen ermöglicht, die traditionellen Werte zumindest zum Teil weiterhin zu pflegen. Gleichzeitig muss man aber dafür sorgen, dass sie durch Erlangen von Wohnungen und Arbeitsplätzen sowie durch Deutschkurse in die jüdische Gemeinde und in die österreichische Bevölkerung integriert werden. Viele Mitglieder des Sefardischen Zentrums schicken ihre Kinder daher in die Zwi Perez Chajes Schule, weil sie den Wunsch haben, in die große Gemeinde integriert zu werden.

Neben den Schulen treffen sich jüdische Jugendlichen am Nachmittag und an den Wochenenden auch in den Jugendgruppen.

Als Sohn des Oberrabbiners konnte ich mich aus religiösen Gründen nur einer religiösen Jugendbewegung, nämlich der Bnei Akiva anschließen. Rabbi Akiva (nicht mein Vater, der Oberrabbiner) war eine sehr interessante Gestalt im talmudischen Judentum. Er starb im Jahr 135 nach der Zeitrechnung, begann erst mit 40 Jahren mithilfe seiner Frau Torah zu studieren und wurde damals im Laufe der Zeit zu einem der größten Gelehrten der talmudischen Epoche. Er selbst beschreibt den Ansporn, in so späten Jahren mit dem Torahstudium zu beginnen, mit folgender Parabel: Er sah einst an einer Tropfsteinhöhle, wie in einem Stein eine tiefe Höhlung entstanden war, die nur durch ein stetiges Fallen von Wassertropfen auf dieser Stelle gebildet wurde. Er sagte, wenn das stetige Wasser die Kraft hat, einen so harten Stein auszuhöhlen, dann hat sicher auch die Torah – die symbolisch oft mit Wasser verglichen wird, die Möglichkeit – auf mich einen tiefen Eindruck zu machen. Gleichzeitig war

Rabbi Akiba aber auch ein Streiter für das Judentum zur Zeit der Unterdrückung der Römer und so wählten die Gründer der 1922 in Palästina/Israel entstandenen internationalen Jugendbewegung der Misrachi, den Namen Bnei Akiva, Söhne des Akiva. Damit wollten sie zum Ausdruck bringen, dass sie die Jugend einerseits zum Lernen und Einhalten der Torah, andererseits aber auch zu stolzen Juden erziehen möchten.

Schon als kleiner Junge verbrachte ich viele Schabbatnachmittage und Sonntage in dieser Jugendbewegung, in der viel getanzt und gesungen, aber in späteren Jahren auch gelernt und diskutiert wurde. Es gab Sommerlager in Österreich, manchmal auch internationale Treffen, und so ist diese Jugendbewegung aus der Prägung meiner jüdischen Identität nicht wegzudenken. Der Leiter dieser Jugendbewegung in Wien war 20 Jahre lang, vom Beginn der fünfziger Jahre an, der spätere Universitätsprofessor Josef Grünberger. Er, der selbst als Junge ohne Eltern aus der Slowakei nach Wien kam, fand zum Teil Aufnahme und Unterstützung bei meinem Vater und hat dann mit sehr viel Geschick und Begeisterung diese Jugendgruppe über 20 Jahre lang geführt.

Da es Jugendliche in allen Altersstufen zwischen 6 und 18 Jahren gab, müssen für diese auch unterschiedliche Programme angeboten werden. Nur manchmal, wie beim gemeinsamen G'ttesdienst, war die gesamte Gruppe zusammen.

Die verschiedenen Altergruppen wurden von verschiedenen Madrichim und Madrichot (Leiter der kleinen Gruppen) organisiert, die ein meist dem Alter entsprechendes Programm durchführten. In diesen Jugendgruppen wird besonders darauf geachtet, keine Unterschiede zwischen Herkunft und sozialem Umfeld der Mitglieder zu machen.

Soziales

In der Torah werden Gruppen von benachteiligten Menschen erwähnt, denen man beistehen sollte. Es sind dies die Witwen, Waisen, Arme, Alte, Kranke und Fremde.

In Levitikus (19, 33 und 35) heißt es: „Gleich den Einheimischen unter euch sei euch der Fremde, der bei euch weilt, und du sollst ihn lieben wie dich selbst, denn Fremdlinge wart ihr im Lande Ägypten, ich bin der Ewige, euer G'tt."

Die Torah schreibt uns besonders vor, den Fremden zu lieben, obwohl es ja das allgemeine Gebot „Du sollst deinen Nächsten lieben wie dich selbst" gibt. Dies hat zwei Gründe: Erstens, weil Menschen von Natur aus leider den Fremden gegenüber nicht die gleiche Zuneigung zeigen wie ihren Mitbürgern. Zweitens, weil der Fremde unserer Liebe und Zuneigung mehr bedarf als jeder andere, denn er hat neben seinen Problemen mit der Einordnung auch mit dem Verlust seiner Heimat und seiner Wurzeln zu kämpfen. Ein Mensch verlässt ja nicht gern seine Heimat. Er tut dies wegen Verfolgung, aus wirtschaftlichen, oder aus anderen schwerwiegenden Gründen.

Es ist bemerkenswert, mit welchem Einfühlungsvermögen und mit welchen hohen moralischen Grundsätzen die Torah vom Fremden spricht.

So heißt es zunächst in Exodus (22,2): „Einen Fremden sollst du nicht kränken und ihn nicht bedrücken…"

Es werden zwei verschiedene Ausdrücke verwendet: „kränken", das will heißen mit Worten und „bedrücken", das bedeutet mit Taten. Es genügt also nicht, wenn wir den Fremden nicht physisch oder materiell benachteiligen. Wir sollen ihn auch nicht mit Worten beleidigen. Fast jede Sprache hat herabwürdigende Bezeichnungen für Ausländer und oft benützen auch Menschen, denen es nie einfallen würde, einem Ausländer etwas Böses zu tun, solche Redewendungen. Daher betont die Torah, dass man mit dem Reden allein viel Unheil anrichten kann. Das gilt für jeden einzelnen, im verstärkten Maße aber für Politiker und andere Meinungsbildner. Die Aktualität dieses Bibelverses ist sicher heute ebenso gegeben, wie damals.

In Exodus (23,9) wird die Begründung für den Schutz des Fremden angeführt: „Ihr wisst doch, wie dem Fremdling zumute ist, denn Fremdlinge wart ihr im Lande Ägypten."

Hier weist uns die Torah auf unser eigenes Erleben (das unserer Vorväter in Ägypten) hin. Wir können doch davon ausgehen, dass jeder Mensch gern in seiner Heimat bleibt, deren Sprache er spricht, deren Kultur die seine ist, wo Freunde und Familie leben. Wenn also ein Mensch beschließt, dies alles zu verlassen, dann müssen schon handfeste Gründe dafür vorhanden sein. Es muss nicht immer Gefahr an Leben und Gut sein, die einen Menschen veranlasst, sein Heim zu verlassen, es können auch wirtschaftliche oder andere Gründe sein. Sicher ist aber, dass er sich in seiner neuen Umgebung nicht sofort zurecht findet, die neue Sprache noch nicht, oder noch nicht gut genug spricht und auch sonst mit Schwierigkeiten zu kämpfen hat. In dieser Situation waren unsere Väter und Mütter in Ägypten und aus dieser Geschichte müssen wir die richtige Lehre ziehen. Nämlich den Fremden nicht unterdrücken, weil es auch uns so ergangen ist, sondern seine seelischen Nöte zu verstehen und diese zu lindern und nicht schlimmer zu machen.

Wie dies zu erreichen sei erklärt uns ein weiterer Vers aus dem dritten Buch Moses (24,22): „Ein Recht sei euch, dem

Fremden wie dem Eingeborenen, denn ich der Ewige bin euer G'tt!" Hier kommen wir vom bisher nur negativ ausgedrücktem (nicht beleidigen und nicht bedrücken) zum positiven. Es kann nach G'ttes Willen nicht ein Recht für den Staatsbürger und ein anderes schlechteres für den Zugereisten geben. Das Ende des Verses weist auch auf die göttliche Wurzel des humanen Benehmens hin. Weil der Fremde ebenso Geschöpf G'ttes ist wie wir, hat er die selben angeborenen Rechte, egal welcher Abstammung er ist! Eine dreitausend Jahre alte Charta der Menschenrechte!

Wir finden, wie schon erwähnt als Höhepunkt der zwischenmenschlichen Ethik im dritten Buch Moses (19,18) die Aufforderung: „Liebe deinen Nächsten wie dich selbst!"

Oft habe ich von Christen gehört, dass Jesus die Nächstenliebe „erfunden" hat. Wahr ist vielmehr, dass er als Jude das Zitat „Liebe Deinen nächsten…" aus der Bibel kannte.

Es mag überraschen, wenn wir noch im selben Kapitel (Vers 34) die Aufforderung finden, „den Fremden, der bei euch weilt zu lieben wie euch selbst." Doch auch diese Wiederholung scheint mir nicht überflüssig. Hier wendet sich die Torah wie so oft an die Schwäche der Menschen und versucht gegenzusteuern. Mit allen gesetzlichen Verboten, den Fremdem zu benachteiligen, mit dem Gebot, ihm das gleiche Recht zu gewähren, ist es noch nicht getan. Die menschliche Natur ist oft ohne Grund gegenüber dem Fremden zurückhaltend. Es ist sehr schwer, gegen Gefühle, so irrational sie auch sein mögen, anzukämpfen. Aber genau das versucht die Torah uns zu lehren. Er mag dir fremd sein, du verstehst ihn oft nicht als deinen „Nächsten" und dennoch musst du ihn als solchen betrachten!

Auch die Kultusgemeinde erfüllt verschiedene soziale Aufgaben. Diese gehören zu den Aufgaben einer jüdischen Gemeinde, können aber in manchen Gemeinden weniger und in anderen mehr entwickelt sein. Die Wiener Israelitische Kultusgemeinde gehört zu jenen Gemeinden, in der auch die soziale Komponente sehr stark ausgebaut ist. Zunächst möchte ich hier das Maimonides-Zentrum, unser Elternheim im 19. Bezirk, erwähnen. Es ist dies eine offizielle Institution der Kultusgemeinde und besteht aus verschiedenen Teilbereichen. (Es gibt dort auch eine Synagoge, die wir hier schon erwähnt haben.) Es gibt die Geriatrie, das ist jener Teil, in dem Menschen, die bereits ständig pflegebedürftig sind, leben. In den anderen Abteilungen des Elternheims leben Menschen, die sich sehr wohl noch körperlich versorgen können, die aber nicht mehr imstande sind, einen Haushalt zu führen oder zu kochen.

Das Maimonides-Zentrum, obwohl es eine Institution der Kultusgemeinde ist, wird zusätzlich von einer Freundschaftsgesellschaft, aber auch von privaten Menschen unterstützt. Es gibt zum Beispiel einen freiwilligen Besuchsdienst für Menschen, die keine Kinder haben oder deren Kinder ihre Eltern nicht besuchen können. Dafür gibt es eine Gruppe von Frauen, die es als ihre Aufgabe ansieht, die alten Menschen zu betreuen. Dazu kommt noch, dass ein Elternheim gerade in der Geriatrie die Menschen nicht immer voll betreuen kann. Zum Beispiel müssen manche dieser Patienten gefüttert werden. Für diese Arbeit gibt es dann freiwillige Helfer, weil die Pfleger nicht alles selbst bewältigen können. In letzter Zeit gibt es sogar Zivildiener, die bei diesen Aufgaben helfen und im Elternheim ihren Dienst absolvieren. Außerdem ist es bei alten Menschen oft der Fall, dass man sie nicht nur physisch betreuen und ihnen Essen geben muss. Für diese Menschen gibt es auch Beschäftigungsprogramme; es ist für sie wichtig, die Gemeinschaft zu pflegen. Es gibt auch regelmäßige Kaffeehausstunden, in denen wiederum freiwillige Helfer die Menschen betreuen, mit ihnen sitzen und ihnen die Zeit vertreiben. Bei besonderen Anlässen oder Feiertagen gibt es auch Feste und Feiern, zum Beispiel das Zünden der Chanukkakerzen. Ich freue mich immer, wenn ich zu Chanukka, das acht Tage lang dauert, das Fest mit der gesamten Gemeinde, vom Kindergarten bis zum Elternheim, feiern kann. So kann man an jedem Tag mit einer anderen Gruppe, einer anderen Institution dieses Fest feiern.

Integriert in dieses Elternheim ist noch eine andere interessante Institution, die sich Tagesstätte nennt. Wir hatten ein sehr sozial denkendes und engagiertes Vorstandsmitglied der Gemeinde, Frau Professor Anne Kohn Feuermann, die sehr viel für die Alten und Kranken getan hat. Sie hatte die Idee, dass es auch Menschen gibt, die gerade noch in der eigenen Wohnung leben und dort mit Essen versorgt werden, die aber dennoch, wenn man sonst nichts für sie tun würde, allein zu Hause vereinsamen würden. Für diese Menschen wurde die Tagesstätte gegründet, die eben nach Anne Kohn Feuermann benannt ist. Sie werden in der Früh in die Tagesstätte gebracht, wo für sie verschiedene gemeinsame Aktivitäten organisiert werden. Die Tagesstätte feierte dieses Jahr ihren zehnten Geburtstag.

Auch „Esra" (hebr.: Hilfe) ist eine ganz wichtige Institution, die 1994 entstanden ist und den etwas bombastischen Namen, „Initiative zur psychosozialen, sozialtherapeutischen und soziokulturellen Integration" trägt. Es gab in der Kultusgemeinde zwar immer schon eine Sozialabteilung, aber in den letzten Jahren zeigte sich, dass viele ältere Juden psychische Probleme aufgrund von Erlebnissen haben, die weit zurück liegen. Zum Beispiel haben Überlebende der Shoah manchmal Schuldgefühle, warum sie überlebt haben, aber andere ihrer Lieben nicht, oder werden noch Jahrzehnte nach der Shoah von grausamen Bildern in der Nacht verfolgt. Daher wurde mit Esra ein Beratungs- und Behandlungszentrum für Menschen gegründet, die Probleme und Krankheitsbilder haben, die insbesondere durch das so genannte Holocaust- oder das Entwurzelungssyndrom bedingt sind. Diese Menschen brauchen Spezialisten, die ihnen helfen und sie verstehen können. Die Shoah hat also nicht nur Opfer an Menschen hervorgebracht, die ermordet wurden. Durch sie haben auch Menschen ihr Hab und Gut, ihre Heimat oder ihre soziale Stellung und psychische Gesundheit verloren.

Die Sozialabteilung der Kultusgemeinde und die Stadt Wien arbeiten bei Esra zusammen. Die meisten Ideen und die praktische Durchführung kamen von der Kultusgemeinde, die Finanzierung kam zu einem Teil von der Stadt Wien, wo eine solche Betreuung gesetzlich vorgeschrieben ist.

Mitbegründer und Obmann von Esra ist der langjährige Kulturvorsteher und Arzt Alexander Friedmann, der im Wiener Allgemeinen Krankenhaus eine Spezialambulanz für transkulturelle Psychiatrie und migrationsbedingte psychische Störungen leitet.

Schom im ersten Jahr 1995 wurden die Angebote von Esra von ca. 3700 Personen in Anspruch genommen. 1996 begann Esra mit einer Kinder- und Jugendberatung und richtete ein Kaffeehaus ein. 1999 ging die erste Direktorin von Esra, Elvira Glück, nach Berlin. Die Leitung von Esra übernehmen drei Personen: Michaela Mathae als Leiterin der sozialen Dienste, Dr. David Vyssoki als Leiter der Ambulanz und Peter Schwarz als Geschäftsführer. Im Jahr 2000 stieg die Zahl der Kontakte auf über 12.000.

Zufällig befindet sich Esra in der Tempelgasse gleich neben der Talmud Torah Schule, in der mein jüngster Sohn Akiba (liebevoll Kiwi genannt), benannt nach meinem Vater, ging. Nachdem diese Schule eine Ganztagsschule ist, haben wir ihm für Mittag immer ein Sandwich mitgegeben. Nun erfuhr ich von jemanden, dass mein Sohn mit seinen Klassenkollegen – insbesondere dann, wenn es Schnitzel gab – am Mittagstisch von Esra teilnahm. Da dieses Mittagessen aber für Bedürftige ist und daher auch subventioniert wird, habe ich ihm zunächst verboten, dort zu essen. Ich wollte nicht, dass es heißt, dass der Oberrabbiner eine soziale Unterstützung von der Kultusgemeinde in Anspruch nimmt. Danach rief mich aber eine Sozialarbeiterin von Esra an und meinte, die alten Menschen bei Esra hätten eine solche Freude, wenn sie mit Kindern ihr Mittagessen einnehmen können, dass es schade wäre, wenn die Kinder nicht mehr dorthin essen kommen. Daraufhin einigten wir uns, dass ich den vollen Preis bezahlte und die Kinder weiter die alten, oft einsamen Menschen mit ihrer Anwesenheit und ihrem Plaudern erfreuen würden.

2004 feierte Esra im Rahmen eines großen Festaktes in Anwesenheit von Bundespräsident Dr. Heinz Fischer sein zehnjähriges Bestehen. Aus diesem Anlass erschien auch die erwähnte umfangreiche Festschrift, in der ich in einem kurzen Beitrag schrieb: „Das Judentum kennt zwei Formen von Mitzwot: die Mitzwot ‚Bejn adam lamakom‘ – die Gebote zwischen Mensch und G'tt und die Gebote ‚Bejn adam lechavero‘ – Gebote zwischen Mensch und Mensch.

Die zweite Kategorie kann man wieder in zwei Gebiete teilen. Zu ihr gehören einerseits Mischpatim – die Straf- und Zivilgesetze und zweitens die sozialen Pflichten (Zedaka) und Taten der Barmherzigkeit (Gemilut Chassadim).

Nach Maimonides enthält das Gebot ‚Liebe deinen Nächsten wie dich selbst‘ auch die Pflicht, Kranke zu besuchen, Arme finanziell zu unterstützen und Witwen, Waisen, Fremden und anderen sozial Benachteiligten zu helfen. Wenn diese Aufgabe zunächst dem einzelnen Juden aufgetragen waren, so hat sich schon in frühester Zeit gezeigt, dass viele der sozialen Aufgaben von Einzelnen nicht zu bewältigen waren, und so wurden viele soziale Hilfsorganisationen gegründet, z.B. für Zedaka (Spenden), Chewra Kadischa (Verein für die Beerdigung von Verstorbenen), Bikur Cholim (Verein für die Betreuung und den Besuch von Kranken), etc…"

Abschließend schrieb ich: „Der Verein Esra hat in den zehn Jahren seines Bestehens viele soziale Aufgaben in unserer Gemeinde übernommen, die von bestehenden Gruppierungen nicht abgedeckt wurden. Esra steht hiermit einerseits in der alten Tradition der jüdischen Hilfe und Barmherzigkeit und gleichzeitig auf dem neuesten Stand des sozialen Fortschrittes und der Weiterentwicklung."

Aber nicht nur die Kultusgemeinde wirkt für Bedürftige. Es gibt noch eine ganze Reihe von sozialen Institutionen, die auf Initiative von Privatpersonen aus unserer Gemeinschaft entstanden sind.

Die jüdische Religion ist eine sehr praxis- und diesseitsbezogene. So wird zum Beispiel der berühmte Bibelvers „Liebe deinen nächsten wie dich selbst" (Levitikus 19,18) im Talmud konkret mit mehreren sozialen Verpflichtungen in Zusammenhang gebracht. Dieser Vers beinhaltet: Gäste einzuladen, Kranke zu besuchen, Tote zu begraben, Bedürftige zu unterstützen, Ehepartner für arme Jugendliche zu suchen und ihnen auch die Hochzeit auszurichten. Jeder Jude sollte sich bemühen, sich in diesem Sinn sozial zu betätigen. Um dies aber besonders effektiv zu tun, wurden oft Hilfsvereine gegründet, die sich speziell einer der erwähnten Aufgaben widmen.

Der Verein Bikur Cholim (übersetzt Krankenbesuche) sorgt zum Beispiel nicht nur dafür, dass Menschen freiwillig Kranke in Spitälern oder zu Hause besuchen, sondern auch dafür, dass die Kranken anständig zu essen haben. Weiters kümmert er sich manchmal darum, Operationen, die sich die Patienten selbst nicht leisten können, zu finanzieren.

Das jüdische Religionsgesetz detailliert im weitesten Sinne auch die Pflichten, die man beim Krankenbesuch zu erfüllen hat. Diese laufen zum Beispiel darauf hinaus, den Kranken bei den alltäglichen Verrichtungen zu helfen, sie zum Beispiel zu füttern, ihre Betten zu machen, aber auch für sie zu beten.

Um die finanziellen Lasten tragen zu können, organisieren solche Vereine öfter, meist einmal im Jahr, Fundraising Veranstaltungen, bei denen die Besucher ermuntert werden, Geld für Bedürftige zu spenden.

Während ein einzelner Jude sehr wohl einen anderen im Spital besuchen kann, kann aber ein Einzelner sicher nicht einen Toten begraben. So entstanden die Begräbnisbruderschaften (genannt Chewra Kadischa, heiliger Verein), die in allen Gemeinden für die Begräbnisse zuständig waren und sind. Ursprünglich waren es Freiwillige, die ohne Bezahlung die rituelle Totenwäsche und das eigentliche Begräbnis durchführten. In Wien hat die Kultusgemeinde, nachdem die Gemeinde so angewachsen ist, dass diese religiösen

Pflichten nicht mehr von einem privaten Verein bewältigt werden konnten, diese Aufgabe übernommen. Die Chewra Kadischa besteht jedoch weiter und spendet zum Beispiel Grabsteine für jene Verstorbenen, die keine Nachkommen haben oder die sich einen Stein nicht leisten können.

Einmal im Jahr, am 7. Adar, dem Todestag von Moses, ist es üblich, dass die Chewra Kadischa ein Festmahl abhält. Bei dem Gedenkg'ttesdienst werden zunächst jene Menschen erwähnt, die im letzen Jahr verstorben sind, zusätzlich auch früher verstorbene Rabbiner, Kantoren und Präsidenten der Gemeinde. Dieser Tag wurde gewählt, weil nach der biblischen Beschreibung Moses an diesem Tag gestorben ist. Der Grund, dass Moses kein Grab hat, ist, dass der Ewige verhindern wollte, dass sein Grab zu einer Wallfahrtsstätte wurde und auch nicht wollte, dass Moses, wenn er auch unser größter Prophet war, in den Rang eines übermenschlichen Wesens erhoben wird.

Vor der Shoah gab es in Wien natürlich viel mehr soziale und karitative Vereine. In einem von Shoshana Duizend-Jensen im Rahmen der österreichischen Historikerkommission erarbeiteten Buch werden die österreichischen jüdischen Gemeinden, Vereine, Stiftungen und Fonds, die Arisierung und die Bemühungen um deren Restitution dokumentiert. Ich möchte hier nur einige wenige dieser Vereine aufzählen, deren Namen auch ein interessantes Bild von den damaligen sozialen Verhältnissen der Wiener Juden geben: Mittelstandsfürsorge, Hilfe für geistige Arbeiter in Not; Verein zur Rettung verlassener jüdischer Kinder; Israelitischer Frauenverein Greisinnenfürsorge; Verein zur Bekleidung und Unterstützung armer, alter Männer israelitischer Konfession; Israelitischer Krankenunterstützungsverein der Wiener Dienstmänner; Verein Die wahre Wohltätigkeit; Verein der Kürschner, Kappenmacher und Pelzhändler zur Unterstützung in Not geratener Mitglieder; Verein Hachnosas Kallo zur Unterstützung armer jüdischer Waisenmädchen und bedürftiger Bräute; Jüdischer Wohlfahrtsverein Hilfsbereitschaft Treuer Brüder.

Einen Verein möchte ich besonders erwähnen, weil er nach der Shoah wiedergegründet wurde. Er hieß „Ohel Rahel. Verein zur unentgeltlichen Ausspeisung jüdischer Notleidender in Wien" und wurde 1922 gegründet. Er bestand bis zu seiner Zwangslauflösung 1938 und unterhielt eine Armenküche in der Schwarzingergasse/Kleine Pfarrgasse. Auf Initiative von Renate Erbst, Kultusvorsteherin vom Bund sozialdemokratischer Juden – Avoda wurde der Verein Ohel Rahel 1999 wiedergegründet. Seine Notwendigkeit zeigt, dass es noch heute viele bedürftige Juden in Wien gibt. 2004 feierte der Verein sein fünfjähriges Bestehen; zu diesem Zeitpunkt lebten 15 Prozent der jüdischen Bevölkerung unter der Armutsgrenze.

„Ohel Rahel" finanziert sich durch Spenden und verteilt Lebensmittelgutscheine, mit denen meist in koscheren Geschäften Lebensmittel eingekauft werden können. 2004 wurden auf diese Weise 360 Personen unterstützt.

Noch erwähnen möchte ich den 1991 von dem katholischen Kaufmann Walter Pagler initiierten Verein „Schalom", der sich die Renovierung der österreichischen jüdischen Friedhöfe zum Ziel setzte. Mithilfe von Patenschaftsaktionen, Spenden von Firmen und Privaten, Berufsvereinigungen, einigen Landesregierungen, dem Bundesheer, der Caritas und dem Arbeitsamt gelangen dem Verein in über 100.000 Arbeitsstunden die Renovierung und dokumentarische Erfassung von 44 Friedhöfen. 1999 publizierte der Verein auch einen „Wegweiser jüdischer Friedhöfe in Österreich".

Judentum und Politik

Man sollte nicht den Eindruck erhalten, dass wir Juden wie auf einer Insel oder in einem Ghetto abgeschlossen von der Außenwelt leben. Daher stelle ich die Frage:

Wie ist das Verhältnis der österreichischen Juden zu den österreichischen Parteien? Die Wiener Juden vor der Shoah wählten in der Regel sozialdemokratisch. Viele führende Politiker und Theoretiker der sozialdemokratischen Partei waren jüdischer Herkunft. Zu erinnern wäre an Victor und Max Adler, Otto Bauer, Julius Deutsch, Hugo Breitner, Robert Danneberg, Wilhelm Ellenbogen und Julius Braunthal.

Die christlichsoziale Partei war für Juden aus zwei Gründen kaum wählbar. Erstens sagte der Name christlichsozial schon, an welche Wähler sie sich richtete. Heute spricht man viel von christlich-jüdischen Werten, vor der Shoah sprach man nur von christlichen Werten, wenn man humanistische meinte. Zweitens war der klerikale Antisemitismus damals in Österreich und auch in der christlichsozialen Partei sehr verbreitet.

Nach der Shoah war die Situation jedoch eine andere. Österreichische Juden, die aus dem Exil zurückkamen, wählten nach 1945 weiter die SPÖ. (So genau weiß ich das nicht, denn es gibt ja ein Wahlgeheimnis.) Menschen, die aus dem Osten kamen, wo sie dem Kommunismus entronnen oder vor ihm nach Wien geflohen sind, wählten aber manchmal die ÖVP. Erstens hieß damals die ÖVP nicht mehr christlichsoziale Partei und zweitens hatte sie ziemlich stark an sich gearbeitet, den Antisemitismus zumindest unter Kontrolle zu bringen – immer ist es ja nicht gelungen.

Die Juden aus Osteuropa, die gerade dem Kommunismus entronnen waren, konnten nicht immer unterscheiden, wo der Sozialismus aufhört und wo der Kommunismus beginnt – das war früher auch nicht immer leicht. Manche haben die Sozialisten verdächtigt, kommunistisch angehaucht zu sein. Oft waren unter ihnen auch Wirtschaftstreibende, für die die ÖVP als Wirtschaftspartei sympathischer war.

Ich könnte anhand einer Anekdote illustrieren, warum für religiöse Juden gerade eine „christliche" Partei wählbar ist.

Es gab einmal einen berühmten Rabbi, der klarerweise ein frommer Mann war und einen neuen christlichen Kutscher anstellen wollte. Er fuhr mit dem Kandidaten durchs Dorf und am Schluss entschied er sich für einen Kutscher. Die anderen fragten: „Warum, kann er besser die Pferde führen?!" Der Rabbi sagte: „Er war der einzige, der sich bekreuzigt hat, als er an der Kirche vorbeigefahren ist, und ich verlasse mich nicht auf einen Menschen, der keinen Glauben hat. Daher wählte ich ihn aus." – Es scheint zunächst bizarr zu sein, dass der Rabbi einen frommen Christen als Kutscher vorzog. Aber ein religiöser Mensch vertraut am ehesten einem religiösen Menschen, auch wenn er einem anderen Glauben angehört.

Besonders zur Zeit von Bundeskanzler Bruno Kreisky wählten viele Juden nicht die SPÖ. Die Gründe dafür waren seine Nähe zum israelfeindlichen arabischen Raum und die Tatsache, dass er sogar ehemalige Nazis in sein Kabinett aufnahm.

Diese langen Erklärungen erwecken den Eindruck, dass ein Großteil der Wiener Juden die ÖVP wählte. Doch dem war sicher nicht so und ich nehme trotzdem an, dass mehr Juden die SPÖ wählten.

Es gab sowohl in der ÖVP als auch in der SPÖ vereinzelte jüdische Bezirksräte, eine Zeitlang gab es auch eine jüdische Nationalratsabgeordnete der SPÖ.

Der Antisemitismus war auch nach dem Krieg nicht gebannt. Natürlich war er viel harmloser, wurde auch von vielen nur im Herzen getragen und kam normalerweise nicht zum offenen Ausbruch. Deshalb möchte ich eine Episode erwähnen, bei der auch wieder die Fähigkeit meines Vaters, Aktuelles mit dem entsprechenden Zitat aus der jüdischen Literatur zu verbinden, besonders hervortrat.

Die beiden ÖVP Abgeordneten Johann Haider und Walter Suppan riefen 1972, als man im Parlament über den Bau der UNO-City gesprochen hat und als die Namen einiger Architekten und Firmen genannt wurden: „Lauter Juden" und „Auch ein Jud". Später zur Rede gestellt, haben die beiden Herren behauptet, dass das nur passiert wäre, weil sie in der Bar des Parlaments ein bisschen zu viel Alkohol zu sich genommen hatten. Danach wurde zumindest kurzfristig kein Alkohol mehr in der Bar im Parlament ausgeschenkt. Mein Vater hat diesen Vorfall in einer Predigt scharf verurteilt und er erwähnte dabei auch die Sache mit dem Alkohol und dem angeblichen Schwips. Er zitierte ein rabbinisches Wort: „Wenn jemand Wein trinkt dann gibt er sein Geheimnis preis, das heißt, dann sagt er, was er in seinem Inneren denkt". Auch im Deutschen gibt es ja das Sprichwort, dass der Wein die Zunge löst. Daher kann die Ausrede, dass dieser antisemitische Ausrutscher nur passierte, weil sie zuviel getrunken haben, keine Entschuldigung sein. Im Gegenteil: Die beiden hatten damit gezeigt, wie sie sprechen, wenn ihre Zunge gelöst ist und wie sie tatsächlich im Inneren denken. Es ist dies ein Antijudaismus, der weder religiös noch rassistisch, sondern einfach nur primitiv war.

Ich glaube, dass es auch bei vielen Diskussionen und Umfragen über den Antisemitismus so ist, dass viele zunächst deshalb ableugnen, antisemitisch zu sein, weil dies ganz einfach nicht mehr schick ist oder weil dies in Österreich öffentlich verurteilt wird. Am Stammtisch oder beim Heurigen kann man viel mehr hören, wenn eben die Selbstbeherrschung nicht so stark ist. Auch bei Umfragen, bei denen sich die Menschen anonym fühlen und nicht mit dem Finger auf sie gezeigt werden kann, kommen manchmal erschreckend hohe Zahlen an judenfeindlichen Einstellungen zutage, die angesichts dessen, was man sonst in den Medien zu sehen, zu hören und zu lesen bekommt, überraschen.

Generell wäre noch dazu zu sagen, dass die Kultusgemeinde natürlich keiner Partei angehört. Es gibt hingegen Gruppen in der Kultusgemeinde, zumindest eine Gruppe, für die das nicht so gesagt werden kann. Der „Bund sozialdemokratischer Juden – Avoda" (hebräisch Arbeiterpartei) deklariert sich ganz offen als sozialistisch beziehungsweise sozialdemokratisch. Er war nach der Shoah viele Jahre lang unter dem Namen „Bund werktätiger Juden" die stärkste Gruppierung in der Kultusgemeinde und stellte bis 1981 auch die Präsidenten. Es gab aber auch Mitglieder der Kultusgemeinde, die diese Nähe zur SPÖ verurteilt haben, weil sie meinten, dass ein Naheverhältnis zwischen der Führung der Kultusgemeinde und einer politischen Partei uns Juden eher Nachteile bringen würde.

Es muss auch klargestellt werden, obwohl dies selbstverständlich ist, dass bewusstes Judentum und FPÖ früher und auch heute kaum zusammen gehen. Als es daher mit Peter Sichrovsky ein Mitglied der Kultusgemeinde gab, der in dieser Partei eine Funktion eingenommen hat und ein EU-Abgeordneter war, wurde er von zahlreichen Mitgliedern der Israelitischen Kultusgemeinde dafür scharf kritisiert.

Da Peter Sichrovsky ein sehr begabter Schriftsteller war, hat ihn der frühere Präsident des Zentralrats der Juden in Deutschland Ignatz Bubis als Ghostwriter für seine Memoiren engagiert. Als dann Sichrovsky in die Nähe der FPÖ rückte kam es zu einem Zerwürfnis und zu einigen unfreundlichen Worten in der Öffentlichkeit. 1996 erschien dann aber doch das Buch: Ignatz Bubis mit Peter Sichrovsky: „„Damit bin ich noch längst nicht fertig'. Die Autobiographie."

Sichrovskys Annäherung an die FPÖ war umso überraschender, als er eigentlich seine Karriere mit sehr positiven Büchern begonnen hatte. Er hat 1985 in dem Buch „Wir wissen nicht, was morgen wird, wir wissen wohl, was gestern war. Junge Juden in Deutschland und Österreich" das Thema der zweiten Generation sehr eindringlich beschrieben.

Sein Theaterstück „Schuldig geboren" war in Israel ein großer Erfolg und sein Kinderbuch „Mein Freund David" über die Freundschaft zwischen einem jüdischen Jungen und einem nichtjüdischen Mädchen in Berlin wird heute noch als Schulbuch in Deutschland verwendet.

Der eigentliche Zweck der Aufnahme von Peter Sichrovsky in das Team der FPÖ war meiner Meinung nach, im In- und Ausland als Kontaktperson zwischen der FPÖ Jörg Haiders und den Juden zu fungieren. Nachdem die Israelitische Kultusgemeinde bewusst Kontakte zu Haider und der FPÖ ablehnte, hat Sichrovsky mehrfach versucht, jüdische Persönlichkeiten im Ausland zu finden, die bereit wären, sich mit Jörg Haider zu treffen und sich mit ihm photographieren zu lassen. Damit wollte er den Beweis liefern, dass Juden und die FPÖ miteinander „könnten" und dass nur die Wiener Kultusgemeinde dagegen sei. Er benützte dabei eine Aussage Simon Wiesenthals, der einmal über Haider gesagt hat, dass gegen ihn nichts besonderes vorliege. Eine ähnliche Aussage hatte Simon Wiesenthal auch über Kurt Waldheim getätigt, wobei er wohl gemeint hatte, dass Kurt Waldheim nicht als Kriegsverbrecher angeklagt oder überführt worden war. Es gab dann manchmal ein Wettrennen zwischen Peter Sichrovsky und Vertretern des österreichischen Judentums, wenn Sichrovsky jüdischen Persönlichkeiten im Ausland einreden wollte, dass sie Jörg Haider zu einem Gespräch empfangen sollten, während diese von unserer Seite immer wieder gewarnt wurden, für Haider kein Feigenblatt abzugeben. Fast skurril mutet die Tatsache an, dass Haider aufgrund von Kontakten Sichrovskys fast zu einer Hochzeit im Haus eines berühmten kanadischen Rebbes eingeladen worden wäre. Er befand sich schon in Kanada im Auto am Weg zur Hochzeit und wurde dann im letzten Moment ausgeladen beziehungsweise nicht eingelassen.

Es darf inzwischen erwähnt werden, dass Peter Sichrovsky seine Kontakte zur FPÖ abgebrochen hat. Zuletzt sind sogar Berichte erschienen, wonach er dem israelischen Geheimdienst über die FPÖ Auskünfte erteilt hat.

Stattgefunden hat aber – lange bevor Sichrovsky für Haider gearbeitet hat – die Teilnahme Jörg Haiders an einem Veteranentreffen der Waffen-SS 1995 in Krumpendorf. Dort lobte Haider die ehemaligen SS-Männer dafür, dass sie anständig und ihren Überzeugungen treu geblieben sind.

Ich verfasste damals im „Standard" folgenden Gastkommentar:

„Ein junger Jude, der wie ich in der Zweiten Republik aufgewachsen ist, muss sich diese Frage oder dieser Frage stellen. Zahlreiche Mitglieder meiner Familie sind in der Shoah ermordet worden. Neben mir auf der Schulbank saßen viele

Schüler, deren Väter oder Großväter auf der Seite der Mörder kämpften: Da es gerade wir Juden waren, die immer wieder an Vor- und Pauschalurteilen zu leiden hatten, tue ich mir schwer, alle Soldaten der Wehrmacht gleichermaßen zu Verbrechern zu stempeln. Und da gab es noch SS und Waffen-SS und andere Gruppierungen, deren genaue Beurteilung ich den Historikern überlassen möchte.

Unter den Einzelpersonen gab es:
a) aktive Widerstandskämpfer gegen Hitler,
b) andere, die gegen ihren Willen einrücken und mitkämpfen mussten,
c) andere, die dies als ihre Staatsbürgerpflicht sahen,
d) wieder andere, die von Hitlers Reden verführt waren,
e) dann solche, denen alles gleichgültig war, und die nur nicht auffallen wollten,
f) dann die überzeugten Nazi,
g) die begeisterten Nazi
h) und schließlich die Kriegsverbrecher.

Man könnte diese Liste sicher noch verfeinern: Auch ist es möglich, dass manche zunächst widerwillig, aber später überzeugt waren, und dass es andere gab, deren erste Begeisterung sich später abkühlte.

Was tu' ich nun, wenn ich mit einem Österreicher zusammen bin, der in der NS-Zeit schon erwachsen war? Reiche ich ihm die obere Liste und bitte ihn, sich selbst einzuordnen, und lass ich das später von jemandem überprüfen, bevor ich mich mit ihm als Anständigen zusammensetzen kann? Die Antwort ist viel einfacher als es diese komplizierte Aufstellung vermuten lässt. Es geht mir nämlich mehr um

das Heute als um das Damals. Wenn wir nämlich die Widerstandskämpfer und Kriegsverbrecher auslassen, dann ist
alles, was ich mir von einem Anständigen erwarte (und damit bin ich eh sehr tolerant), dass alle Kriegsteilnehmer mit
sich selbst ins Klare kommen mögen; was ihre wahre Rolle
damals war und inwiefern diese falsch war, und dass sie es
heute vielleicht anders oder besser machen würden.

Jeder Österreicher, auch der, der diesen Krieg unschuldig wie
ein weißes Lamm verlassen hat, muss sich bewusst sein, dass er
auf der Seite der Mörder gekämpft hat (oder kämpfen musste),
und es wird dem Anständigen daher nicht schwerfallen, sich
von Veranstaltungen fernzuhalten, die den Zweiten Weltkrieg
– egal in welcher Weise – verherrlichen oder verklären wollen.
Es mag beim gemeinsamen Kämpfen und den Entbehrun-
gen auch der Kriegskameraden der Wehrmacht individuelle
Kameradschaft, Dank für Hilfe oder Ähnliches möglich sein.
Es sind für diese Reminiszenzen aber keine Veteranentreffen
mit Fahnen und nostalgischen Reden 50 Jahre nach Ende des
Grauens notwendig. Wer damals widerwillig in den Krieg zog,
wird solche Treffen sicher gerne missen. Wer noch heute das
Bedürfnis danach hat, meint wohl, dass dies die besseren Zeiten gewesen sind. Für mich ist heute der anständig, der unabhängig von seiner damaligen Rolle den Kontinuitätsbruch zu
damals bewerkstelligt hat, der dem Gegenwind zur damaligen
Ideologie nicht nur nachgibt, sondern für solchen Gegenwind
sorgt: Waren die Anständigen in Krumpendorf?"

Das war ein Grund, warum für mich Haiders Handlung
indiskutabel war.

Anlässlich der Feiern von 60 Jahren Befreiung wurde mir in
diesem Zusammenhang die Frage gestellt, ob nur die Juden

und andere Opfer der Shoah den Tod ihrer Lieben betrauern dürfen und warum nicht auch eine Witwe, oder Waisen eines deutschen Wehrmachtssoldaten oder sogar SS- Mannes, der von der Front oder einem anderen Einsatz nicht mehr zurückgekehrt ist, trauern darf. Ich stelle keineswegs in Frage, dass Familienmitglieder oder Freunde von Soldaten oder sogar Tätern den Verlust ihres Mannes, Vaters, Bruder, Sohnes betrauern dürfen. Niemand kann einem Menschen die Trauer nach einem verstorbenen Familienmitglied verwehren. Problematisch ist nur, wenn man diese Trauer umfunktioniert zum Gedenken an verbrecherische Ideologien und Vereinigungen.

Wenn ich gegen SS-Treffen bin, will ich Menschen nicht das Trauern um ihre Lieben vorwerfen, sondern ich bin nur dagegen, dass die Ideologie, unter deren Fahnen diese Menschen umgekommen sind, neu aufgewärmt wird. Wir sind nicht gegen Menschen als Individuen, sondern gegen Mitglieder einer SS Truppe.

Ebenfalls ausgelöst von der FPÖ Jörg Haiders wurde 1993 das „Lichtermeer". Dies war eine von 250.000 Menschen besuchte Demonstration am Wiener Heldenplatz gegen die von der FPÖ geplanten diskriminierenden Ausländergesetze, bei der auch der Friedensnobelpreisträger Elie Wiesel sprach.

Nachdem ich dort gesprochen hatte und sehr stolz auf meine Rede war, ergab es sich, dass ich danach noch mit der Künstlerin „Jazzgitti" (die auch einige Jahre in Israel lebte) das hebräische Lied „Hewenu Schalom Aleichem" („Wir bringen Euch den Frieden") gesungen habe. Von da an war ich als singender Rabbi abgestempelt und meine Ansprachen wurden sekundär. Das Lied kann ich in diesem Buch nicht singen. Daher folgt nun meine damalige Rede „Wenn ein Fremdling in Eurem Land wohnt, so sollt ihr ihn nicht bedrücken":

„Wir Österreicher sind zu Recht stolz darauf, dass wir in der Aktion ‚Nachbar in Not' etwa eine halbe Milliarde Schilling an Spendengeldern an die notleidende Bevölkerung in unsere südlichen Nachbarländer geschickt haben.

Wenn aber die gleichen Nachbarn in oder aus ihrer Not bei uns Zuflucht suchen, dann sind sie nicht mehr Nachbarn in Not, sondern werden von vielen nur mehr als Ausländer und Fremde betrachtet, die uns Not bringen.

Wenn aber Menschen aus denselben Ländern bei uns in vielen Sparten der Wirtschaft gebraucht werden, in denen Österreicher nicht so gerne arbeiten, dann heißen sie Gastarbeiter und sind somit bei uns willkommene Gäste.

Ich habe Probleme mit dieser Semantik. In der mir bekannten Tradition von Gastfreundschaft ist es doch der Gastgeber, der etwas für den Gast tut und nicht umgekehrt. Heute aber wollen uns unverantwortliche Menschen einreden, dass wir nur solche Menschen als Gäste aufnehmen sollen, von denen wir uns Vorteile erwarten, dass aber die anderen, die uns etwas kosten könnten, keine Aufnahme finden sollen. Die Worte der Bibel sind eindeutig:

‚Wenn ein Fremdling in eurem Land wohnt, so sollt ihr ihn nicht bedrücken. Wie der Eingeborene unter euch sei euch der Fremdling, und du sollst ihn lieben wie dich selbst' (Levitikus 19, 33-34).

Wir Österreicher reklamieren gern kulturelle und andere Leistungen für uns und sind stolz auf sie, auch wenn sie von Menschen stammen, die selbst oder deren Eltern als neue Zuwanderer zu uns gekommen sind. Viele dieser Errungenschaften wären anderen Ländern zugute gekommen, wenn solche Menschen nicht bei uns aufgenommen worden wären. Die jüdische Gemeinde Wiens hat es immer als ihre Aufgabe betrachtet, neu zuwandernde Brüder und Schwestern aufzunehmen und zu integrieren. Es war nicht immer ein Honiglecken, aber wir sind damit nicht schlecht gefahren. Ich bin überzeugt davon, dass die überwiegende Mehrheit der Österreicher mit ihrer menschlichen Gesinnung nicht vor Ausländern halt macht. Wir erleben heute Abend, wie so viele Menschen mit den Lichtern der Hoffnung und Menschlichkeit hierher gekommen sind, um diese ihre Gesinnung zu dokumentieren. Entscheidend werden aber nicht unser Denken, Reden und Demonstrieren sein, sondern die Handlungen jedes einzelnen von uns in seinem Bereich für die Menschen, die unsere Hilfe und Zuwendung brauchen.“

Damals wurde ich von jemandem gefragt, wieso ich mich als Jude für Fremde so einsetzte, Juden wären doch keine Fremden, denn Juden gäbe es in Österreich schon seit über 1.000 Jahren. Meine Antwort war, dass es zum moralischen Verhalten von Menschen gehört, sich nicht nur dann einzusetzen, wenn sie selbst angegriffen werden, sondern auch dann, wenn andere Schwächere angegriffen werden. Heute ist eben der früher aggressive Antisemitismus zu einem fremdenfeindlichen Ressentiment mutiert.

In diesem Zusammenhang möchte ich auch erzählen, dass ich sogar von einer türkischen Gruppe eingeladen wurde, die im Rahmen des Moslemischen Fastenmonats Ramadan ein Fest feierte und ganz besonderes Interesse dafür zeigte, dass auch Christen und Juden an diesem Fest teilnahmen. Nach einigem Nachdenken fand ich es richtig, die Einladung anzunehmen, und ich durfte sogar ein paar Worte sprechen.

Es wird nichts bringen und zu keinem Frieden führen, wenn ich sage, dass ich mit Moslems nichts zu tun haben möchte. Vielmehr geht es genau um die Differenzierung zwischen denjenigen, die friedliebend und gemäßigt sind und mit denen man arbeiten sollte und zwischen den anderen, die extrem und aggressiv sind. Die Tatsache allein, dass mich diese Gruppe eingeladen hat, war für mich der Beweis, dass sie zur gemäßigten Gruppe gehörte.

Dass Randgruppen, die ein extremes Gedankengut vertreten, auch zu Terroristen werden können und viel Unheil über die Welt bringen, erlebten wir am 11. September 2001 in New York. Nach diesem 11. September gab es in den Wiener Redoutensälen eine auf Einladung von Bundeskanzler Wolfgang Schüssel organisierte Veranstaltung, an dem alle Religionen gemeinsam für den Frieden gebetet haben, es wurden auch kurze Ansprachen gehalten. Ich habe in meiner Rede unter anderem gesagt, dass es schön ist, dass alle hier Anwesenden – und ich meinte damit nicht unbedingt nur die Moslems – bei diesem offiziellen, im ORF übertragenen und in den Medien berichteten Anlass für den Frieden eintreten. Aber genauso wichtig oder vielleicht noch wichtiger sei es, dass man auch zu Hause – und gemeint war in den eigenen Gemeinden – den Glaubensbrüdern und -schwestern gegenüber den gleichen friedlichen Standpunkt vertritt.

Die zweite Begegnung nach dem 11. September war eine Einladung von der Europäischen Union. Der Patriarch von Konstantinopel hat gemeinsam mit Romano Prodi, dem damaligen Vorsitzenden der Europäischen Kommission, Geistliche nach Brüssel eingeladen, die aus der Sicht der Religionen Gespräche über den Frieden führten. Ich war sehr stolz, dass ich zu den Eingeladenen gehörte. Zu dieser Einladung kam ich auch wegen meiner früheren Beziehung zum Kronprinzen Hassan von Jordanien, denn er hatte den Rabbiner aus Wien, den er gut kenne, dazu empfohlen.

Jüdische Kultur

Man sieht, dass die Existenz der Juden und damit auch die Aktivität der Rabbiner nicht nur eine religiöse Dimension hat. Viele meinen sogar, dass das Judentum in erster Linie ein Volk ist. Diese Teilung wird auch von verschiedenen Gruppen im Judentum gelebt. Es gibt religiöse Juden, die ihr Judentum nur als Religion und nicht als Volk sehen. Andere wiederum, die Säkularen, sehen sich als Mitglied des jüdischen Volkes, ohne viel mit der Religion zu tun haben zu wollen.

Die beste Definition ist, das Judentum als eine Mischung von Volk und Religion zu beschreiben. Denn einerseits kann man Jude sein, ohne auch nur ein Gebot der Torah einzuhalten, vorausgesetzt man ist Kind einer jüdischen Mutter. Andererseits aber ist zum Beispiel eine Konversion zum Judentum nur als religiöser Akt möglich, da das Judentum eine Religion ist.

Als Rabbiner habe ich in erster Linie der religiösen Definition den Vorzug gegeben. Im Lauf der Zeit kam ich allerdings immer mehr zur Überzeugung, dass eine dritte Dimension nicht vernachlässigt werden sollte. Es ist dies die jüdische Kultur. Mehr als mit dem Gedanken der Religion und des Volkes kann man mit jüdischer Kultur auch Nichtjuden ansprechen. Diese kann aber auch weniger überzeugte Juden dem Judentum näher bringen.

Deshalb nahm ich gern zwei Einladungen zu einem jüdischen Kongress namens Tarbut-(Kultur), dessen Hauptthema die jüdische Kultur war, an. Diese Veranstaltungen fanden auf Schloss Elmau in Bayern statt. Beim ersten Mal habe ich dort die Chanukkakerzen gezündet, und es gab eine Diskussion über die verschiedenen Strömungen im Judentum, bei der ich die moderne Orthodoxie vertreten habe. Bei meinem zweiten Besuch habe ich den Schabbatg'ttesdienst geleitet und einen Vortrag gehalten. Ich nannte meine Rede „Leben und Tod". Ich sprach über Grenzerfahrungen des Judentums, wobei ich das Märtyrertum – nicht nur in der Shoah – sowie den Vorrang der Erhaltung des Lebens im Judentum hervorhob.

Weiters ergab es sich, dass ich, obwohl ich eigentlich Rabbiner bin, Kantorenkonzerte und Abende mit chassidischer Musik und mit jüdischen Geschichten gestaltete.

Nicht nur Kantoren und ihre Musik sind, wie wir erwähnt haben, von Osteuropa nach dem Westen geströmt, sondern mit ihnen kamen sehr viele Juden und so genannte „Jüdischkeit" in unsere Gemeinde. In Osteuropa wurden die Juden durch die Shoah fürchterlich dezimiert. Danach wurde durch den Kommunismus die jüdische Religion und Kultur nicht gerade gefördert, in der Sowjetunion wurde sie sehr stark behindert, und es gab dort nach der Shoah keine Jeschiwot, keine blühenden Gemeinden und keine Kantoren mehr. Diese gab es dann in Israel oder in Amerika, wo zum Teil noch in dem alten osteuropäischen Stil, der von den Chasanut nicht wegzudenken ist, gebetet wird.

Nach dem Zusammenbruch des Kommunismus veranstalteten daher einige amerikanische Kantoren zusammen mit der amerikanischen Cantor's Association eine Reise durch Osteuropa. Sie organisierten dort Konzerte, um die kantorale Kultur wieder in die Länder zurückzubringen, aus denen sie stammten. Ich war damals in Israel bei einem großen Kantorenkonzert und erfuhr dort von der Reise. Dadurch wurde es möglich, acht der weltberühmten Kantoren zu einem verhältnismäßig günstigen Preis nach Wien zu einem Kantorenkonzert zu bekommen. Einerseits waren der Preis von 10.000 Dollar sowie die Hotelspesen nicht hoch, andererseits war das für die Kultusgemeinde zu teuer. Daher wandte ich mich an die Stadt Wien um eine Subvention. Zuerst bekam ich ein glattes Nein. Aber dann – wobei ich auch einiges für die Zukunft gelernt habe – sagte mir jemand, ich müsse mich dort an eine spezielle Abteilung wenden, diese organisiere eine Serie mit Sakralmusik, in die das Kantorenkonzert vielleicht hineinpassen würde. Es stellte sich heraus, dass dafür ein Kantorenkonzert tatsächlich sehr interessant war. Bis dahin hatte die Abteilung in diesem Rahmen nur christliche Musik gefördert, zeigte sich aber an kantoraler Musik interessiert, und so fand 1990 schließlich das erste Kantorenkonzert mit ihrer Unterstützung statt. Dieses erste Konzert ist noch heute ein Gesprächsstoff in unserer Kultusgemeinde; acht große Kantoren an einem Abend, das war sensationell. Dazu kam noch, dass gerade in diesem Jahr der 100. Todestag von Salomon Sulzer war. Daher war das Konzert auch Kantor Sulzer gewidmet, und ein Drittel der dort gesungenen Werke stammte von ihm.

Durch die erwähnte Verbindung mit der Abteilung für Sakralmusik – und später mit der Kulturabteilung der Stadt Wien – war plötzlich eine Möglichkeit geschaffen, jedes Jahr ein Kantorenkonzert zu veranstalten. Durch den Verkauf der Karten konnten wir auch einen Teil der Spesen selbst abdecken. Es ging bei diesen Konzerten nicht darum, etwas zu verdienen, aber mithilfe der Subvention war es bis jetzt immer möglich, dass wir mehr oder weniger pari ausstiegen. Für die Summe, die wir damals für acht Kantoren bekommen haben, hätte man unter normalen Umständen niemals so viele einladen können, was aber auch nicht notwendig ist.

Bei den Konzerten wurden manchmal auch einige jiddische Lieder gesungen – Kantoren sind ja oft Interpreten von jiddischen Liedern.

Nun habe ich anlässlich der Veranstaltungen, die auch von sehr vielen Nichtjuden und von weniger kundigen Juden besucht wurden, nie nur ein rein musikalisches Programm ablaufen lassen. Ich habe die Moderation übernommen, das heißt, Gebete inhaltlich erklärt und dabei auch erwähnt, zu welchen Teilen des G'ttesdienstes sie gehören. Dann habe ich auch erklärt, wann und warum die Melodie schwermütig oder fröhlich ist, dass das nicht mit den Launen der Komponisten zu tun hat, sondern natürlich mit den Inhalten der Texte. Wie es meinem persönlichen Geschmack entspricht, waren diese Erklärungen oft auch ein wenig humorvoll, aber dennoch ernsten Inhalts.

So gibt es also in der Kultusgemeinde jährlich ein Konzert, zu dem ein oder zwei Kantoren eingeladen werden und als dritter Kantor nimmt Oberkantor Shmuel Barzilai immer daran teil. Oberkantor Abraham Adler war schon ziemlich alt, als die Konzertreihe begann. Trotzdem haben wir ihn einmal als Senior eines seiner wunderbaren Stücke interpretieren lassen. 1993 feierte Abraham Adler seinen 80. Geburtstag, weshalb wir ihm in diesem Jahr das Kantorenkonzert widmeten. Auch 2004 sangen wir anlässlich der ersten Jahrzeit (des ersten Todestages) Adlers ein von ihm komponiertes Lied.

Auch sonst haben wir uns bemüht, Anlässe oder zusätzliche Titel für die Konzerte zu suchen. Einmal organisierten wir ein Konzert mit jungen Talenten aus Israel, zu dem vier jüngere Kantoren kamen.

1995 fand das Konzert anlässlich *50 Jahre nach der Shoah* statt; da sangen wir mit der Gardemusik des Militärs. 1996 stand das Kantorenkonzert im Zeichen von *3.000 Jahre Jerusalem.* Mitwirkende waren der Chor der großen Synagoge von Jerusalem, Oberkantor Shmuel Barzilai, der Oberkantor der israelischen Armee Arie Braun und der Oberkantor von Miami Moshe Schulhof. Die Besonderheit des Jahres 1996 war, dass das Konzert im großen Minoritensaal in Graz und im Bildungshaus St. Virgil in Salzburg wiederholt wurde.

Den Chor der großen Synagoge von Jerusalem hatten wir einige Male zu Gast. Er ist ein hervorragender Chor, der aus sehr guten Sängern besteht und der von Elli Jaffe, einem besonders begabten Dirigenten, geleitet wird.

1998 stand das Konzert unter dem Motto „50 Jahre Israel" und war ein Benefizkonzert für den Verein zur Rehabilitation durch Kriege und Terrorismus verwundeter israelischer Bürger. Ehrengast war der israelische Oberrabbiner Israel Meir Lau. Neben Oberkantor Shmuel Barzilai sang wieder der Oberkantor der israelischen Armee Arie Braun, der von der Polizeimusik Wien begleitet wurde.

2001 fand das 12. Kantorenkonzert mit Oberkantor Joseph Malovany aus New York statt. Es war dem Wiener Oberkantor Israel Alter zu seinem 100. Geburtstag gewidmet. Gleichzeitig fand ein Symposion über Israel Alter und die kantorale Musik statt, organisiert von dem von Primavera Gruber geleiteten „Orpheus Trust. Verein zur Erforschung und Veröffentlichung vertriebener und vergessener Kunst."

2005 fand ein Kantorenkonzert aus Anlass von 60 Jahren Befreiung mit Oberkantor Chaim Eliezer Herstik statt.

Normalerweise werden in orthodoxen Synagogen am Schabbat und an den Feiertagen keine Instrumente gespielt. Wenn der Kantor begleitet wird, dann nur durch einen Chor. Aber bei Konzerten, die an Wochentagen stattfinden, ist diese Beschränkung nicht gegeben, und daher gab es bei diesen Konzerten immer musikalische Begleitung, meist am Klavier von Rami Langer, dem Dirigenten unseres Tempelchores.

Ich möchte vielleicht noch erwähnen, dass die kantorale Musik für mich von klein auf ein Hobby gewesen ist. Die Liebe zur Kantoralmusik hatte mir mein Vater mit auf den Lebensweg gegeben, der diese Musik auch sehr geliebt hat. Mein Großvater väterlicherseits war selbst ein Kantor gewesen, wenn er auch keine Weltberühmtheit erlangte. So habe ich diese Konzerte also nicht zufällig organisiert, sondern deshalb weil ich diese Musik besonders liebe. Ich habe auch als Kind versucht, die Melodien der berühmten Kantoren nachzusingen, was natürlich nicht immer möglich ist, denn Kantoren haben große Stimmen und Koloraturen, und ihr Gesang ist viel komplizierter, als man zunächst annehmen würde.

Und so habe ich mir insgeheim gewünscht, einmal auch als Sänger an diesen Konzerten teilzunehmen. Beim dritten oder vierten Kantorenkonzert habe ich in einer meiner Wortmeldungen gesagt: „Böse Zungen behaupten, dass ich die Kantorenkonzerte nur deshalb organisiere, damit ich die verbindenden Worte und Erläuterungen darbieten kann. Dem ist aber nicht so. Ich habe sie organisiert, damit ich auch einmal mit großen Kantoren singen kann." Danach traute ich mich zum ersten Mal, ein kantorales Stück zu singen, das ich natürlich vorher mit dem Begleiter geprobt hatte. Seither habe ich auf jedem Konzert auch ein Stück selbst dargeboten, wobei bei mir immer mehr das Herz als die Stimme dabei war. Gleichzeitig konnte ich mich darauf verlassen, dass man mich sowieso nicht mit den großen Stars vergleichen, sondern milde beurteilen würde.

Da mein jüngerer Sohn Kiwi eine wunderbare Sopranstimme hat, habe ich auch einmal mit ihm und mit Moshe Papa, seinem Freund und Gesangskollegen, zwei gemeinsame kantoral-chassidische Melodien gesungen.

Der jüdische Richter Samson war bekanntlich ein äußerst starker Mann. Er wurde einst von einem Löwen angefallen, den er mit bloßen Händen tötete. Er ließ ihn am Weg liegen und fand, als er einige Tage später wieder an die gleiche Stelle kam, wie ein Bienenschwarm sich in den Überresten des Löwen eingenistet und einen Bienenstock gebildet hatte.

Samson hatte bekanntlich eine Frau aus dem Volk der Philister, die berühmte Dalila, und es verband ihn mit ihrem Volk eine Art Hassliebe. Samson hat mit den Philistern folgendes Rätselspiel veranstaltet, wenn sie das Rätsel lösen könnten, würde er ihnen 30 Gewänder schenken, wenn nicht, müssten sie ihm 30 Gewänder schenken. Das Rätsel lautete (Richter 14,14): „Aus dem Fresser kam Fraß und aus dem Starken kam Süßes." (Er meinte natürlich die Tatsache, dass der Löwe den Bienen zum Fraß wurde und dass aus dem Gefährlichen dann Honig wurde). Wie diese Geschichte weitergeht, ist im Buch der Richter nachzulesen. Ein jüdisches Sprichwort ist aber aus diesem Rätsel erwachsen, welches besagt, dass manchmal aus dem Gefährlichen (Löwe) oder sogar aus dem Schlechten etwas Gutes (Honig) entstehen könnte.

Ähnliches könnte man auch über die so genannte Waldheim-Affäre sagen. Über diese ist schon sehr viel geschrieben und publiziert worden und ich möchte daher hier nicht im Detail darauf eingehen. Was ich hingegen thematisieren möchte, sind Ereignisse, die sich als Folge dieser Krise ergeben haben. Im großen und ganzen hat die Waldheim-Affäre dazu geführt, dass Österreich, das sich bisher ausschließlich als erstes Opfer der NS-Herrschaft gesehen hatte, diesen Standpunkt endlich überdacht hat.

Außerdem entstand damals bei vielen Menschen ein verstärktes Interesse an christlich-jüdischen Begegnungen und eine genuine Neugierde, das Judentum kennenzulernen. Es ist ein altbekanntes Phänomen, dass es Antisemitismus oft dort gibt, wo es gar keine Juden gibt und dass gerade die Unwissenheit über das Judentum sehr oft zu überlieferten und diffusen Vorurteilen führt.

1989 initiierte Kurt Rosenkranz das Jüdische Institut für Erwachsenenbildung und ersuchte mich um meine Mitarbeit. Das Institut war sowohl für Juden als auch Nichtjuden gedacht und sollte auch ein Ort der Begegnung werden. Es zeigte sich aber, dass das Programm des Instituts von Nichtjuden besonders angenommen wurde.

Seit vielen Jahren halte ich regelmäßig Vorträge und Kurse am Institut, unter anderen zu folgenden Themen: Die Bibel; Das jüdische Lehrhaus, Das jüdische Gebetbuch; Vom Berg Sinai zur CD-ROM; Die drei Säulen des Judentums; Ist es ein Gebot zu beten?; Die ‚Zwillinge‘ Bibel und Talmud; Talmudisches Denken: Logik oder Spitzfindigkeit?; Soziale Ethik „Liebe Deinen Nächsten wie dich selbst“; Sexualität im Judentum; To be a Jew – Als Jude leben. Eine Einführung in das jüdische Leben.

Weiters gibt es im Jüdischen Institut zahlreiche christlich-jüdische Begegnungen und in Kooperation mit anderen Institutionen jüdische Film- und Theaterwochen.

1984 besuchte der damalige Wiener Bürgermeister Helmut Zilk New York anlässlich der von Professor Leon Zelman organisierten Ausstellung „Versunkene Welt". Der Ausdruck „versunkene Welt" ist eigentlich ein Euphemismus, denn es ging um die, die in der Shoah ermordet wurden, wie auch einer der Besucher der Ausstellung mir gegenüber anmerkte. Helmut Zilk erklärte in den USA, dass er plane, in Wien ein Jüdisches Museum zu errichten. Man würde nun annehmen, dass die jüdische Gemeinde darüber in Jubel ausgebrochen wäre. Dem war aber nicht so, obwohl die Idee an sich nicht schlecht war. Die jüdische Gemeinde hatte gerade zu diesem Zeitpunkt einige wichtige Projekte, die nur schwer finanziert werden konnten. Dabei ging es um die Renovierung des Stadttempels und des Elternheims und die Gründung einer jüdischen Schule. Zu diesem Zeitpunkt ein Museum zu bauen, war nach Meinung der jüdischen Gemeinde daher eher ein Eingeständnis, dass das Judentum in Wien nur eine Vergangenheit, aber keine Gegenwart und Zukunft habe.

Der zeitliche Ablauf war dann der folgende: Die Zwi Perez Chajes Schule (die 1980 als Volksschule in der Seitenstettengasse begann) wurde 1984 zu einem Gymnasium erweitert, die Renovierung des Tempels erfolgte 1988, die Renovierung und Erweiterung des Elternheims, das in Maimonides-Zentrum umbenannt wurde, 1988, die Eröffnung des Museums danach im Jahre 1989. Zu diesem Zeitpunkt, in den späten siebziger und frühen achtziger Jahren, hat die nach der Shoah geborene jüdische Generation in Wien Familien gegründet und sah sich mit der Aufgabe konfrontiert, die Infrastruktur der Gemeinde aufzubauen.

Dazu wäre auch noch anzumerken, dass viele von den nach der Shoah in Wien gebliebenen Juden „auf ihren Koffern" lebten. Ein Teil ihrer Familien ist nach Amerika oder Israel ausgewandert, und sie selbst hatten zwar in Wien Fuß gefasst, aber es bestand immer noch die Möglichkeit, dass sie Wien wieder verlassen würden. Sie bauten vielleicht deshalb die Infrastruktur nicht mit dem gleichen Eifer auf wie die nächste Generation. Das soll kein Vorwurf sein, nur meine subjektive Beobachtung. Aber auch noch in der Generation der in Österreich nach der Shoah geborenen Juden gab es nicht wenige, die Österreich verließen. Es gab dafür die verschiedensten Gründe. Viele Kinder gingen ins Ausland, um dort zu studieren, andere, um zu heiraten.

An jedem jüdischen Haus befindet sich eine Mesusa. (Das ist ein Pergament in einer schönen Hülle, die an die Tür genagelt wird, und sowohl Schutz als auch Identifizierung als jüdisches Haus bedeutet. Auf dem Pergament steht das jüdische Glaubensbekenntnis, das Shma Israel, Deuteronomium 6,4). Vielleicht ist jemandem schon aufgefallen, dass die Mesusa, die am rechten Türpfosten angebracht wird, leicht schräg nach innen geneigt ist. Diese Tatsache beruht auf einer religiös gesetzlichen Differenz zwischen zwei berühmten mittelalterlichen rabbinische Autoritäten, von denen der eine die Meinung vertrat, dass die Mesusa vertikal anzubringen sei, der andere, dass sie horizontal anzubringen sei, so dass der Kompromiss war, sie diagonal anzubringen.

Bürgermeister Teddy Kollek, der ja bekanntlich in Wien aufwuchs, brachte aus Jerusalem für das Wiener jüdische Museum eine so genannte Chagall Mesusa mit. Die Hülle stammte aus einen Entwurf von Marc Chagall. Als Oberrabbiner hatte ich die Ehre, diese Mesusa am Eingang des Museums anzuschlagen.

Für mich als Rabbiner ist es wichtig, dass sich Menschen, seien es österreichische Nichtjuden oder ausländische jüdische Touristen, die sich für die Geschichte und Gegenwart der Juden in Österreich interessieren, nicht ausschließlich mit dem Antisemitismus oder der Shoah befassen, sondern auch das Leben und die Traditionen der Juden sehen und erleben möchten.

Besonders beliebt und erfolgreich waren und sind die Jüdischen Kulturwochen und Straßenfeste, die von der Israelitischen Kultusgemeinde, vom jüdischenMuseum und von der Stadt Wien gemeinsam organisiert werden. Während der Kulturwochen werden Lesungen, Konzerte, aber auch Festessen mit jüdischer Musik, jüdischen Geschichten und jüdischem Essen angeboten. Bei den Straßenfesten konnte und kann man im Zentrum Wiens jüdische Musik hören und an Informationsständen Bücher, Broschüren und jüdische Speisen bekommen. Anfangs fand das Straßenfest im Bereich der Seitenstettengasse statt, später am Judenplatz. Dabei geschah es auch oft, dass Passanten, die gar nicht planten, zu einem jüdischen Fest zu gehen, durch die Klänge angelockt wurden und mit Interesse länger verweilten.

Bei diesen Festen wurde jüdische Musik nicht nur im gewohnten Wiener Kolorit oder aus dem Stetl dargebracht, sondern es gab und gibt auch Darbietungen von Juden aus Georgien oder aus Aserbeidschan. Sie spielten zum Teil in ihren farbenprächtigen Kostümen Melodien, die an einen mittelöstlichen Basar erinnerten. Es gab Wiener Juden, denen dies peinlich war, weil sie das nicht als „Wiener" jüdische Musik empfanden. Ich selbst aber sah und sehe das ganz anders. Es ist ganz wichtig, dass Juden (oder Nichtjuden) ihre alten Traditionen in ihre neue Heimat mitnehmen und sich nicht scheuen, diese weiterzuführen und auch öffentlich darbieten.

Es gibt in diesem Zusammenhang folgende noch nicht ausdiskutierte Frage: Was ist jüdische Kunst? Ist jüdische

Kunst schon jüdisch, weil der Autor oder der Interpret jüdisch ist, oder ist jüdische Kunst eine eigene Form, in der auch die Kunst selbst einen jüdischen Aspekt haben muss? Was ist jüdische Malerei? Genügt es, wenn der Maler ein Jude ist? Oder aber, muss das Thema des Gemäldes ein jüdisches sein? Bei jüdischer Musik, muss der Interpret Jude sein oder der Komponist, oder muss die Musik selbst etwas mit dem Judentum zu tun haben?

Im Zusammenhang mit der jüdischen Musik spielt Wien natürlich eine große Rolle. In Wien gab es zahlreiche Komponisten, Operndirektoren, Dirigenten und andere Musikschaffende jüdischer Abstammung, die allerdings die Opern von Verdi oder Wagner dirigiert oder aufgeführt haben.

Als Anekdote kann man hier erwähnen, dass das Instrument, auf dem die Juden am virtuosesten spielen, sicherlich die Geige ist. Große jüdische Geiger waren zum Beispiel Isaac Stern, Yehudi Menuhin, Jascha Heifetz, David Oistrach, Fritz Kreisler und Yitchak Perlman. Als einmal jemand gefragt hat, warum gerade die Geige und nicht auch das Klavier, kam als Antwort, dass Juden immer solche Berufe ergreifen mussten, die es ihnen ermöglichen, bei einer Flucht ihre Instrumente, Waren oder Werkzeuge mitzunehmen. Ein Klavier mitzunehmen ist sehr schwierig, eine Geige unter den Arm zu nehmen ist leichter.

Mit der erwähnten Ausstellung „Versunkene Welt" begann in Österreich das Interesse am osteuropäischen Judentum, an den Juden des Stetls. Im 19. Jahrhundert setzte sich das Wiener Judentum zum Teil aus Zuwanderern aus Böhmen und Mähren zusammen. Durch die Einwanderung von Juden aus Osteuropa, vor allem während des Ersten Weltkriegs, glichen

Teile des zweiten Bezirks immer mehr einem osteuropäischen Stetl. Das Leben in einem osteuropäischen Stetl war allerdings materiell bei weitem ärmer als in Wien. Nach der Shoah wurde das Stetl – nicht nur in Wien – nostalgisch verklärt. Denken wir nur an die Bilder von Marc Chagall oder an das erfolgreiche, auch in Österreich viel gespielte Musical „Anatevka". Was in Europa Interesse erweckte, war die Musik des Stetl, die jiddische und chassidische Musik und die Klezmermusik.

Während viele Menschen, auch Juden, heute die jiddische Sprache mit dem orthodoxen Judentum in Verbindung bringen, so war es historisch nicht immer so. In Osteuropa sprachen auch die säkularen sozialistischen Juden jiddisch, und so handelten die jiddischen Lieder nicht nur vom Rabbi und von religiösen Themen, sondern sehr oft auch von sozialen Nöten oder vom Alltag. Die Juden sangen in Jiddisch Liebeslieder oder während der Shoah Partisanen-, Ghetto- und Widerstandslieder. Die beliebten Lieder von Mordechai Gebirtig sind dafür ein herausragendes Beispiel.

Die Klezmermusik ist eigentlich eine Instrumentalmusik, wobei die Hauptinstrumente Geige, Klarinette, manchmal auch Bass waren. Aber die Klezmer haben auch die jiddischen und chassidischen Melodien begleitet.

In den späten fünfziger und frühen sechziger Jahren kreierte Shlomo Carlebach, ein junger Rabbiner, dessen Vater Hartwig Naphtali Carlebach Oberrabbiner in Baden bei Wien war und 1938 vertrieben wurde, ein neues jüdisches musikalisches Genre. Ausgehend und beeinflusst von den traditionellen chassidischen Melodien komponierte er für Gebets- und Bibeltexte Melodien, die moderner klangen, wobei er sich selbst auf der Gitarre begleitete.

Rabbiner Shlomo Carlebach sang zunächst vor jüdischen Studenten und Schülern, wurde aber später ein Konzertstar, der nicht nur das jüdische Publikum begeisterte. Er war in seiner Jugend einer der vielversprechenden Schüler der berühmtem Lakewood Jeschiwa, verließ aber diesen geschlossenen Kreis und war von da an als Troubadour der jüdischen Musik durch die Welt gereist. Jedes seiner Lieder begleitete er mit einer chassidischen Geschichte oder einer religiösen Erklärung. Überall, wo er hinkam, begeisterte er die Menschen, besonders die Jugend; er rief die Menschen zum Tanzen auf die Bühne, bis der ganze Saal tanzte.

Als er dann in den frühen sechziger Jahren zum ersten Mal nach Wien kam, war meine Familie wahrscheinlich die erste, die schon seine erste Schallplatte besaß. So wunderte er sich, dass neben dem Oberrabbiner (meinem Vater), der auch zum Konzert kam, sein kleiner Sohn (Paul Chaim) in der ersten Reihe saß, die Lieder schon kannte und aus vollem Halse mitsang. Aus dieser Begegnung entstand eine Freundschaft und es gab seither kein Konzert Shlomo Carlebachs in Österreich, bei dem ich nicht mitmachte. Ich selbst habe später auch einige dieser Konzerte organisiert und noch zu seinem Gedenken nach seinem Tod 1994 zwei Konzerte, in Graz und Wien, veranstaltet.

Zur gleichen Zeit, als Carlebach zum ersten Mal nach Wien kam – 1964 – gründeten Edek Bartz und Albert Misak in Österreich eine Musikgruppe, die „Sabres", die zumeist israelische Musik spielte. Auch sie waren von Shlomo Carlebach so begeistert, dass sie mit ihm musizierten und eine Platte produzierten.

Carlebach, der seine Geschichten meist englisch erzählte und Österreich als Kind verlassen hatte, erinnerte sich dennoch sehr gut an seine Kindheit und sprach, wenn er hier war, deutsch.

Besonders interessant ist, dass in Österreich und Deutschland nicht nur jüdische Gruppen diese Art von Musik nostalgisch weiterpflegen. Auch einige nichtjüdische Gruppen fanden Interesse an dieser Musik, traten öffentlich auf und produzierten Tonträger. Durch einen Zufall (als Rabbiner darf man aber nie von einem Zufall reden, sondern muss es als G'ttes Fügung sehen) kam es dazu, dass auch ich mit einer solchen Klezmergruppe einige Programme kreiert und viele Konzertabende gestaltet habe.

Nach einem der erwähnten Vorträge in Linz habe ich bei dem anschließenden geselligen Zusammensein Herwig Strobl, den Leiter der Gruppe „10 saiten 1 bogen", kennengelernt. Mit ihm habe ich dann einige Programme gestaltet, meistens mit chassidischer und osteuropäischer Musik, wobei mein Hauptpart – im Carlebachstyle – immer das Erklären war. Wie bei den Kantorenkonzerten habe ich nicht nur einen Text erklärt, sondern dazu auch eine Anekdote oder eine jüdische Geschichte erzählt, die das kantorale Stück, den Schabbat oder das chassidische Lied verständlich machten.

Für meine Abende mit „10 saiten 1 bogen" nahm ich mir Shlomo Carlebach ein wenig zum Vorbild, vor allem darin, dass ich versuchte, nicht nur irgendwelche chassidische Geschichten und Lieder zu kombinieren, sondern mit ihnen die Lieder zu interpretieren und zu vertiefen.

Das erste Programm nannten wir „As (jiddisch für wenn) der Rebbe lacht". Dieses Programm haben wir in verschiedenen Städten und Konzertsälen aufgeführt. Der ORF hat Interesse an diesem Programm gezeigt; wir führten es daher zwei Mal im Radiokulturhaus auf. Aus diesem Abend ist

1997 die live-CD entstanden: „As der Rebbe lacht. Jiddische Lieder, chassidische Weisen und Erzählungen."

Diese Programme wurden nicht nur von Juden, sondern auch von Christen besucht, und nicht nur von Erwachsenen, sondern auch von Kindern.

Das Arbeitskonzept mit „10 saiten 1 bogen" war es auch, immer ein Thema im Judentum zu behandeln. Unter den Themen waren: Der Schabbat, das Stetl, Jerusalem, über G'tt und die Welt. Diese Themen wurden durch Gesänge und durch entsprechende Geschichten und Anekdoten dargestellt, wobei ich besonders darauf geachtet habe, dass nicht nur die Texte, sondern auch die Lieder zu dem Thema passten. Teilweise waren die Musiknummern nur instrumental, teilweise sang die Musikgruppe und es gab auch Nummern, die ich selbst gesungen habe. Bei dem Abend „Als der Rebbe lacht" ging es um den jüdischen Humor, aber auch um den Chassidismus, der ja von den chassidischen Rabbinern – Rebbes – bestimmt wurde.

In dem Programm, das wir „Schabbat" nannten, machten wir eine musikalische Wanderung durch diesen wöchentlichen Feiertag. Der Schabbat beginnt am Freitag Abend bei Sonnenuntergang, aber die Vorbereitungen beginnen schon spätestens Freitag früh, da man am Schabbat nicht kochen und arbeiten darf. So führt uns die Wanderung von Freitag früh bis Samstag Abend, wo dann bei voller Dunkelheit der Schabbat wieder zu Ende geht.

Ich habe bei diesem Anlass auch ein „Wunder" erzählt. Da im Winter die Sonne um etwa 16 Uhr untergeht und im Sommer (mit Sommerzeit) erst nach 20 Uhr, wäre anzunehmen, dass die jüdische Hausfrau im Winter mehr Probleme hat, mit den Schabbatvorbereitungen rechtzeitig fertig zu werden, während sie im Sommer längst fertig sein sollte, wenn der Schabbat beginnt. Das Wunder ist ein zweifaches. Einerseits gelingt es der Hausfrau auch im Winter meist eine Minute vor Eingang des Schabbats für diesen vorbereitet zu sein, andererseits ist sie auch im Sommer immer auch nur eine Minute vor Eingang des Schabbat fertig.

Zu dieser Beschreibung passt auch ein Schabbatlied, bei dem wir zwei Engel mit dem Wort Schalom Alejchem, seid begrüßt ihr Engel, empfangen. Dieses Schabbatlied beruht auf einer talmudischen Legende, bei der es heißt, dass am Freitag Abend zwei Engel – ein guter und ein böser – gemeinsam die jüdischen Häuser besuchen. Wenn der Tisch gedeckt ist, die Betten gemacht und die Ohren der Kinder reingewaschen sind, dann segnet der gute Engel das Haus, indem er sagt, ich wünsche Euch, dass ihr auch in der nächsten Woche einen ebenso schönen Schabbat feiern könnt. Wenn allerdings das Haus nicht aufgeräumt ist und auch sonst der Schabbat wegen mangelnder Vorbereitung ein Desaster ist, dann sagt der böse Engel, ich wünsche euch, dass ihr auch in der nächsten Woche einen genauso unordentlichen Schabbat haben sollt.

Ein weiteres Programm handelte vom Stetl, von den dortigen Charakteren, dem Rabbiner, dem Kantor, dem Tempeldiener, dem Armen und dem Reichen, dem Ehrlichen und den Dieb: Ein Rabbi sagte, man kann sogar von einem Dieb etwas lernen. Erstens steht er schon vor dem Morgengrauen auf, um seiner Arbeit nachzugehen, während andere sich noch bequem im Bett räkeln. Dann gibt er nicht so leicht auf, wenn ihm sein Plan nicht gelingt, sondern er versucht es immer wieder. Wenn dann sein Vorhaben gelingt, rühmt er sich nie seiner Erfolge…

Diese und ähnliche Geschichten sind nicht erfunden, sondern stammen tatsächlich von chassidischen Rabbinern und sind auch nicht als Witze zu verstehen, sondern als jüdische Lebensweisheiten.

Ein besonders schönes Programm hieß „Jerusalem". Bei diesem sind wir vor allem auf die verschiedenen Bevölkerungsgruppen in der heiligen Stadt eingegangen, haben sie als Stadt des Friedens gepriesen und haben auch Musik verschiedener Volksgruppen gespielt.

Wenn ich hier über jüdische Musik in Wien berichte, meine ich Musik, die auch inhaltlich jüdisch ist. Nun gibt es natürlich auch hier mehrere Sparten. Einmal gibt es die Synagogenmusik, die Musik der Kantoren. Aber es gibt auch das Singen der Juden zu Hause am Schabbattisch, die so genannten Semirot, das sind ganz alte Texte, die den Schabbat verherrlichen, die zum Teil in volksliedartiger Form vertont wurden und die am Schabbat oder am Sederabend zu Pessach gesungen werden. Nun haben auch die Chassidim zu sehr vielen ihrer Gebetstexte Gesänge geschrieben, wobei bei ihnen aber sehr oft eine Melodie ohne Text gesungen wird. Ein berühmter Rabbi sagte einmal, dass ein Text, den man spricht, fast bis zum Himmel reichen kann, aber ein Text, den man singt, der geht noch höher. Eine Melodie, aber ohne Text, die geht direkt in den Himmel hinein. – Aber Wien war nicht immer und nur einige Jahre lang (nach dem Ersten Weltkrieg und in den Jahren danach) ein Zentrum des Chassidismus, und so wollen wir hier nicht mehr näher darauf eingehen.

Einmal war ich mit „10 saiten 1 bogen" in Sarajewo. Wir haben dort am Mittwoch Abend ein Konzert gegeben und am Donnerstag zu Mittag war unser Flug zurück nach Wien geplant. Nun geschah es, dass am Donnerstag Mittag Sarajewo vollkommen im Nebel lag und wir nicht fliegen konnten. Da ich unbedingt am Schabbat in Wien sein musste, weil auch eine Bar Mizwa stattfand, habe ich mit dem österreichischen Botschafter ausgemacht, dass mich sein Chauffeur mit dem Auto der Botschaft bis nach Wien, oder zumindest bis zu einem Ort bringen würde, von dem aus ich den Rest der Reise mit dem Zug fortsetzen könnte. Das war zeitlich möglich, weil Sarajewo ungefähr 1.500 Kilometer von Wien entfernt ist. Nun sind wir in den Wagen eingestiegen, der Fahrer des Botschafters ist losgefahren und hat ein derartiges Tempo auf den schmalen Straßen von Bosnien, Kroatien und Slowenien hingelegt, dass ich mich in dauernder Todesangst festgehalten habe. Aber ich habe ihm trotzdem nichts gesagt, unter anderem deshalb, weil er mich nicht verstanden hätte. Er hatte ja den Auftrag gehabt, mich schnell nach Wien zu bringen. Nach etwa einer Stunde rief der Botschafter an und fragte, ob alles in Ordnung sei. Daraufhin habe ich gesagt: „Ja, es ist alles in Ordnung, aber ihr Chauffeur fährt ja so schnell und verrückt wie ein Rallyfahrer." Daraufhin antwortete mir der Botschafter am Telefon: „Sie haben gar nicht so unrecht, denn er war nämlich Rallyfahrer." Jedenfalls kam ich mit seiner Hilfe rechtzeitig vor dem Schabbat nach Wien zurück.

Als ich in Salzburg im Bildungshaus St. Virgil ein Programm für Kinder und Jugendliche aufführte, hieß es im Programmheft: Chaim Eisenberg „weiß von langer Tradition. Sein Wissen vermag er Kindern augenzwinkernd und menschlich sehr nahe, humorvoll und weise zugänglich zu machen. Die Chassidim lernen ja nicht nur Dinge vom Rabbi, sondern sie versuchen auch, seinem Vorbild nachzueifern."

Ich habe im Laufe der Zeit sowohl mit nichtjüdischen Geistlichen, als auch mit professionellen Kabarettisten lus-

tige Abende veranstaltet. Peter Karner, der ehemalige Super-
intendent der evangelisch-reformierten Kirche in Wien, ein
würdiger Kirchenmann und gleichzeitig ebenfalls voller Spaß
und Schabernack, trat mit mir an mehreren Abenden auch in
den Bundesländern auf. Ein Zeichen, dass so ein Abend gut
gelaufen ist, war, wenn sich das Publikum zumindest ebenso
gut unterhalten hat wie die Vortragenden. Nicht anders war
es mit Józef Niewiadomski, einem katholischen Theologen
voller Tiefgang, gleichzeitig ein quirliger Schnellsprecher
und überaus humorvoller Mensch. Mit ihm zusammen habe
ich einmal in der Synagoge von Linz einen lustigen Abend
gestaltet.

Es ging da um den jüdischen Witz, manchmal auch um
den jüdisch-christlichen Witz. Interessant ist dabei, dass man
sich einerseits auf einen solchen Abend vorbereitet, dass man
andererseits aber auch schlagfertig sein muss. Es ist nämlich
kein Theaterstück mit festem Text, sondern man muss auf
den anderen reagieren. Es ist manchmal fast ein Wettkampf.
Meine Abende endeten meistens unentschieden; zumindest
glaube ich, dass ich keinen dieser Wettkämpfe verloren habe.

Doch nun zu den Profis. Es gab einmal einen Abend im
Wiener jüdischen Museum, an dem ich zusammen mit Gerhard Bronner, Nancy Amendt-Lyon und Doron Rabinovici
zum Thema „Der jüdische Witz vs. Der Judenwitz" auftrat.
Dort kam es zu der Situation, die bei jüdischen Witzen oft
vorkommt, nämlich, dass man auch Witze erzählen können
muss. Man erzählt sich von einigen Juden, die die Witze schon
so gut kannten, dass sie sie nummeriert haben und immer,
wenn einer von ihnen eine Nummer gesagt hat, dann lachten
alle schallend. Da kam ein Mann, der in dieser Gruppe neu
war und sagte eine Nummer und niemand lachte. Auf seine

Frage, warum denn niemand lache, wurde ihm geantwortet: Naja, man muss einen Witz gut erzählen können.

Juden sind aber schlechte Zuhörer. Oft sagen sie drei Sachen: Erstens hast du den Witz falsch erzählt, zweitens werd' ich ihn dir jetzt erzählen, wie er richtig ist, und drittens weiß ich einen Witz, der viel besser ist als dieser, auch wenn er richtig erzählt wird.

An dem erwähnten Abend mit Gerhard Bronner und anderen kam es auch zu Szenen, bei denen wir unsere Witze einander zugeworfen haben und jeder den andern auch verbessert hat. All das kann man hier natürlich nur schlecht beschreiben, aber es war sehr, sehr lustig.

Bei „Esra" trat ich im Rahmen einer Benefizveranstaltung anlässlich der Eröffnung der Ausstellung „Kolaric lebt. Plakate gegen Rassismus und Fremdenfeindlichkeit" der Initiative Minderheiten zusammen mit Josef Hader bei der Doppelconference „Eisenberg trifft Hader" auf. Hier ein Unentschieden zu erreichen, war schon eine Leistung.

Ich möchte in diesem Zusammenhang noch erwähnen, dass ich 1995 auch eine Einladung von Hermes Phettberg angenommen habe, in seiner „Netten Leit Show" aufzutreten. Ich wurde damals von Freunden gewarnt, dass ich nicht zu Hermes Phettberg gehen sollte, weil sie meinten, dass ich mir meinen Namen verderben würde, wenn ich mit jemanden, der sicherlich nicht sehr vorsichtig mit seiner Zunge umgeht, auf der Bühne sitze. Mich hat es trotzdem interessiert. Denn es war der Stil von Hermann Phettberg, keinen seiner Gäste vorher zu sehen. So habe ich seinem Regisseur Kurt Palm meinen Wunsch vorgetragen, Phettberg möge sich doch bitte ein wenig zurückhalten. Palm antwortete mir, dass auch Phettberg einen Wunsch hätte, nämlich dass man in seiner Show den Namen Jörg Haider nicht erwähnen solle, auch nicht negativ. Ich habe mich daran gehalten, obwohl ich glaube, dass ich in einer kleinen Andeutung in dieser Richtung doch etwas gesagt habe. Auch wenn es bei Phettberg ziemlich lustig zuging, war doch Tieferes dabei:

Phettberg: Bei einer Führung durch den Stadttempel ham Sie einmal gesagt: Wenn man da so auffischaut, des is so blau, und an Himmel, da könnt man geradezu verführt werden zu meinen, es sei was dahinter. Oder so ähnlich ham Sie gsagt.

Eisenberg: Ich hab'gesagt, die Gebete fliegen zum Himmel rauf.

Phettberg: Und könnten es wirklich tun.

Eisenberg: Da gibt es die Geschichte von einem berühmten Rabbi, der wollte in eine Synagoge reingehen, und sagt, ich kann da nicht hineingehen.New York Und da fragt man, wieso kannst du nicht hineingehen, und er antwortet: Ich kann da nicht hineingehen, weil dieses Gebetshaus ist voller Gebete. Und da haben sich die Gemeindemitglieder wahnsinnig gefreut, weil sie meinten, dass das was Gutes ist. Sagt er: Aber nein, das heißt, eure Gebete sind nicht in den Himmel gelangt Deshalb kann ich da nicht rein. – Also, wenn mans richtig tut, dann gehen sie hinauf. Entweder bis zum Plafond oder noch höher.

Phettberg: Aber das liegt ja nicht an der Architektur.

Eisenberg: Nein, nein, die Architektur versucht nur die Natur nachzumachen.

Phettberg: Also der Rabbi hat aa ein bisschen Sozialkritik an seiner Gemeinde geübt.

Eisenberg: Darf er und soll er. [...] Das Judentum ist ein bisschen mehr diesseitsbezogen. Das Judentum sagt, man soll diese Welt auch genießen, das Judentum sagt, man soll versuchen, hier die guten Taten zu tun und nicht bis später warten, denn später kann mans wahrscheinlich nicht mehr tun. Das Judentum sagt auch, dass G'tt tolerant ist und sagt: Auch wenn er mal einen Fehler gemacht hat, ist er auch nur ein Mensch. Besser ist natürlich, wenn er den Fehler dann einsieht und es wiedergutmacht. […] Es gibt einen ganz, ganz extremen Spruch im Talmud, der sagt: Ein Mensch wird im Himmel […] dafür bestraft, wenn er einen schönen Baum gesehen hat, eine schöne Frucht gesehen hat und nicht davon gegessen hat. Das heißt, der liebe G'tt hat ja diese Welt für uns gemacht, damit wir in ihr leben, in ihr wirken, aber auch etwas davon haben.

Am Ende jeder Sendung gab es, wie im Prater, ein Werfen mit Stoffbällen auf Konservendosen; man musste möglichst viele umwerfen, und ich habe total danebengeworfen. Ich habe den letzten Treffer ausgelassen mit dem Hinweis, dass ich in der Sendung schon so viele Treffer gelandet hätte.

Im Club 2, an dem ich einige Male teilgenommen habe, war es in einem Sinn ähnlich wie bei Phettberg. Die Diskutanten trafen sich zwar vorher. Aber man durfte bei diesem Vorgespräch nicht über das Thema des Abends sprechen, weil dann die Diskussion an Frische und Spontaneität verloren hätte.

Zu meiner Beziehung zu österreichischen jüdischen Schriftstellern wäre noch zu ergänzen, dass ich zwei Mal öffentlich mit Robert Menasse diskutierte. Das erste Mal auf Einladung von Werner Hanak, für den Katalog der von ihm kuratierten Ausstellung des Wiener Jüdischen Museums „Eden. Zion. Utopia. Zur Geschichte der Zukunft im Judentum".

Das zweite Mal war es auf Einladung der Zeitschrift „News" in der Galerie Charim, um über Menasses Roman

„Die Vertreibung aus der Hölle" zu diskutieren. Damals sagte ich: „Die Österreicher sind nicht immer mutige Menschen. Sie tun nicht gerne etwas, das sie in Schwierigkeiten bringen könnte. Und sie respektieren die Obrigkeit. Früher war Antisemitismus von oben fast gefordert. Heute ist es nicht mehr en vogue und es ist keine Ehre, Antisemit zu sein. Da muss man es halt anders machen. Aber ich habe nicht gern Verallgemeinerungen. Ich würde nie sagen, alle Österreicher seien Antisemiten. [...] Nur manche unserer christlichen Mitbürger sind Antisemiten. Aber wenn ich hier lebe, kann ich nicht immer jeden Über-Siebzigjährigen danach bemessen, was er vor 60 Jahren getan hat. Ich kann diese Frage nicht total aus meinem Inneren entfernen. Aber ich kann nicht ständig in der Vergangenheit leben. Nur wenn es einen Anlass gibt, auch nur einen halben Satz, leuchtet bei mir ein rotes Licht".

Der Ich-Erzähler Franz-Josef Murnau in Thomas Bernhards Roman „Auslöschung" (1986) erwähnt wiederholt seinen „Studienfreund" und „Geistesbruder", einen „Rabbiner aus Wien" namens Eisenberg. Über diesen heißt es bei Bernhard: „Eisenberg, der Gleichaltrige, war nach meinem Onkel der entscheidende Kopf für mich, der meinen Ideen die richtige Richtung gegeben hat." Am Ende des Romans beschließt Murnau, sein Familienerbe, Schloss Wolfsegg, der Israelitischen Kultusgemeinde Wien als völlig bedingungsloses Geschenk zu vermachen: „[...] Eisenberg hat mein Geschenk im Namen der Israelitischen Kultusgemeinde angenommen [...]".

Ich fühlte mich zwar geehrt, habe das Buch auch gelesen, konnte aber wenig damit anfangen. Ich habe auch Thomas Bernhard nie getroffen und leider gab mir und auch der Kultusgemeinde niemand ein Schloss.

Unsere Beziehung zu Israel

Wie schon erwähnt, nennen manche uns irrtümlich Israelische Kultusgemeinde. Das würde bedeuten, dass wir ein Ableger des Staates Israel sind.

Von antisemitischer Seite heißt es auch immer wieder: Warum kehrt ihr nicht zurück in eure Heimat? In den dreißiger Jahren hieß dieser Slogan, auch in Wien: „Juden zurück nach Palästina". Es ist zwar eine Tatsache, dass Israel die alte historische Heimat der Juden war. Heute aber leben Juden in aller Herren Länder und sind dort loyale Staatsbürger, wie wir schon vorher beschrieben haben.

Interessanterweise deckt sich diese unfreundliche Aufforderung, Österreich zu verlassen, zum Teil auch mit der Aufnahmebereitschaft des modernen Staates Israel, der ja die Heimat für alle Juden sein will und diese daher ermuntert, nach Israel zu gehen. Aber es muss natürlich jedem Juden und jeder Jüdin selbst überlassen bleiben, ob er oder sie nach Israel ziehen will oder nicht.

Nun gab es viele Juden, die aus Überzeugung oder aus anderen Gründen nach Israel ausgewandert sind, aber ebenso viele, die zwar die Gründung des Staates Israel begrüßt haben und bereit waren, diesen Staat zu unterstützen, aber dennoch nicht dorthin ziehen wollten. Als Begründungen gelten, dass die wirtschaftlichen Bedingungen in Israel nicht sehr einladend waren und sind und dass auch die Sicherheitslage noch zu wünschen übrig lässt.

Herzl meinte mit Zionismus die Bemühungen um die Errichtung eines jüdischen Staates. Später meinte man mit Zionismus die Auswanderung nach Israel. Da aber nicht alle Juden nach Israel auswanderten und auswandern konnten, erweiterte sich der Begriff und bedeutete auch die Unterstützung des Staates Israel von außen.

So entstand der etwas sarkastische Ausspruch: Ein Zionist ist, wer bei einem zweiten Geld sammelt, um einem Dritten die Reise nach Israel zu finanzieren.

Die Geschichte der Entstehung des modernen Staates Israel hat bekanntlich auch sehr viel mit Wien zu tun, weil Theodor Herzl, der Gründer des politischen Zionismus, in Wien gelebt und gewirkt hat. So gab es in Wien immer zahlreiche zionistische Organisationen. Sie entsprachen zum Teil den israelischen Parteien und Jugendgruppen und hatten oder tragen ähnliche Namen.

Es muss hier aber auch betont werden, dass die Bindung an den Staat Israel und das zionistische Engagement in der Diaspora keineswegs die Loyalität zu dem Land vermindert, in dem wir leben.

Viele zionistische Parteien und Organisationen entstanden bereits im Vorkriegseuropa, Jahre vor der Gründung des Staates Israel. Sie sind rechts oder links gerichtet, religiös oder säkular und haben sowohl Programme für Erwachsene als auch Aktivitäten und Veranstaltungen für Kinder und Jugendliche. Die zionistischen Organisationen in Wien sind in einem Dachverband, der Zionistischen Föderation, zusammengefasst.

Auch in der Israelitischen Kultusgemeinde gab und gibt es vor 1938 und nach 1945 politisch, zionistisch oder religiös orientierte Fraktionen. Unter den zionistischen Gruppierungen sind zu nennen: Die Allgemeinen Zionisten, die (rechtsgerichtete) Heruth, die (linksgerichtete) Poale Zion, die Misrachi (die religiösen Zionisten) und deren Jugendorganisation Bnei Akiva. Neben der Bnei Akiva gehören der linksgerichtete Haschomer Hazair und die 1997 gegründete bucharische Jugendorganisation Jad Bejad zu den wichtigsten jüdischen Jugendgruppen in Österreich nach 1945.

In diesem Zusammenhang fällt mir folgende Anekdote ein: Es gab ein berühmtes, später verfilmtes jiddisches Theaterstück über reisende Musikanten „Jidel mit dem Fidel" (Jude mit der Geige).

Die Kommunisten wurden auch in Österreich immer weniger, aber einige hartnäckig in der Wolle gefärbte Genossen gab es immer noch. Bei einer Debatte in einem Wiener Kaffeehaus über die Kubakrise hielt einmal einer dieser verbliebenen Kommunisten eine feurige Unterstützungsrede für Fidel Castros Kuba, während ein anderer, der ihm zuhörte, lächelnd auf ihn zeigte und sagte: „Schau mal an, Jidel mit dem Fidel."

Es ist aus dem vorherigen verständlich, dass Bundespräsident Thomas Klestil s.A, als er im Jahr 1994 die erste Reise eines österreichischen Staatsoberhauptes nach Israel unternahm, einige Mitglieder der Israelitischen Kultusgemeinde einlud, mit ihm zu reisen (den damaligen Präsidenten Paul Grosz, Simon Wiesenthal, mich und noch einige andere). Meine (selbstgewählte) Aufgabe war es, im Jad Vaschem im Gedenkraum das Totengebet E-L Male Rachamim zu sprechen. Ich bemerkte, wie den Bundespräsidenten Jad Vaschem und dieses Gedenken zu Tränen bewegte, und so sah ich mich bestätigt in meiner hohen Meinung von Thomas Klestil.

Am nächsten Tag traf ich den israelischen Kantor, der üblicherweise bei Staatsbesuchen dieses Gebet leitete und er beklagte sich bei mir, dass ich ihm seine „Parnosse" (jiddisch für Lebensunterhalt) streitig gemacht habe...

Ein weiterer Höhepunkt war der Besuch in Kirjat Matters-dorf, einem Stadtteil von Jerusalem, der zum Teil mit Geldern der Republik Österreich finanziert wurde. Dort hatten sich österreichische Juden, die vor der Shoah in Mattersburg oder im Burgenland lebten, niedergelassen.

Bundespräsident Klestil s.A. hatte auf seiner Reise – vielleicht gewarnt von einem unangenehmen Vorfall seines Vorgängers – immer einen Hut oder eine Kippa bei sich. (Kurt Waldheim hatte es einmal trotz mehrmaliger Aufforderung abgelehnt, im Jad Vashem eine Kippa aufzusetzen). Gerade bei diesem Besuch in einem orthodoxen Teil Jerusalems (in Kirjat Mattersdorf) hatte er ihn aber vergessen und gerade da wäre er wichtig gewesen. Da ich einen schwarzen Hut und auch eine Kippa hatte, borgte ich ihm meinen Hut, der ihm gar nicht schlecht passte. Nach dieser Veranstaltung gab er mir den Hut zurück, was mich zu der Bemerkung veranlasste: „Herr Bundespräsident, habe ich sie nicht gut behütet?"

Die Tatsache, dass ich so locker gesprochen habe, ist auch darauf zurückzuführen, dass er sehr freundschaftlich mit allen Begleitern umging und so eine angenehme Atmosphäre erzeugte.

Einer der Höhepunkte der Reise war sicher die Rede in der Knesset, die für das Ende der Reise geplant war und die zuerst nur als Rohentwurf vorhanden war. Beim Feilen an diesem Text scheute sich der Bundespräsident nicht, die jüdischen Reiseteilnehmer auch wegen einzelner Formulierungen um Rat zu fragen. Schließlich war die Ansprache fertig und wurde in 50 Exemplaren für den Bundespräsidenten und die Presse in einem Koffer verstaut. Dieser Koffer war aber irrtümlich am Flughafen ins Flugzeug verladen worden, noch bevor die Rede gehalten wurde, und eine halbe Stunde vor dem Termin hatte niemand von uns ein Exemplar der Rede. Ein Glück war noch, dass man die Rede früher nach Österreich gefaxt hatte und so wurde sie zurückgefaxt und im letzten Moment gab es sie wieder…

Die Shoah hat ideologische Unterschiede, die es im Judentum schon vorher gab, verstärkt und zum Teil zu extremen Ausprägungen geführt. Es handelt sich hier zwar um eine innerjüdische Kontroverse, aber es wäre nicht uninteressant, sie auch einem nichtjüdischen Publikum näherzubringen. Theodor Herzl war nicht der Erfinder des Zionismus. In der 2000jährigen Diaspora haben Juden immer für die Rückkehr ins Heilige Land gebetet. Sie haben auch die Idee des Messias oder einer Erlösung mit dieser Rückkehr verbunden, wie es aus den Propheten abzuleiten ist. So sind im Lauf der Diaspora verschiedene Gruppen ins Heilige Land, nach Erez Israel gezogen, um sich dort niederzulassen. Es waren dies bis zum Ende des 19. Jahrhunderts ausschließlich religiöse Gruppen, zum Teil Chassidim und zum Teil Anhänger des Gaon von Wilna. Erst Ende des 19. Jahrhunderts begannen auch weniger religiöse Kreise die Rückkehr ins Heilige Land zu propagieren. Unter ihnen waren Anhänger jüdisch-nationaler Bewegungen, die zu einer Zeit, in der sich in Europa in vielen Ländern nationale Bewegungen entwickelten, auch uns Juden als Volk definierten.

Auf der anderen Seite waren es auch linke Gruppen – vor allem im Umkreis der Kibbuzbewegung –, die es sich zum Ziel setzten, in Israel eine sozial gerechte Gesellschaft für die Juden zu errichten. Es waren Chaluzim (Pioniere), mit unterschiedlichem ideologischen Unterbau, linke und rechte, die ins Heilige Land einwanderten.

Eine andere Stellung hatte Theodor Herzl inne, der den so genannten politischen Zionismus entwickelte. Er befürchtete, wie sich später herausstellte, nicht zu unrecht, dass in Europa der Antisemitismus zu einer Katastrophe, einer Massenverfolgung und Vernichtung führen würde. Daher war er der Meinung, dass es für die Juden besser wäre, möglichst bald Europa zu verlassen und ein eigenes Land zu errichten. Sehr beeinflusst wurde er auch von der antisemitischen Dreyfuss Affäre in Frankreich, die er als Korrespondent der „Neuen Freien Presse" erlebte.

Gemeinsam war diesen Gruppen die Tatsache, dass sie nicht religiös, sondern säkular waren und manche sogar der Religion kritisch gegenüberstanden. Dies führte auf Seiten der Religiösen zu Gegenreaktionen. Die extremste Gegnerschaft zum Zionismus entstand unter den schon im Heiligen Land lebenden ultraorthodoxen Juden, die aus religiöser Überzeugung schon früher nach Jerusalem gezogen waren. Sie legten keinen besonderen Wert darauf, dass in der heiligen Stadt Jerusalem oder im Heiligen Land Massen von nichtreligiösen Juden einwanderten und das Land durch ihre areligiöse Haltung säkularisierten. Einen Kompromiss wollten die religiösen Zionisten, die sich – basierend auf ihrem Glauben, dass die Erlösung mit der Rückkehr ins Heilige Land beginnt – an der zionistischen Bewegung beteiligten, wobei sie die religiöse Erziehung an die erste Stelle setzten. Unter diesen beiden religiösen Gruppierungen (den religiösen Zionisten und den religiösen Antizionisten) herrschte keine Einigkeit, sie versuchten sogar, einander mit theologischen Argumenten zu überzeugen beziehungsweise ideologisch zu bekämpfen.

Ganz zentral sind zwei Fragen. Erstens die Frage des Messias. Während die orthodoxen Antizionisten der Meinung waren, dass eine massenhafte Rückkehr erst nach dem Kommen des Messias gestattet wäre, versuchen die anderen aufgrund verschiedener Bibelverse nachzuweisen, dass man dem Kommen des Messias möglicherweise nachhelfen könnte, indem man schon vorher die Voraussetzungen eines besiedelten jüdischen Landes mit jüdischer Infrastruktur schuf. Der Messias würde gleichsam als letzter Schritt dieser Erlösung kommen. Der zweite wesentliche Unterschied ist, dass für die antizionistische Gruppe ein jüdisches Land nur dann seine Berechtigung hat, wenn es ausschließlich nach den Geboten der Torah geführt werde, was ja nicht der Fall ist. Israel ist eine parlamentarische Demokratie und keineswegs – wie manche behaupten – eine Theokratie. Die religiösen Zionisten streben zwar auch an, dass der Staat Israel religiös ist, glauben aber, dass sie durch Mitwirkung an seinem Aufbau, durch Beeinflussung des Systems von innen und durch eine evolutionäre Entwicklung dieses Ideal langsam erreichen können. Die Geschichte dieser Entzweiung im Detail zu berichten, kann nicht die Aufgabe meines Buches sein.

Zur Zeit der Shoah hätten sicher mehr Juden gerettet werden können, wenn andere Länder bereit gewesen wären, sie aufzunehmen. Hätte es damals schon den Staat Israel gegeben, hätte dieser Staat die verfolgten Juden ohne jede Frage aufgenommen und damit vor der Ermordung gerettet.

Zur Zeit der Shoah gab es sowohl von zionistischer als auch von orthodoxer Seite Versuche, inoffizielle Kontakte mit den Nazis aufzunehmen, um Juden retten zu können. Bekannt sind die Bemühungen des ungarischen Zionisten Reszö Kasztner und des slowakischen Rabbiners Dov Weissmandl, um in Verhandlungen mit den Nazis Juden zu retten oder freizukaufen. Von antizionistischer Seite wurden später

Aussagen von säkularen zionistischen Führern ausgegraben, wonach Israel ein Land für aktive junge Menschen und nicht für alte fromme Pensionisten sei. So behaupteten die Gegner der säkulären Zionisten, dass diese die Verhandlungen mit den Nazis absichtlich platzen ließen und somit verabsäumt hatten, Juden zu retten, die rettbar gewesen wären.

Von der anderen Seite wieder wurde orthodoxen Rabbinern der Vorwurf gemacht, dass sie, obwohl die Vorzeichen der Verfolgung schon absehbar waren, ihre Anhänger nicht rechtzeitig dazu aufgerufen hatten, nach Palästina oder in die USA auszuwandern. Diese Behauptungen sind deshalb so schwerwiegend, weil damit beide Seiten einander vorwarfen, dass die jeweils andere Seite den Nazis ihre Arbeit erleichtert hätten.

Es fehlt also G'tt sei geklagt nicht an Kontroversen zwischen verschiedenen Lagern im Judentum.

Seit einiger Zeit gibt sich ein junger, bärtiger, aus Antwerpen zugewanderter Jude als Oberrabbiner einer orthodoxen antizionistischen Kultusgemeinde aus, die es in Wirklichkeit gar nicht gibt. Er wird als solcher auch von nichtjüdischen Medien interviewt und pflegt intensive Kontakte zur FPÖ und zu noch rechteren Kreisen. Als 2004 ein Platz in Wien nach Theodor Herzl benannt wurde, veranstaltete er als Protest dagegen zusammen mit weiteren antizionistischen Rabbinern aus dem Ausland im nebenanliegenden SAS Hotel eine „Konferenz", an der interessanterweise die rechten Politiker Ewald Stadler, Martin Hohmann und sogar Erwin Lanc teilnahmen. Auch während der Einweihung des Platzes demonstrierten die Rabbiner auf der Straße mit Plakaten gegen den Zionismus.

Ich empfand es als unerträglich, wenn Menschen, die nur ihre eigene Meinung oder höchstens die Meinung einer verschwindend kleinen Gruppe vertreten, öffentlich im Namen des orthodoxen Judentums sprechen. Wenn solche Menschen sich dann, wie erwähnt, an rechtsgerichtete, beziehungsweise rechtsextreme Politiker anbiedern, wird die Sache fast unappetitlich. Warum sollen rechte Politiker sich plötzlich mit langbärtigen Juden zeigen oder fotografieren lassen? Doch nur, weil man ihnen so die Möglichkeit gibt, zu leugnen, dass sie Antisemiten sind. Sie nützen gerne die Gelegenheit, sich unter dem Motto „einige meiner besten Freunde sind Juden" reinzuwaschen. Schon der Wiener Bürgermeister Karl Lueger soll gesagt haben: „Wer ein Jude ist, bestimme ich". Heute würde diese Aussage lauten: „Wer mit mir spricht, ist ein guter Jude".

Als Oberrabbiner einer Einheitsgemeinde, in der es sowohl streng orthodoxe wie auch säkulare, bürgerliche und linke Mitglieder gibt, bin ich keineswegs für die Gleichschaltung. Was allerdings unerträglich bleibt, ist, wenn sich ein Jude in einem Land, in dem von den Nazis soviel Unheil angerichtet wurde, an die rechtesten der Rechten anbiedert, und wenn der gleiche Herr Juden, die den Staat Israel bejahen, „Nazis" nennt.

Über den Frieden

Abschließend komme ich zu einem Thema, das mir immer ein besonderes Anliegen war, zum Frieden.

Als im September 1993 bekannt wurde, dass es in Oslo ernstzunehmende Friedensverhandlungen gegeben hat und Chancen auf einen Friedensprozess von dort ausgingen, war ich sehr begeistert von dieser Entwicklung. Da dies einige Tage vor Jom Kippur, dem Versöhnungstag war, habe ich dieses Thema sogar in meine Predigten zu Jom Kippur einbezogen. In diesen Tagen ist es üblich, dass man sich miteinander versöhnt und so ist mir dieses Thema sehr aktuell und passend erschienen. Ich war überzeugt davon, dass die meisten Rabbiner dies genauso sehen würden wie ich, hatte aber in der kurzen Zeit nicht die Möglichkeit, dies mit anderen Kollegen zu erörtern. Zu meiner Überraschung ist mir später erst bewusst geworden, dass ich mit dieser meiner Auffassung, auch unter den Rabbinern zwar nicht alleine stand – immerhin gab es positive Signale der Oberrabbiner von England und Frankreich –, aber dass es zum Oslo Prozess auch viele negative Reaktionen von Rabbinern gab. Dies sicherlich nicht deshalb, weil diese Rabbiner gegen den Frieden waren, sondern einerseits aus der Sorge, dass die Friedensangebote von palästinensischer Seite nicht wirklich ernst gemeint waren, andererseits aber auch aus religionspolitischen Überlegungen, da doch ein Friedensschluss mit der Rückgabe von Territorien verbunden wäre. Dies steht für manche religiöse Kreise im Widerspruch zu dem Gebot, ins Land Israel zu ziehen und dieses zu besiedeln.

Diese theologische Diskussion wurde von verschiedenen hochrangigen Rabbinern schon früher geführt, wobei eine der höchsten Autoritäten, der frühere sefardische Oberrabbiner Ovadia Josef meinte, dass das Retten von Menschenleben im Judentum eine so hohe Priorität habe, dass sogar die Rückgabe eines Teils des Heiligen Landes religiös zulässig – vielleicht sogar geboten – wäre. Die andere Seite argumentierte dagegen, dass es gar nicht sicher sei, dass eine solche Politik Leben retten würde. Denn möglicherweise könnte sie als Schwäche Israels ausgelegt werden, zu Terrorattentaten führen und daher Leben kosten und nicht retten.

Schon Jahre vorher habe in der B'nai B'rith Loge in München einen Vortrag zum Thema Krieg und Frieden im Judentum gehalten.

Anlässlich einer interessanten Buchpräsentation in der Österreichischen Nationalbibliothek lernte ich dann den Bruder des damaligen Königs von Jordanien Kronprinz El Hassan kennen. Kronprinz Hassan, der ursprünglich ausersehen war, seinen Bruder Hussein nachzufolgen (deshalb hieß er auch Kronprinz) war schon damals bekannt dafür, dass er in Jordanien und im arabischen Raum einer der bedeutendsten Friedensstifter war. Er wurde nach dem Tod von König Hussein doch nicht König, blieb aber in Jordanien weiterhin zuständig für die Wissenschaften. Er ist auch der Präsident des Club of Rome und setzt sich sehr aktiv für den Frieden ein. Bei dieser Buchpräsentation in Wien sprach ich ihn an und wir beschlossen, uns auch später persönlich zu treffen, um für den Frieden zu wirken. Ich war erfreut, kurz danach einen Brief des Kronprinzen zu bekommen, in dem er mich zu einem Besuch nach Amman einlud, um dort weitere Gespräche zu führen.

Da auch Österreich Interesse hatte, im Friedensprozess hilfreich zu sein, was nicht immer auf Begeisterung der Israelis stieß, ergab es sich, dass ich dann im Auftrag des österreichischen Außenministeriums im Sommer 1998 eine Studienreise nach Israel unternahm und dort mit verschiedenen friedensbewegten Personen und Institutionen Kontakte aufnahm.

Meine Reise hatte mehrere Aufgaben. Bei den Kontakten mit den israelischen Universitäten „die gemeinsamen Projekte zwischen österreichischen und israelischen Instituten zu überprüfen und Vorschläge für die Zukunft zu machen." In den Kontakten mit israelischen „Friedensgruppen und Einzelpersonen, vor allem aus dem gemäßigten religiösen Lager", ging es darum, die Möglichkeiten von Österreich zu beurteilen, „etwas für den Friedensprozess zu tun." Als besondere Erkenntnis der Reise hob ich damals hervor, „dass es einen inneren Konnex zwischen den Hochschulen und dem Friedensprozess gibt."

An der Bar Ilan Universität gab es Pläne zur Gründung eines Instituts zur Erforschung des Judentums im Burgenland. Obwohl Professor Shlomo Spitzer von der Bar Ilan Universität bis heute die Geschichte der berühmten jüdischen Gemeinden des Burgenlandes erforscht, kam es leider nie zu dieser Institutsgründung. Außerdem wurde dort nach der Ermordung von Ministerpräsident Jitzchak Rabin der „Dr. Josef Burg Lehrstuhls für Erziehung zu Ethik, Toleranz und Frieden" eingerichtet.

An der Hebräischen Universität gab es schon den „Kardinal Dr. Franz König Lehrstuhl für Österreichische Studien". Weiters wurde an der Universität mithilfe der Österreichischen Gesellschaft der Freunde der Hebräischen Universität das so genannte Austrian Center gegründet, in dessen Rahmen im Frühjahr 2000 eine internationale, von Armin A.

Wallas (verstorben 2003) und Hanni Mittelmann organisierte Konferenz zum Thema „Austrian Identity in the twentieth Century" stattfand.

Bei der von dem aus Österreich stammenden Jerusalemer Bürgermeister Teddy Kollek gegründeten Jerusalem Foundation besuchte ich einen Teil der Projekte, mit denen diese eine friedliche Koexistenz zwischen Arabern und Juden förderte, wie zum Beispiel summercamps und einen jüdisch-moslemisch-christlichen Kindergarten.

Ich besuchte das in den achtziger Jahren gegründete „Adam Institut für Demokratie und Frieden". Weiters hatte ich ein Gespräch mit dem Mitarbeiter des „Israel Democracy Institute", Aviezer Ravitzky, dem Autor des Buches „Messianism, Zionism and Jewish Religious Radicalism" und Professor für jüdisches Denken der Hebräischen Universität.

Ich besuchte auch das in Zusammenarbeit mit der Tel Aviv University gegründete „Peres Center for Peace", welches das Vermächtnis von Minister Shimon Peres, der als einer der Visionäre des israelisch-arabischen Friedensprozesses gilt, zu bewahren sucht.

Als letztes traf ich den Minister und Rabbiner Michael Melchior, den Sohn des dänischen Oberrabbiners Bent Melchior und zweiten Vorsitzenden der Meimad Partei, zu einem sehr aufschlussreichen Gespräch. Die Meimad Partei wurde 1988 gegründet; nach dem Mord an Ministerpräsident Rabin wurde ihr Vorsitzender, Rabbiner Yehuda Amital, in die Regierung berufen. Die Partei setzt sich Kriseninterventionen bei heiklen Anlässen durch orthodoxe Rabbiner zur Aufgabe.

Zu diesem Zeitpunkt befand sich auch der damalige Innenminister Caspar Einem, den ich persönlich noch aus meiner Schulzeit kannte, in Israel, und so ergab sich, dass wir schließlich gemeinsam zu einem Besuch zu Kronprinz Hassan nach Amman fuhren. Bei dieser Gelegenheit gab es einen Lunch in der österreichischen Botschaft in Amman, an dem jordanische Minister und andere jordanische Persönlichkeiten teilnahmen. Als der damalige Botschafter Philipp Hoyos mich als Rabbiner vorstellte, spürte ich vonseiten der jordanischen Gäste zunächst eine sehr reservierte Haltung, vielleicht weil sie eher von Rabbinern gehört hatten, die den Friedensprozess nicht so begeistert verfolgten. Diese Stimmung besserte sich dann aber im Lauf des Gesprächs.

Als Kronprinz Hassan im Dezember 1998 zu der vom Institut für die Wissenschaften vom Menschen organisierten Konferenz „Über die Quellen des Hasses" nach Wien kam, lud er mich ins Hotel ein. Er zeigte mir zwei Texte, die er vorhatte, in seiner Rede am Abend zu verwenden, und fragte mich um meine Meinung dazu. Ich habe ihm den einen Text sehr empfohlen und gemeint, dass der andere nicht so geeignet wäre. In seinem Vortrag am Abend nannte er mich seinen Freund und Berater und er hat tatsächlich den von mir empfohlenen Text verwendet und den anderen nicht.

Seither wurde ich von ihm mehrere Male als jüdischer Vertreter vorgeschlagen, wenn es sich um internationale moslemisch-christlich-jüdische oder moslemisch-jüdische Dialogveranstaltungen handelte.

2005 gab es ein Treffen von Imams und Rabbinern in Marokko. Bei dieser Gelegenheit hatte ich vor, auch die jüdische Gemeinde in Marokko zu besuchen, und hatte mich schon sehr auf diese interessante Konferenz gefreut. Leider wurde sie dann aufgrund von Sicherheitsüberlegungen nach Brüssel verlegt, und da ich auch ein wenig marod war, bin ich doch nicht zu dieser Konferenz gefahren. Dieses Jahr fuhr ich zu der zweiten Konferenz nach Sevilla.

Wie schon erwähnt, gab es 1993, als der Friedensprozess von Oslo bekannt wurde, von einigen nationalreligiösen Rabbinern Proteste gegen diesen Friedensprozess.

Es mag zunächst verwunderlich sein, warum sich Rabbiner gegen diese friedliche Lösung des Nahostkonfliktes engagierten, es muss aber erwähnt werden, dass für diese die Rückgabe von Teilen des Heiligen Landes, das im Sechstagekrieg erobert wurde, der religiösen Überzeugung und dem Gesetz widersprach, wonach Israel, das Heilige Land, idealerweise in jüdischen Händen sein sollte. Um ihre Ehre zu schützen sei erwähnt, dass diese Rabbiner keineswegs vor dem Sechstagekrieg angeregt haben, dass die Israelis diese Gebiete erobern sollten; später aber waren und sind sie der Meinung, dass die Rückgabe dieser Gebiete nach ihrer Eroberung halachischen Gesetzen widersprechen würde.

Einige andere Rabbiner, so auch ich, haben dagegen den Friedensprozess unterstützt, weil für uns der Friede ein so übergeordneter Wert ist, dass er bei einem Konflikt mit anderen Geboten und Verboten vorrangig ist.

Ich selbst bin in diesem Zusammenhang auch mit einem Brief an den israelischen Ministerpräsidenten Jitzhak Rabin herangetreten, in dem ich angeregt habe, ein eigenes religiöses Lehrinstitut für Judentum und Frieden zu gründen, und ich ersuchte ihn für diese Idee um Unterstützung. Darin argumentierte ich, dass Frieden kein Monopol der Linken ist, sondern, dass Religion im allgemeinen und im speziellen die jüdische Religion selbst dem Frieden eine herausragende Bedeutung zumisst.

Ein Mitglied meiner Gemeinde, der ein persönlicher Freund von Jitzhak Rabin war, war an dem Abend, an dem dieser ermordet wurde, vorher bei ihm zu Hause und hat ihm dieses Projekt in meinem Namen vorgestellt. Später hat mir dieser Bekannte auch mitgeteilt, dass Rabin diesen Gedanken sehr begrüßt hatte.

Auf alle Fälle waren alle über den Tod Rabins sehr bestürzt; ich selbst besonders über die Tatsache, dass er von einem „religiösen" Juden ermordet wurde.

So sagte ich anlässlich einer Gedenkfeier für Jitzhak Rabin: „[…]Die Torah schreibt vor, dass der jüdische König immer eine Torahrolle bei sich haben musste. Die Begründung hiefür befindet sich im Buch Dewarim (17,19). ‚Er soll sie bei sich haben und alle Tage seines Lebens in ihr lesen, damit er lerne, den Ewigen seinen G'tt zu fürchten und alle Worte dieser Lehre und diese Gesetze genau auszuüben'. Das heißt, dass auch der König den Torahgesetzen unterworfen war.

Maimonides erklärt aber, dass der König in Ausnahmezuständen, dort wo es das Wohl des Volkes und der Welt (Tikun Olam) erforderte, das Recht hatte, Entscheidungen zu treffen, die nicht im Einklang mit der Halacha stehen.

Am Ende der Schiwa (Trauerwoche) nach Ministerpräsident Rabin wurde der Platz, auf dem er ermordet wurde, von Kikar Malche Jisrael (Platz der Könige Israels) auf Kikar Jitzhak Rabin (-Platz) umbenannt. In meinen Augen war die Namensänderung sehr symbolisch. Denn Jitzhak Rabin hat gehandelt wie ein König. Beseelt von dem Gedanken des Friedens für sein Land und von der Ehre und Sicherheit des Volkes Israel hat er mutige Entscheidungen getroffen und seine Autorität zum Wohle Israels voll ausgeschöpft […] Es war nicht nur der Mord an sich, der die Welt bewegte, sondern die Tatsache, dass ein Mann, der für den Frieden im Nahen Osten ganz neue Wege gewählt hat, getötet wurde und noch dazu von einem Juden."

In meiner Predigt anlässlich des Trauerg'ttesdienstes zitierte ich ein rabbinisches Wort aus den Sprüchen der Väter, in dem es heißt: Wer ist ein Held, der imstande ist, aus Feinden Freunde zu machen. Ich rühmte Rabin im besonderen dafür, dass derselbe Mann, der als General und Verteidigungsminister jahrzehntelang in der israelischen Armee gedient und gekämpft hat, zu dem unglaublichen turnaround imstande war, zum israelischen Führer des Friedensprozesses zu werden.

Als ich ein Jahr später zum ersten Jahrestag der Ermordung sprach, habe ich diesen Gedanken abgewandelt und vielleicht sogar ein wenig verfeinert. Zunächst habe ich meinen Gedanken von der ersten Rede über die verblüffende Wandlung eines Kriegers zu einem Mann des Friedens wiederholt. In der zweiten Rede habe ich einen Spruch aus den Sprüchen Salomons erwähnt, in dem es heißt: „Es gibt eine Zeit zu lieben und eine Zeit zu hassen, es gibt eine Zeit für Krieg und eine Zeit für Frieden." (Kohelet 3,8). Basierend auf dieser Stelle änderte ich meine Einschätzung Jitzah Rabins. Wenn ich ursprünglich gemeint habe, dass eine Wandlung in Rabin stattgefunden habe, so habe ich in der zweiten Rede gesagt, Rabin war immer, ohne seinen Charakter ändern zu müssen, ein Diener des Volkes Israel. Als es die „Zeit für Krieg war", da stand er in der ersten Reihe des Militärs, um sein Volk zu schützen. Als es aber die „Zeit für Frieden" (im Sinne von Kohelet) war, blieb er der treue Diener und Beschützer seines Volkes, für dessen Wohl er am ehesten wirken konnte, indem er sich bemühte, mit den arabischen Nachbarn Frieden zu schließen.

Dreimal am Tag beten wir Juden stehend ein Lob-, Bitt- und Dankgebet.

Wir enden mit den Worten: „(Ewiger), der Du Frieden in den Höhen stiftest, mache auch Frieden für uns und Dein ganzes Volk Israel."

Bei dieser Bitte gehen wir mit dem Gesicht nach vorne gerichtet drei Schritte nach hinten. Der Grund hiefür ist, dass man, wenn man sich von einem König entfernt, nicht umdreht und weggeht, sondern aus Respekt einige Schritte nach hinten geht, aber das Gesicht weiter dem König zuwendet.

Man könnte aber diese Bewegung nach hinten auch anders interpretieren. Nämlich, wenn jemand wirklich den Frieden will, so muss er bereit sein, von seinen Maximalforderungen abzuweichen und so einige Schritte nach hinten zu gehen. Unsere Welt braucht heute mehr als zuvor Menschen, die bereit sind, den aufrechten Gang zu gehen und dennoch auch zum Wohl aller ein wenig zurückzugehen…

Nachwort

In den Sprüchen der Väter heißt es: „Es ist dir nicht gewährt, deine Arbeit zu vollenden, aber es ist dir auch nicht erlaubt, dich vor ihr zu drücken."

Dieses Gefühl habe ich, wenn ich dem Leser mein Buch präsentiere. Wie oft ich es auch durchgelesen habe, immer wieder ist mir ein besser Satz und eine bedeutendere Erzählung eingefallen, so dass ich am liebsten noch lange an dem Text herumgefeilt hätte. Einmal aber muss Schluss sein.

Zum Ende möchte ich mich bei einigen Personen bedanken.

Bei meiner lieben Frau, die immer viel Geduld für mich aufbringt, aber während der Entstehung dieses Buches noch mehr. Außerdem hat sie, aber auch meine Kinder, mir manche gute Vorschläge gemacht.

Bei Frau Dr. Evelyn Adunka, ohne deren fachliches Wissen, wertvolle Ratschläge, aber vor allem emsige Mitarbeit dieses Buch nie entstanden wäre. Sie hat sich auch selbst in mehreren Büchern mit der Geschichte der Wiener jüdischen Gemeinde nach 1945, mit dem österreichischen Exil und mit dem Raub, beziehungsweise der Restitution von Büchern befasst.

Auch bei meinen Mitarbeitern Mona Joskowicz und zuletzt Chaim Merdinger, die viel geholfen haben.

Literatur und Quellen

Adunka, Evelyn: Die vierte Gemeinde. Die Wiener Juden in der Zeit von 1945 bis heute. Berlin 2000

Allerhand, Jacob: Die Rabbiner des Stadttempels von I. N. Mannheimer bis Z. P. Chajes. In: Studia Judaica Austriaca, Bd. VI. Der Wiener Stadttempel 1826-1976. Eisenstadt 1978

Bodenheimer, Alfred: Wandernde Schatten. Ahasver, Moses und die Authentizität der jüdischen Moderne. Göttingen 2002

Paul Chaim Eisenberg: Lernen im traditionellen Judentum: In: Adunka, Evelyn, Brandstätter Albert: Das jüdische Lehrhaus als Modell lebensbegleitenden Lernens. Wien 1999, S. 39-45

Paul Chaim Eisenberg: A Rabbi's Rumination on the Role of Jews in Austria. In: Bischof, Guenter, Pelinka, Anton, Denz, Hermann (Hg): Religion in Austria. Brunswick 2005, S.161-164

Dubnow, Simon: Die neueste Geschichte des jüdischen Volkes. 1789-1914, 2 Bde., Berlin 1920

Duizend-Jensen, Shoshana: Jüdische Gemeinden, Vereine, Stiftungen und Fonds. „Arisierung" und Restitution. Wien 2004

Frankl, Ludwig A.: Zur Geschichte der Juden in Wien. Wien ²1853

Friedmann, Alexander u.a. (Hg): Überleben der Shoah – und danach. Spätfolgen der Verfolgung aus wissenschaftlicher Sicht. Wien 1999

Genée, Pierre: Wiener Synagogen 1825-1938. Wien 1987

Gold, Hugo: Geschichte der Juden in Wien. Gedenkbuch. Tel Aviv 1966

Häusler, Wolfgang: „Orthodoxie" und „Reform" im Wiener Judentum in der Epoche des Hochliberalismus, In: Studia Judaica Austriaca, Bd. VI, Der Wiener Stadttempel 1826-1976, Eisenstadt 1978

Heiss, Gernot, Rathkolb, Oliver (Hg): Asylland wider Willen. Flüchtlinge im europäischen Kontext seit 1914. Wien 1995

Höller, Hans, Irene Heidelberger-Leonhard: Antiautobiografie. Thomas Bernhards ,Auslöschung'. Frankfurt am Main 1995

Husserl, Sigmund: Gründungsgeschichte des Stadttempels der Israelitischen Kultusgemeinde Wien. Wien und Leipzig 1906

Kargl, Martin: Land im Lichtermeer. Wien 1994

Kaznelson, Siegmund (Hg): Jüdisches Schicksal in deutschen Gedichten. Eine abschließende Anthologie. Königstein/Ts 1980

Knight, Robert (Hg): „Ich bin dafür, die Sache in die Länge zu ziehen" Die Wortprotokolle der österreichischen Bundesregierung von 1945 bis 1952 über die Entschädigung der Juden. Frankfurt/M. 1988

Lasker-Schüler, Else: Konzert. Prosa und Schauspiele. Frankfurt/M. 2000

Menorah: Jüdisches Familienblatt für Wissenschaft, Kunst und Literatur, IV. Jg., Nr. 3, Sonderheft „Hundert Jahre Wiener Stadttempel 5586-5686 / 1826-1926". Wien, Frankfurt/M. 1926

Moser, Jonny: Demographie der jüdischen Bevölkerung Österreichs 1938-1945. Wien 1999

Phettberg, Hermes: Frucade oder Eierlikör. München 1996

Rosenfeld, Moritz (Hg.): Z. P. Chajes, Reden und Vorträge. Wien 1933.

Ders.: Z. P. Chajes, Sein Leben und Werk, Wien 1933

Rosenmann, Moses: Jellinek, Adolf. Sein Leben und Schaffen. Wien 1931

Ders.: Isaak Noa Mannheimer. Sein Leben und Wirken. Wien/Berlin 1922

Schalom für Österreich. Wien 1986

Der Wiener Stadttempel – die Wiener Juden. Wien 1988

Stifter, Christian, Brigitte Ungar-Klein (Hg): Bildung gegen Vorurteile. Festschrift aus Anlaß des 10jährigen Jubiläums des Jüdischen Instituts für Erwachsenenbildung. Wien 2000

Willmann, Alfred: Famous Rabbiner of Vienna. In: Josef Fraenkel (Hrsg.), The Jews of Austria. London 1967

Wolf, Gerson: Geschichte der Juden in Wien, (1876). Ndr. Wien 1974.

Ders., Vom ersten bis zum zweiten Tempel, Geschichte der Israelitischen Kultusgemeinde in Wien (1820-1860), Wien 1861

Zehn Jahre Esra. Festschrift. Wien 2004